2016 年度

十大无罪辩护

经典案例

朱明勇 主编

Ten innocent defense Classic Cases

中国政法大学出版社

2019 · 北京

图书在版编目（ＣＩＰ）数据

2016年度十大无罪辩护经典案例/朱明勇主编. —北京:中国政法大学出版社, 2018. 12
ISBN 978-7-5620-8693-2

Ⅰ.①2… Ⅱ.①朱… Ⅲ.①刑事诉讼－辩护－案例－中国 Ⅳ.①D925. 210. 5

中国版本图书馆CIP数据核字(2018)第280348号

出 版 者　　中国政法大学出版社
地　　址　　北京市海淀区西土城路 25 号
邮寄地址　　北京 100088 信箱 8034 分箱　邮编 100088
网　　址　　http://www.cuplpress.com（网络实名：中国政法大学出版社）
电　　话　　010-58908437（编辑室）58908334（邮购部）
承　　印　　北京中科印刷有限公司
开　　本　　880mm×1230mm　1/32
印　　张　　10.5
字　　数　　240 千字
版　　次　　2019 年 1 月第 1 版
印　　次　　2019 年 1 月第 1 次印刷
定　　价　　66.00 元

序　言
PREFACE

　　刑事辩护，这个领域不只有魅力，更充满惊险和挑战。

　　刑事辩护被我们称为律师职业的高峰，而无罪辩护的成功更是律师职业桂冠上的那颗最为璀璨的明珠，很多人也许毕其一生之力，最终也不可遇、不可求。

　　在中国，每年能够被判"无罪"的案例比率约是万分之一，这万里挑一的经典案例中，每一起都付出了辩护律师艰辛的努力和辛勤的汗水乃至辛酸的泪水。

　　我们为你呈现的这本"年度十大无罪辩护经典案例"就是在每年数十万起刑事案件中积淀和升华出来的充满着辩护律师智慧和力量的典范之作。

　　这是心灵的挣扎，这是良知的呼唤。

　　正义或许会迟到，但绝不会缺席，而辩护律师所能做的就是让这一切早点到来。

　　每一起案件里都有舍弃尊严、丢掉自由乃至生命的当事人，更有不忘初心、勇往无前的刑辩律师，他们坚守着对法治的信仰，对正义的追求，为那些饱受冤屈的人们争来自由、赢回尊严，让公平正义落到具体的个案之上，维护了司法的神圣和权威。

但是我们却鲜少见到，刑事辩护律师凭借自己办理的具体个案受到社会的认可和行业的褒奖。

由中国政法大学刑事辩护研究中心独家推出的"年度十大无罪辩护经典案例"评选活动，就是通过每年十大无罪辩护案例的评选给那些经典案例的辩护律师们颁发"刑事辩护杰出成就奖"，向他们致以崇高的敬意。这是以一种纯粹、专业、权威的视角，无须领导提名、无须名人推荐，只需要凭借你的努力、智慧和坚韧而最终赢得无罪判决，就有可能获得的荣誉。这个奖杯可能很小，但它无疑是沉甸甸的，因为它是辩护律师出色荣耀的见证。

刑辩律师，没有权杖所依、利剑加持，法律是他们唯一的武器。他们戴着荆棘的王冠而来，即使道路崎岖坎坷，也不畏艰险，百折不挠。在践行国家的法治大梦中，我们乐见他们的身影；在共筑公平正义的社会里，我们当展现他们的光彩。

他们从一次次惊心动魄的执业经历中勇敢地冲破藩篱和羁绊，从一轮轮闪耀着思想火花的唇枪舌战中探索实现正义的合理路径。他们的风采需要铭记，他们的智慧需要传承。

镁光灯、鲜花和掌声都不重要，我们需要的就是这些凭借自己实力和潜心付出换来无可争议的无罪裁判的刑辩律师，你们才是真正的英雄。

太多的心酸故事中压抑着我们的愤怒；

太多的悲欢离合中演绎着生命的顽强；

太多的恐惧中我们承载着正义的力量；

太多的风险中我们见证着阳光。

刑事辩护，这项充满着光荣与梦想的职业，它担负着人们对生命的嘱托和对自由的渴望，有幸投身，自应勇于担当。

在这个领域，

我们必怀有仁慈之心，因为仁者无忧；

我们必拥有智慧之心，因为智者无惑；

我们必秉持勇者之心，因为勇者无惧。

未来的日子里，我是否还能凭借自己的实力、努力与心血，凭借自己的勇气和智慧，再次问鼎这个奖项？这是我们每一位辩护律师都应有的思考。

让我们共同期待每一年的"年度十大无罪辩护经典案例评"选活动都如约而至。

让我们共同来书写刑事辩护这个神圣职业未来的的辉煌与璀璨。

朱明勇

2018 年 12 月 北京

目 录
CONTENTS

设计、施工合同的纠纷与"诈骗"
——甘肃酒泉钟德跃合同诈骗案

■ 回 顾

2011 年 4 月，钟德跃和西班牙籍人 Ignacio Goded（音译"依格乃西欧·歌地得"，以下简称"乃西"，系香港华原公司法定代表人）以设计合作伙伴关系，与富康公司负责人商谈富康公司"天下珍宝第一馆""天下太岁第一馆"等三个展馆的设计、施工事宜。2011 年 4 月 5 日，钟德跃与乃西以香港华原公司名义与富康公司签订了三个展馆的《展示设计合同》，约定三个展馆的设计由香港华原公司进行，同时富康公司承诺该设计合同的施工由香港华原公司进行，钟德跃为概念与初步设计的总设计师，乃西为设计总监，合同价款为 59 万元。后钟德跃与乃西又以《补充说明》向富康公司说明，深圳巴洛克公司为香港华原公司在国内的代表机构，且是其在国内的付款（结算）机构。2011 年 5 月 16 日，钟德跃与乃西又以香港华原公司名义与富康公司签订了一份《补充协议》，将原来的"三馆"改为"两馆"，废除了原合同"不含出图章费用"的约定，将合同价款确定为 40 万元，并对部分条款做了变更。同日双方签订了《展示施工合同》，合同履行期限为 2011 年 5 月 16 日至 2011 年 7 月 16 日，合同总价款为 500 万元。

合同签订后，富康公司根据约定，于 2011 年 4 月 18 日至 2011 年 6 月 28 日期间先后四次支付钟德跃预付工程款及设计费共计 336 万元，其中最后一次支付工程款 200 万元及设计费 12 万元。

2011 年 5 月，钟德跃在进行初步概念设计后，联系无设计施工图资质的上海蘑菇云公司制作了"两馆"的深化设计，又联系了无展馆施工资质的北京仁杰公司，并于当月 27 日以香港华原公司的名义与该公司签订了《展厅制作执行委托合同》《展示施工合同》，合同总价款为 140 万元。后北京仁杰公司根据钟德跃提供的上海蘑菇云公司制作的"两馆"深化设计图进行了施工。

富康公司在与钟德跃签订合同时，要求钟德跃提供相应的资质材料，钟德跃在提供了香港华原公司的注册登记材料后，就以各种借口进行推托。2011 年 6 月 23 日至 7 月 25 日，富康公司多次书面发函，要求钟德跃提供公司资料、完整的施工图及深化效果图，并要求将施工资料、材料及时报验，以及时对施工过程中发现的消防箱与分水器的位置、综合布线、分水器、电路检查口、电影样片等问题进行整改。

2011 年 7 月 15 日，富康要求变更施工设计，拆掉 5 个隔离小房间（储藏室、资料室），华原公司认为草图之前经过对方确认，且已经施工，如果现在取消，应当增加施工费用 14 万元。7 月 25 日，钟德跃和乃西以富康公司不支付进行整改的工程增项费用为由停工，并将工人全部撤走。8 月 2 日，钟德跃以香港华原公司名义申请酒泉诚信公证处对富康家世界 8 号楼一层"天下奇石第一馆""天下太岁第一馆"做了保全证据公证。8 月 12 日，香港华原公司委托律师以完成工程量的 90% 为由，向酒泉市中级人民法院提起民事诉讼，要求富康公司支付工程进度款 150 万元及各项损失 32.12 万元。

富康公司于同年 8 月 10 日向酒泉市公安局肃州分局报案，声称其在与钟德跃签订合同时，要求钟德跃提供相应的资质材料，而钟德跃在提供了香港华原公司的注册登记材料后，就以各种借口进行推托。富康公司认为钟德跃与乃西隐瞒其个人与香港华原公司无相应设计及施工资质以及香港华原公司并未按《关于外国（地区）企业在中国境内从事生产经营活动登记管理办法》向国家工商行政管理局或其授权的地方工商行政管理局申请登记注册的真相，虚构深圳巴洛克公司（已于 2012 年 3 月更名为深圳阮斌设计有限公司）为香港华原公司在中国境内的代表机构的事实，涉嫌合同诈骗。

2012 年 2 月 24 日，钟德跃被酒泉市公安局肃州分局刑事拘留，同年 4 月 1 日被逮捕。2012 年 11 月 19 日，甘肃省酒泉市人民检察院以合同诈骗罪将钟德跃起诉至法院。

2013 年 1 月 24 日，甘肃省酒泉市中级人民法院作出一审判决，以被告人钟德跃犯合同诈骗罪，判处有期徒刑 15 年，剥夺政治权利 5 年，并处罚金 10 万元。被告人钟德跃不服，提出上诉。

2013 年 10 月 30 日，甘肃省高级人民法院裁定撤销原判，发回酒泉市中级人民法院重审。甘肃省酒泉市中级人民法院仍以被告人钟德跃犯合同诈骗罪，判处有期徒刑 15 年，并处罚金 10 万元。被告人钟德跃仍不服，提出上诉。

2016 年 4 月 1 日，甘肃省高级人民法院以钟德跃"客观上没有实施虚构事实和隐瞒真相的行为，主观上没有非法占有合同项下工程款的故意"为由，认为其不构成合同诈骗罪，二审改判其无罪。

■ 控 诉

甘肃省酒泉市人民检察院
起诉书

酒检刑诉（2012）29 号

被告人钟德跃，男，汉族，大学文化，广东省深圳市人，系深圳市卓越昔欧展览服务有限公司股东，因涉嫌合同诈骗罪于 2012 年 2 月 24 日被酒泉市公安局肃州分局刑事拘留，同年 4 月 1 日被依法逮捕。

本案由酒泉市公安局侦查终结，以被告人钟德跃涉嫌合同诈骗罪于 2012 年 6 月 1 日移送本院审查起诉。本院受理后，于当日告知被告人有权委托辩护人，依法讯问了被告人，审查了全部案件材料，因部分事实不清，证据不足，分别于 2012 年 7 月 13 日、9 月 13 日两次退回补充侦查，2012 年 10 月 13 日第二次补充侦查完毕重新移送审查起诉，因案情重大、复杂，经本院检察长批准延长审查起诉期限 15 日。

经依法审查查明：2011 年 4 月，被告人钟德跃经河北省廊坊市置恒工程建设监理有限公司马民介绍，与西班牙籍人乃西（现在逃）一起到酒泉商谈为富康公司设计"天下珍宝第一馆""天下太岁第一馆""天下生态馆"等展馆事宜，经过商谈，钟德跃、乃西以香港华原创建有限公司以及深圳市巴洛克室内环境艺术设计公司（经查实，深圳市巴洛克室内环境艺术设计公司已于 2012 年 3 月更名为深圳阮斌设计有限公司，而且巴洛克公司也并非本案合同注明的为香港华原创建有限公司在内地的代表机构）的名义在 2012 年 4

月 5 日与酒泉富康公司签订了相关展馆的《展示设计合同》，约定富康公司应当在 2011 年 4 月 18 日将第一笔预付款 11.8 万元汇入深圳市巴洛克室内环境艺术设计公司账户。

2011 年 5 月 16 日，在尚未完成展馆设计，也未提供展馆设计图纸的情况下，钟德跃、依格乃西欧·歌地得、孙丽娟又以香港华原创建有限公司的名义与酒泉富康公司签订了"天下珍宝第一馆""天下太岁第一馆"《展示设计合同》补充协议和《展示施工合同》，并将《展示设计合同》价款变更为 40 万元、《展示施工合同》价款约定为 500 万元，全部工程定于 2011 年 7 月 16 日完工，设计费和施工费同步分期支付，酒泉富康公司按照约定分别于 2011 年 5 月 25 日、6 月 3 日向钟德跃付款 50 万元、62.2 万元（该款均按照钟德跃要求汇入孙丽娟个人账户）。2011 年 6 月中旬，钟德跃称已完成 40% 的工程量，要求富康公司按合同约定支付工程预付款 200 万元以及设计预付款 12 万元，富康公司即于 2011 年 6 月 28 日再次按照钟德跃的要求将 212 万元汇入孙丽娟的个人账户。其后，酒泉富康公司在检查中发现展馆建设实际完成工程量远未达到约定的工程量，且部分工程未按设计要求施工，即向钟德跃等人提出整改意见，钟德跃等人在收到《整改意见书》后，私自停工并撤出施工现场（经酒泉中瑞工程造价事务有限责任公司于 2012 年 4 月 1 日评估，"天下珍宝第一馆""天下太岁第一馆"场馆建设完成实际工作量为 524 989.54 元，仅为施工工程总标的的 10.5%），后又将以富康公司预付工程款购买的价值 29 万余元的展馆多媒体设备运回深圳藏匿。2012 年 2 月 24 日，钟德跃在深圳被抓获，乃西、孙丽娟离境外逃。

至案发时，酒泉富康公司共向钟德跃、乃西等人支付工程预付款及设计费合计 336 万元，其中除 11.8 万元汇入深圳巴洛克公司账户后又转入钟德跃在深圳的个人账户外，其余 324.2 万元均按照钟德跃的要求汇入孙丽娟的个人账户，该款项除用于工程的 1 873 860 元外，其余 1 486 140 元均被钟德跃、乃西、孙丽娟三人占有。

证实以上犯罪事实的证据有：

1. 酒泉市公安局肃州分局接受刑事案件登记表，证实案件来源。

2. 被告人钟德跃的供述，证实其使用深圳市巴洛克室内环境艺术设计公司名称和公章与酒泉富康公司签订《展示设计合同》《展示设计合同补充说明》，自己没有施工资质，而将图纸设计、工程施工等转包给他人及在展馆施工没有完成的情况下停止施工、拉走富康公司多媒体设备的事实。

3. 证人证言：证人阮斌、叶灵的证言，证实钟德跃借用深圳市巴洛克室内环境艺术设计公司名称和公章与酒泉富康公司签订合同的事实；证人李慧君的证言，证实钟德跃与富康公司商谈签订《设计展示合同》和《施工合同》的事实；证人李新红、陈晓刚、李生强、盛发明、方彦君、李新民、郭希生、郭进胜的证言，证实钟德跃在没有完成工程的情况下，停止施工、拉走富康公司多媒体设备的事实；证人郭彦红的证言，证实将富康公司 336 万元设计费及施工费按照钟德跃的要求转入深圳市巴洛克室内环境艺术设计公司及孙丽娟个人账户的事实；证人吴波的证言，证实钟德跃向其购买多媒体设备材料的事实；证人徐迅君、王莹辉的证言，证实钟德跃向上海蘑菇云建筑设计咨询公司委托设计展馆图纸的事实；证人张杰、王晓根、朱志峰的证言，证实钟德跃与东方仁杰公司签订合同，将富康工程包给东方仁杰的事实；证人吕志道的证言，证实香港华原创建有限公司只有乃西、钟德跃、孙丽娟三人的事

实；证人罗小凤的证言，证实钟德跃将多媒体设备在深圳藏匿的
事实。

4. 鉴定结论：酒泉中瑞工程造价事务有限公司作出的酒中造字
(2012) 01 号《关于甘肃酒泉天下珍宝第一馆、天下太岁第一馆装饰
工程一案的工程造价鉴定报告》，证实甘肃酒泉"天下第一珍宝馆"
"天下太岁第一馆"装饰工程实际完成工程量造价为 524 989.54 元。

5. 现场勘验笔录，证实展馆施工现场的自然情况。

6. 书证：

(1) 依法调取的《展示设计合同》《展示设计合同补充说明》
《展示施工合同》及《补充协议》，证实合同签订情况；

(2) 工程联系函，证实钟德跃与富康公司联系情况；

(3) 孙丽娟银行账户凭条，证实孙丽娟将 1 486 140 元工程预
付款与钟德跃、乃西私分的事实；

(4) 华原创建有限公司注册证书，证实香港华原创建有限公司
登记届满日期为 2011 年 1 月 20 日；

(5) 依法调取的设计图纸，证实钟德跃向富康公司交付设计成
果的情况；

(6) 依法调取的乃西、孙丽娟的护照资料，证实二人于 2012
年 3 月 17 日离开中国境内的事实。

本院认为，被告人钟德跃以非法占有为目的，虚构事实，隐瞒
真相，谎称具有展馆设计、施工资格，以先履行部分合同骗取对方
当事人继续支付工程款的手段，伙同乃西、孙丽娟骗取他人财物
1 486 140 元，其行为已触犯《中华人民共和国刑法》第 224 条之规
定，犯罪事实清楚，证据确实、充分，应以合同诈骗罪追究其刑事
责任。根据《中华人民共和国刑事诉讼法》第 141 条之规定，提起
公诉，请依法判处。

此致

甘肃省酒泉市中级人民法院

代理检察员：齐伟

2012 年 11 月 19 日

本案二审开庭，甘肃省人民检察院指派检察员白芙蓉、李庆出庭履行职务，并发表如下意见：①一审判决认定上诉人钟德跃构成合同诈骗罪的事实清楚，证据确实、充分，定性准确。钟德跃占有 39 万元的 AV 设备及私分约 110 万元工程款的行为已构成合同诈骗罪。②一审判决对上诉人钟德跃量刑过重，适用法律不当。③一审判决将钟德跃等人私分的工程款全额认定为合同诈骗数额不够准确，应当扣除钟德跃等人应得利润部分。按照有利于被告人原则，建议二审法院从轻改判。

■ 辩 护

上诉人钟德跃及其辩护人提出：①钟德跃没有虚构单位或者冒用他人名义签订合同。②钟德跃在积极履行设计和施工合同，没有诈骗的故意，也没有隐瞒真相，虚构事实，欺骗富康公司的行为。③钟德跃没有虚构深圳巴洛克公司为香港华原公司在内地代表机构的事实，香港华原公司为了结算方便，只是委托深圳巴洛克公司代为收款。④钟德跃没有隐瞒香港华原公司未到内地工商部门申请登记、没有内地营业执照的事实。香港华原公司在香港合法登记注册，富康公司知道香港华原公司没有在内地进行工商登记，设计合同是双方真实意思表示，不存在隐瞒欺骗的事实。⑤香港华原公司不存在欺骗富康公司 148.614 万元的事实。富康公司根据合同约定，支付给香港华原公司的 200 万元工程进度款是合法收入。综上，上诉人及其辩护人认为，本案系合同纠纷，而非合同诈骗，上诉人钟德跃的行为不构成犯罪。

京衡律师事务所接受被告人钟德跃委托，指派陈有西律师、周葵律师担任其原一审被判合同诈骗案发回重审的辩护人。通过研究全部案卷材料，多次会见被告人核实真相，今天又通过法庭调查和庭审质证，对全案有了全面的了解。我们认为本案完全是装修合同的经济纠纷，钟德跃不存在任何合同诈骗犯罪事实，酒泉市检察院指控被告人钟德跃犯有合同诈骗罪完全不能成立，故提出如下无罪辩护意见，请法庭审查考虑。

具体事实和理由分论如下：

一、钟德跃本人及香港华原公司并非本合同行为主体，连民事合同主体都不符，更不是刑事犯罪主体

在案证据显示，香港华原公司是依据香港特别行政区《公司条例》注册成立的公司，是合法存续的公司，真实有效。依据《公司法》《合同法》《内地与香港关于建立更紧密经贸关系的安排》等相关规定，香港华原公司可以在内地从事香港特别行政区法律所许可的所有服务贸易商业行为，香港华原公司具备与甘肃富康公司签订合同的主体资格，是适格的主体。公诉机关在重审阶段补充的证据也表明，华原公司依然是在香港特别行政区有关部门登记在册的合法有效的公司。

从本案来看，共有两个合同，两个补充协议。

1.《展示设计合同》的主体是华原公司，不是巴洛克公司。为了构陷钟德跃合同诈骗犯罪，公安侦查意见和检察院起诉书故意歪曲本案事实,将没有履行合同义务的深圳巴洛克公司强拉进来,作为《展示设计合同》当事人,指控华原公司虚构合同主体。现有证据足以推翻这一违背事实真相的指控。

《展示设计合同》签订方是华原公司和富康公司,钟德跃作为华原公司的聘用职员,他的行为代表的是华原公司这一法人,他个人并非独立主体,也不是法定代表人,合同后果责任及于华原公司。深圳巴洛克公司是以华原公司委托收款人的身份出现的,其在设计合同中盖章,事先经过了富康公司的认可,仅仅证明其愿意为华原公司代收设计费用。

也就是说,《展示设计合同》的双方当事人都知晓,深圳巴洛克公司并非实际承担设计任务的一方,其在《展示设计合同》中没有任何权利义务,仅仅是代华原公司收款的角色。合同签订之前,合同主体已经确定,就是富康公司和香港华原公司,没有其他任何第三方参与。从《展示设计合同》的签订以及履行的情况看,华原公司和钟德跃不存在任何欺骗的事实。相关设计资料及时到位,作为后续施工的资料予以应用。富康公司完全知情且双方协商一致。因此,《展示设计合同》的主体是适格的,不存在虚构合同主体的问题。

2. 《展示施工合同》的主体是华原公司,与钟德跃无关。《展示施工合同》签订双方是华原公司和富康公司,没有钟德跃。起诉书指控钟德跃等人以华原公司的名义与富康公司签订施工合同,是没有任何客观证据且背离客观事实的。华原公司是独立的公司,钟德跃仅仅是西班牙人乃西的合作搭档而已,非华原公司正式员工,更不能代表华原公司。

发回重审后控方提供的新证据清楚地证明了华原公司同钟德跃没有任何关系。华原公司成立于2010年,现在仍合法存续,为一人公司，股东只有一个西班牙人乃西。钟德跃既不是股东、出资人，也不是雇工，在本案中其充其量只是一个现场施工指导者和执行人，他既没有合同履行义务，也没有经济利益关系。

原起诉书和一审判决书混淆合同主体概念，将钟德跃直接认定为华原公司的人员和主管人、利益人，强行将责任错误地栽到钟德跃的头上。钟德跃根本不是这个案件任何合同的责任方，完全不能为本案承担任何民事责任，更不能承担任何刑事责任。

二、华原公司有无履约能力的问题

履约能力是指合同主体具有按合同约定适当、完全履行合同义务的能力。本案涉及的合同履约能力，包括展馆设计能力和施工能力。华原公司完全具备这两个能力，并经过富康公司的反复考察确认后才签订合同。

1. 设计能力。香港华原公司之所以能到甘肃酒泉与富康公司合作，是富康公司老总李新民的一个叫马民的亲戚主动介绍的，钟德跃是被动的。而马民正是因为看到香港华原公司的核心技术团队成员乃西先生完成了 2008 年北京奥运会土耳其馆的设计，具备专业能力，才向富康公司老总李新民介绍推荐的。钟德跃作为乃西的设计搭档，受华原公司指派，为单位承揽工程，而非个人承包。乃西亲自做的方案并亲自到酒泉同富康公司签订合同。而钟德跃之所以能够成为现场的帮助联络人，是因为他曾经是北京永一格工程有限公司的首席设计师、总设计师。

关于设计方面的能力，富康公司看重的是乃西和钟德跃的设计理念和风格，没有要求华原公司必须具有出图资质。《展示设计合同》第 8 条第 4 项已明确约定，如果需要有出图资质，设计费用需另行支付。显然，富康公司对此事先明知，并未要求乃西或者钟德跃必须具有设计资质，因此不存在任何被虚构欺骗的情节。

原审期间，公诉机关和原审判决试图用所谓钟德跃没有设计资质，设计图纸没有出图章，华原公司没有设计资质等理由，来否定华原公司履约的设计能力，完全背离了双方当事人"契约自由、意思自治"的合同法基本原则，与合同条款有关出图资质的约定相矛盾。

2. 施工能力。香港华原公司与富康公司签订《展示施工合同》之后，富康公司希望由设计人华原公司和钟德跃等人请来的施工队伍进行实际施工，以实现设计效果。为此，钟德跃等人从北京请来专门做室内装饰工程的东方仁杰公司专业施工队伍进行施工。

由上可见，这是一个综合履行的合同，多个主体具备了两个合同的全部履行能力，发包委托方完全认可。无论是设计还是施工，香港华原公司都是有履约能力的，并且香港华原公司的履约能力得到了富康公司的认同，才会被允许在酒泉场地施工并检验、付款。在事先考察明知的情况下，双方合意按此方式履行合同，又如何追究对方责任？

三、钟德跃与华原公司在合同签订与履行过程中无任何诈骗行为

富康公司与华原公司签署《展示设计合同》《展示设计合同补充说明》后，华原公司积极履行合同，2011年5月14日，钟德跃代表香港华原公司向富康公司负责人汇报了深化设计方案，在全部设计成果被认可后，双方于5月16日签署了《展示施工合同》；钟德跃和乃西完成"初步设计"和"概念设计"，并积极委托他人在已有的设计方案和理念上进行"深化设计"，华原公司及时组织人力资源、采购相关设备，进场施工，对两馆一厅一室（珍宝馆、太岁馆、影视厅、资料室）的装饰基础工程施工都达到90%。

与此同时，富康公司也积极履行合同，依合同约定支付设计费用和施工款项，为施工工程配备监理，专人负责，对工程进度进行实地验收，查验工地使用材料品质和效果，监督整个工程施工情况并如实向富康公司管理层报告。

应当说，在合同履行过程中，初期良好，中期稳定，在发生重大纠纷之前，双方都在积极努力地实现合同目的，追求合同的履行结果。华原公司以及钟德跃本人，没有任何利用合同骗取富康公司财物的行为。

四、双方产生纠纷的真实原因

本案《展示施工合同》没有履行完毕，主要是发包方不断变更设计、最后阻碍施工、不给付需要追加的工程款造成的。富康公司在自己任意变更原设计要求的情况下，拒绝对香港华原公司支付增项费用和补偿。合同不能顺利履行，根本不是华原公司的原因。

在施工过程中，富康公司突然于2011年7月15日要求更改原有设计。对此，钟德跃一方提出，变更不但影响工期，还会影响施工成本，如果变更就要追加工程量费用。但是富康公司坚持己见，在不做费用追加的情况下，强求华原公司按照他们的更改意思进行修改和施工，为此双方僵持不下。

7月25日，华原公司见协商难见成效，便聘请法律顾问，对施工现场录像并公证，然后撤人停工，对存放现场的材料进行保存，并与富康公司继续协商。富康公司于8月10日到肃州区公安局报案称被诈骗336万元，华原公司后于9月启动民事诉讼，将富康公司诉至酒泉市中级人民法院。酒泉市中级人民法院立案审查，后因此案依法中止审理。

从矛盾爆发和处理的过程可以看出，本案原本就是一起民事纠纷，无奈华原公司依法寻求民事法律救济，而富康公司动用当地关系，进行有罪构陷，肃州区公安局不当立案，错误插手经济纠纷，于2012年2月违法拘留钟德跃，直接制造了这起错案。

五、指控钟德跃、乃西等人诈骗富康公司148万元，纯属莫须有

首先需要明确，指控的148万元，包含在336万元当中，而这336万元的组成部分，一是设计费用，二是工程预付款，三是工程进度款。

1. 设计费用36万元。三馆设计费用依《展示设计合同补充协议》为40万元，先支付36万元，余款4万元待竣工后再付。两馆设计早已于施工前完毕，图纸和效果都经过富康公司认可，后续施工也是依据这些图纸进行的。富康公司依约履行付款义务，理所应当。因此，这36万元完全是华原公司的合法收入，是富康公司应当给付的合同标的，不存在任何诈骗事实。

2. 工程款首付（预付款）。《展示施工合同》约定，合同签订后7日内，富康公司先行支付100万元工程款，富康公司也依约付款。

该款可以视为合同约定的工程预付款，因为华原公司与富康公司签订的装饰工程是包工包料，但费用由富康公司支付。《展示施工合同》总标的为500万元，该100万元实际等同于20%工程量价格。因此，合同同时约定华原公司完成20%工程量时，富康公司再支付后续进度款。对于合同约定的工程预付款，富康公司依约支付是履行合同义务，华原公司依约收取是合同赋予的权利，不存在任何欺诈前提。

3. 工程进度款 200 万元。本案的关键在于这一情节，即工程进度款是否应当支付，是否存在被骗取的可能。《展示施工合同》约定，华原公司施工达到 20%时（时间节点是 2011 年 6 月 15 日），就应当由富康公司支付 200 万元进度款。

首先要明确装饰工程的 500 万元究竟包括哪些内容。鉴定报告显示有八项，分别是基础设施、装修工程、视频及音频设备、特殊灯光、模型场景制作、影视和多媒体制作、平面设计和管理费、保险费、税费，其中装修工程为 1 470 736 元。为了证明自己被骗，富康公司在报案之前委托酒泉工程监理机构评估施工工程量为 62 万余元，意指完成量仅占总量 500 万元的 12.4%；公安机关委托酒泉中瑞工程造价事务所有限公司鉴定（酒中造字 2012 第 01 号）为 52.498 9 万，占总量的 10.4%。

500 万元的费用包括了八项开支，而工程量只有其中的一项，只有 148 万，其他七个方面的项目费用占 350 多万元。这些鉴定和评估，都远未反映施工实际情况和华原公司实际完成工程量，有明显的漏项。富康公司委托的评估、公安机关委托的鉴定，都只局限在装修工程这一项当中，而且就这一项得出的结论也不完整、不合理。

事实上，起诉书指控的 336 万元中，用于工程的开支达到 188 万元，超过 100 万元，达到工程总量 20%的支付工程进度款条件。因此华原公司在预计期限要求富康公司支付进度款 200 万元，是有合同约定和施工进度结果依据的，并无任何虚构和欺骗。

需要指出的是，当钟德跃一方向富康公司书面申请支付进度款时，富康公司是经过审查验收的，有相关人员的证言证明。该 200 万元工程进度款是在 20%工程量已经事实完成，且经过富康公司监理人员认可的情况下，由财务人员按照公司内部资金使用审批手续，于 2011 年 6 月 28 日发放的，是富康公司自动自觉履行合同的行为，不存在任何被欺骗的事实。

因此，事实足以证明，华原公司收取设计费、工程款 336 万元，没有一项属于诈骗。因此，包括在 336 万元当中的 148 万元，属于华原公司的合法收入，不存在欺诈事实。

六、钟德跃没有实施将展示多媒体设备拉回深圳藏匿的行为

首先需要明确多媒体设备价值是 39 万元，有购买合同在卷证明。

其次，展示多媒体设备并不是钟德跃拉走的，是孙丽娟具体办理的，同钟德跃完全无关，有证言佐证。

最后，孙丽娟之所以拉走施工现场的展示多媒体设备，是因为富康公司与香港华原公司的合同履行产生纠纷，导致施工无法进行。现场停工，电子设备放在现场不安全，为了保全相关设备，孙丽娟将设备拉至广州。

因此，所谓钟德跃将价值 29 万元的多媒体设备"藏匿"一说，是没有事实依据的。

七、控方指控钟德跃构成合同诈骗罪的主要依据是三份鉴定意见：酒泉市中瑞工程造价事务有限责任公司 2012 年第 01 号、61 号鉴定意见和酒泉市城乡建设局的书面说明

1. 酒泉市中瑞工程造价事务有限责任公司出具的第 01 号鉴定意见有严重缺陷，没有证明力，不能作为证据使用。

（1）鉴定意见没有注明委托鉴定的事由。

（2）鉴定机构曲解公安机关的鉴定要求，没有坚持中立客观的立场，进行有罪推定，未鉴定先定性，其行为违背独立、客观、公正、诚实信用原则。

（3）鉴定意见中对鉴定过程、鉴定方法没有释明，也没有加盖司法鉴定专用章。

（4）鉴定人员在制作勘验笔录时并没有侦查人员在场主持，严重违法。

（5）鉴定意见严重漏评漏估，未计取模型工程量、多媒体设备费用、平面设计费用、影视制作等费用，以偏概全。

因此上述鉴定不能作为定案依据。

2. 酒泉市城乡建设局受酒泉市公安局委托出具的一份鉴定意见只是一种咨询意见，没有证据能力，不能作为定案依据。

（1）该鉴定意见没有注明提起鉴定的事由、鉴定过程、鉴定方法等相关内容，没有加盖司法鉴定专用章，也没有任何鉴定人签字盖章，完全不具备刑事证据（鉴定意见）的形式要件和实质要件。

（2）酒泉市公安局委托酒泉市城乡建设局对徐迅君、王莹辉设计的酒泉富康公司"太岁馆""奇石馆"图纸的合法性和设计质量进行鉴定的行为，没有任何法律依据。

（3）酒泉市城乡建设局作为行政机关，不具备司法鉴定资格，无权对一份图纸的合法性和设计质量进行鉴定。

3. 中瑞造价事务所 12 月 25 日作出的酒中造字［2013］61 号鉴定意见，在否定原审判决鉴定依据的同时，又出现了完全违背真相的错误评价。该意见显示，该工程合同价款为 500 万元，其中装饰工程 147 万元，占合同总价款的 29.4%，其余声光电音响多媒体等设备工程以及墙面工程都未施工，占合同总款的 70.6%。经计算，实际完成工程量的 10%。

（1）这份鉴定意见证明了土建装饰只占合同总价款的 29.4%。原先鉴定将 500 万元都作为土建工程基数错误。在此已经否定了原审判决的鉴定依据。

（2）声光电都没有施工的说法不符合客观事实，因为施工内容不但包括土建，还包括视听设计设备的购买和剧本多媒体等文案工作的开支。

（3）墙面、灯槽、吊顶等未施工完全的说法不符合客观事实。

因此，本案中，土建部分147万元，已经完成90%；视听软件、硬件部分的353万元，已经投入、已经完成和已经购买专用设备的，已达60%以上，起诉书也认定188万元用于施工合同履行当中，依照这个数字认定也远超所谓实际施工量20%的界限。

八、关于设计工程的资质问题

第一，本案只是一个标的额为500万元的室内装饰工程的小合同。小型展馆装修工程，实践中并没有都要求严格的统一资质。大量的装修合同纠纷，即使没有资质，也都按民事纠纷处理，不能严格立法、普遍违法、选择执法，且合同双方的约定也未强求设计资质。

第二，本工程是一个设计、施工的合同，各个环节分别达到设计施工验收要求后，需要分别聘请有资质的机构分别进行。本案出图、施工均由有资质的机构进行并完成。原审判决把焦点放在审查华原公司资质上，基点错误。

第三，本合同中双方完全协商明知，富康一直没有要求有资质的单位承包。

第四，若真存有资质问题，也是追究华原公司民事责任，同钟德跃无关。

九、起诉书指控钟德跃与乃西等人分赃，与事实不符

证据表明，双方实际履行合同时，依据合同约定，富康公司向华原公司、钟德跃等人支付设计款和工程款。该款的性质属于合法

工程设计和施工报酬,并非赃款。

在设计款和工程款的支付过程中,富康公司是在明知付款前提和事实真相,审查了设计图纸,考察了施工进度,验收了施工质量,对承揽业务的进展与质量予以认可的情况下,方才支付相关费用的。这是依据合同约定和工程进度的付款,是履行合同义务,并非财产所有权遭到不法侵害。

显然,起诉书所谓非法侵占他人财物和分赃的说法与事实和法律规定相悖,不能成立。

综上所述,本案完全是一起民事合同纠纷,一起合同真实、施工真实、工程已经完成80%后甲方改变设计导致的纠纷。华原公司作为合同主体一方,有实际履行设计、施工合同的能力。在合同签订和履行过程中,华原公司没有任何虚构事实、隐瞒真相的情节。本案是到报案人的酒泉现场进行实际施工的合同,现场一直敞开,受富康公司检验,验后付工程款。本案中,华原公司方一直在真实施工,他们是在追讨追加工程款不成的情况下才撤走了施工队伍,并主动诉至法院解决纠纷,这怎么会是合同诈骗呢?

钟德跃只是华原公司设计人乃西的合作搭档,是临时受委托帮助华原公司在现场监督施工的,其所作所为是合法的民事行为,完全不具备构成合同诈骗罪的主观、客观等任何一项犯罪构成要件。

请合议庭严格依据法律,根据本案事实证据,对钟德跃作出无罪判决。

以上辩护意见,请审查、采纳。

辩护人:陈有西、周葵

■ 审 判

甘肃省高级人民法院
刑事判决书

（2014）甘刑二终字第 38 号

原公诉机关甘肃省酒泉市人民检察院。

上诉人（原审被告人）钟德跃，男，汉族，大学文化，系深圳市卓越昔欧展览服务有限公司股东。因本案于 2012 年 2 月 24 日被酒泉市公安局肃州分局刑事拘留，同年 4 月 1 日被逮捕。现羁押于酒泉市肃州区看守所。

辩护人陈有西、周葵，浙江京衡律师事务所律师。

被害人甘肃富康商贸（集团）有限公司（以下简称"富康公司"），组织机构代码 22511160-9，地址：甘肃省酒泉市肃州区肃州路 19 号。

法定代表人李新民，系该公司董事长。

委托代理人雷声、刘斗文，甘肃雷诺律师事务所律师。

甘肃省酒泉市中级人民法院审理甘肃省酒泉市人民检察院指控原审被告人钟德跃犯合同诈骗罪一案，于 2013 年 1 月 24 日作出一审判决，以被告人钟德跃犯合同诈骗罪，判处有期徒刑 15 年，剥夺政治权利 5 年，并处罚金 10 万元。被告人钟德跃不服，提出上诉。本院于 2013 年 10 月 30 日裁定撤销原判，发回重审。甘肃省酒泉市中级人民法院于 2014 年 4 月 11 日作出判决，以被告人钟德跃犯合同诈骗罪，判处有期徒刑 15 年，并处罚金 10 万元。被告人钟德跃仍不服，提出上诉。本院依法组成合议庭，公开开庭审理了本案。甘肃省人民检察院指派检察员白芙蓉、李庆出庭履行职务，上诉人钟德跃及其辩护人陈有西、周葵，被害人委托代理人雷声、刘斗文等到庭参加诉讼。现已审理终结。

原审判决认定，2011 年 4 月，被告人钟德跃经河北廊坊置恒公司的马民（富康公司副总经理李新红妻弟）介绍，与富康公司负责人商谈富康公司"天下珍宝第一馆""天下太岁第一馆"等三个展馆的设计、施工事宜。期间被告人钟德跃与西班牙籍人乃西一起到酒泉与富康公司洽谈合同，并表明二人是设计合作伙伴关系。2011 年 4 月 5 日，钟德跃与乃西隐瞒其个人与香港华原公司无相应设计及施工资质以及香港华原公司并未按《关于外国（地区）企业在中国境内从事生产经营活动登记管理办法》向国家工商行政管理局或其授权的地方工商行政管理局申请登记注册的真相，虚构深圳巴洛克公司（已于 2012 年 3 月更名为深圳阮斌设计有限公司）为香港华原公司代表机构的事实，以香港华原公司名义与富康公司签订了三个展馆的《展示设计合同》，约定三个展馆的设计由香港华原公司进行，同时富康公司承诺该设计合同的施工由香港华原公司进行，钟德跃为概念与初步设计的总设计师，乃西为设计总监，合同价款为 59 万元。后钟德跃与乃西又以《展示设计合同补充说明》向富康公司说明，深圳巴洛克公司为香港华原公司在国内的代表机构，且是其在大陆的付款（结算）机构。2011 年 5 月 16 日，钟德跃与乃西又以香港华原公司名义与富康公司签订了一份《展示设计合同补充协议》，将原来的"三馆"改为"两馆"，废除了原合同"不含出图章费用"的约定，将合同价款确定为 40 万元，并对部分条款做了变更。同日，双方签订了《展示施工合同》，合同履行期限为 2011 年 5 月 16 日至 2011 年 7 月 16 日，合同总价款为 500 万元。合同签订后，2011 年 4 月 18 日至 2011 年 6 月 28 日，富康公司根据约定先后四次支付钟德跃预付工程款及设计费共计 336 万元，其中最后一次支付工程款 200 万元及设计费 12 万元。

2011 年 5 月，钟德跃在进行了初步概念设计后，联系无设计施工图资质的上海蘑菇云公司制作了"两馆"的深化设计，又联系无展馆施工资质的北京仁杰公司，并于当月 27 日以香港华原公司的名义与该公司签订了《展厅制作执行委托合同》《展示施工合同》，合同总价款为 140 万元。后北京仁杰公司根据钟德跃提供的上海蘑菇云公司制作的"两馆"深化设计图进行了施工。

富康公司在与钟德跃签订合同时，要求钟德跃提供相应的资质材料，钟德跃在提供了香港华原公司的注册登记材料后，就以各种借口进行推托。2011 年 6 月 23 日至 7 月 25 日，富康公司多次书面发函，要求提供公司资料、完整的施工图及深化效果图，并要求将施工资料、材料及时报验，以及时对施工过程中发现的消防箱与分水器的位置、综合布线、分水器、电路检查口、电影样片等问题进行整改。

2011 年 7 月 25 日，钟德跃和乃西以富康公司不支付进行整改的工程增项费用为由，未经富康公司同意单方面停工，并将工人全部撤走，后孙丽娟（乃西妻子）将账户剩余 148.614 万元中的一半，即 74.307 万元，转入钟德跃账户，将 20 万元转入乃西账户，将 54.307 万元转入自己账户，后三人逃离酒泉，同时将为工程购买的价值 29 万元的 AV 设备全部运至深圳市一搬家公司存放。同年 8 月 2 日，钟德跃以香港华原公司名义申请酒泉诚信公证处对富康家世界 8 号楼一层"天下奇石第一馆""天下太岁第一馆"做了保全证据公证。8 月 12 日，香港华原公司委托律师以完成工程量的 90% 为由，向酒泉市中级人民法院提起民事诉讼，要求富康公司支付工程进度款 150 万元及各项损失 32.12 万元。富康公司于同年 8

月 10 日向酒泉市公安局肃州分局报案。2012 年 2 月 24 日，公安机关在深圳市将钟德跃抓获，孙丽娟、乃西离境外逃。

原审判决认定上述事实的证据有：

1. 书证：酒泉市公安局肃州分局接受案件登记表、公安部公经商贸（2013）211 号协查通知、《关于外国（地区）企业在中国境内从事生产经营活动登记管理办法》、住建部《关于工程设计资质标准》《关于建设工程勘察设计资质管理规定》《建筑企业资质管理规定》等规定、《展示设计合同》《销售合同》、"天下珍宝第一馆""天下太岁第一馆"设计图纸、深圳巴洛克公司收款回单、富康公司记账凭证、中国农业银行结算业务申请书等相关书证。

2. 证人证言：证人马某某、李慧君、盛某某、郭希生、郭进胜、吴波、徐迅君、王莹辉、张杰、王晓根、朱志峰、邓寅颖、吕志道、阮斌、李生强、郭彦红、李新红、李新民、罗小凤等人的证言。

3. 酒泉中瑞工程造价事务有限责任公司《关于甘肃酒泉天下珍宝第一馆、天下太岁第一馆装饰工程一案的工程造价鉴定报告》，证明甘肃酒泉"天下珍宝第一馆""天下太岁第一馆"装饰工程实际完成工程量造价为 52.498 954 万元。

4. 2012 年 3 月 8 日钟德跃辨认"奇石珍宝馆""太岁馆"待建场馆与 2011 年 7 月其从富康家世界 8 号楼一楼施工现场撤离时状态一致。

5. 酒泉市公安局经侦支队现场勘查笔录。

6. 上诉人钟德跃的供述。

原审法院认为，被告人钟德跃隐瞒其与乃西以及香港华原公司不具有展馆设计与施工资质的真相，虚构深圳巴洛克公司为香港华原公司在内地代表机构的事实，隐瞒香港华原公司未到国家工商行政管理局或其授权的地方工商行政管理局申请登记注册，领取《中华人民共和国营业执照》的事实，以香港华原公司的名义欺骗富康公司签订设计与施工合同，因香港华原公司不具有相应的资质，该行为不应认定为公司行为，应认定为被告人钟德跃的个人行为。在履行合同的过程中，不履行合同约定的设计义务，在进行初步概念设计后，欺骗富康公司以委托他人设计的深化图代替正规的施工图，委托没有展馆施工资质的公司进行施工。在无法满足富康公司提供相关公司资质的资料、正规的施工图等要求及实际完成了10.5%的工程量而占有富康公司支付60%工程款的情况下，擅自单方面停止施工，撤走工人，运走设备，在与乃西将富康公司支付的预付工程款148.614万元私分后，拒不继续履行合同，捏造已完成工程量90%的事实提起诉讼，其行为构成合同诈骗罪。依照《中华人民共和国刑法》第224条第4项、第64条之规定，判决：被告人钟德跃犯合同诈骗罪，判处有期徒刑15年，并处罚金10万元；违法所得148.614万元，依法予以追缴。

……

经二审审理查明，一审判决所列举证据，经一、二审公开开庭，控辩双方举证、质证和辩论，二审中，上诉人钟德跃及其辩护人均未提出新的证据。根据法庭审理中控辩双方所发表的辩护意见及观点，本案争议的焦点是：钟德跃的行为是合同纠纷还是合同诈骗犯罪。本院根据现有证据综合评判如下：

《中华人民共和国刑法》第224条规定，合同诈骗罪是指以非法占有为目的，在签订、履行合同过程中，采取虚构事实或者隐瞒真相的方法，骗取对方当事人财物，数额较大的行为。

一、上诉人钟德跃主观上是否具有非法占有目的

首先，银行账户明细和证人张杰、徐迅君、王莹辉的证言证明，钟德跃从富康公司支付的工程款中先后支付给东方仁杰公司工程款 82.5 万元，支付上海蘑菇云设计公司徐迅君等人设计费 8.3 万元。钟德跃提出已经完成了工程量的 90%，而经过酒泉中瑞工程造价事务有限公司鉴定，钟德跃只完成了工程量的 10.5%，虽双方对工程量的鉴定存在异议，但表明钟德跃确在履行合同。在合同实际履行过程中，钟德跃按照设计合同和施工合同的要求进行了初步概念设计，其后又委托上海蘑菇云公司进行了深化设计，委托东方仁杰公司进行施工、购买工程设备等。上述行为表明钟德跃依据约定履行合同。

其次，钟德跃与富康公司的纠纷，是因施工过程中部分工程变更项目增加变更费用由谁承担无法达成一致而产生的。在双方多次交涉不能达成一致后，上诉人钟德跃将相关材料运至深圳存放，此行为是钟德跃对工程材料的临时保管方式，并没有进行变卖或者处分。且在将施工材料运离酒泉之前，为"保全证据"，钟德跃及时申请酒泉诚信公证处对富康公司"两馆"工程进度及材料设备现状进行了公证，并委托律师以富康公司违约为由向酒泉市中级人民法院提起民事诉讼。以上行为说明钟德跃欲通过法律程序来解决与富康公司之间的纠纷。

最后，富康公司记账凭证、银行结算业务申请、富康公司财务部经理郭彦红证言证明，从 2011 年 4 月 16 日至 2011 年 6 月 28 日，经钟德跃申请，富康公司同意并先后给巴洛克公司和华原公司支付设计费和工程进度款共计 336 万元。至 2011 年 7 月 25 日停工时，孙丽娟将剩余工程款中的 74.307 万元先后以还款方式汇入钟德跃个人账户。富康公司副总经理盛某某的证言和上诉人钟德跃的陈述印证，钟德跃停工离开酒泉后，并未变更联系方式及住所，二人电话沟通中，钟德跃仍然坚持不增加费用就不恢复施工。以上证据表明，钟德跃并无隐匿财产或者潜逃的行为。

综上，钟德跃获得的工程款是依合同约定取得的，也是富康公司同意支付的，且取得工程款用于设计、施工，并未作其他非法用途，钟德跃不具有非法占有的目的。

二、上诉人钟德跃客观上是否实施了欺骗的行为

首先，香港华原公司注册证书证明，香港华原公司是在香港注册成立、真实存在的实体，乃西为法定代表人。钟德跃、乃西以香港华原公司的名义与富康公司签订了《展示设计合同》及《展示施工合同》后，向富康公司提供了香港华原公司注册登记等相关资料复印件。《展示设计合同》约定"设计费用不含出图盖章费用，如需具资质的设计院出图章，出图费另计"，该合同表明钟德跃在签订合同时已经明示自己或香港华原公司没有相关资质，富康公司对此也是明知的。钟德跃并未向富康公司隐瞒香港华原公司没有资质的事实。

其次，《展示设计合同》和《展示设计合同补充协议》证明，深圳巴洛克公司系香港华原公司在内地的分支机构，深圳巴洛克公司仅代替香港华原公司收款，并不是实际的设计人。钟德跃的陈述与富康公司李慧君的证言亦印证，在合同中这样约定的目的是便于香港华原公司在内地收款。因此，钟德跃并不存在欺骗富康公司的行为。

最后，富康公司先后在该工程项下共支付了336万元，施工合同约定"合同签订7日内，支付价款20%"，"乙方完成工程量20%，经甲方验收合格，支付价款40%"，"全部完成工程，经甲方验收合格，支付价款30%"。因此，钟德跃获得工程款是依合同约定取得，钟德跃并未采取虚构事实或者隐瞒真相的手段骗得工程款。

本院认为，上诉人钟德跃客观上没有实施虚构事实和隐瞒真相的行为，主观上没有非法占有合同项下工程款的故意，其行为不构成合同诈骗罪。上诉人所提上诉理由及其辩护人的辩护意见成立，本院予以采纳。经本院审判委员会讨论决定，依据《中华人民共和国刑事诉讼法》第225条第1款第3项、第231条、第195条第2项、第233条之规定，判决如下：

一、撤销甘肃省酒泉市中级人民法院（2013）酒刑二初字第5号刑事判决。

二、上诉人钟德跃无罪。

本判决为终审判决。

审 判 长 孙 鲁

审 判 员 李 天

代理审判员 李晓春

甘肃省高级人民法院

二〇一六年四月一日

书 记 员 张传伟

■ 律师手记

钟德跃合同诈骗案大事记

事由	日期	备注
富康公司报案	2011 年 8 月 10 日	称被骗 336 万元
酒泉市公安局肃州分局立案	2011 年 8 月 23 日	
传唤钟德跃	2012 年 2 月 18 日	深圳福田区南园派出所
刑拘	2012 年 2 月 24 日	
现场勘查（施工现场）	2012 年 3 月 8 日	酒泉市公安经侦、肃州分局人员
逮捕	2012 年 3 月 31 日	
深圳巴洛克设计公司更名深圳阮斌设计公司	2011 年 3 月 30 日	
香港华原、深圳巴洛克公司与富康公司签《展示设计合同》	2011 年 4 月 5 日	香港华原公司为设计人一、深圳巴洛克为设计人二，约定设计费 59 万元，后协议更改为 40 万元
富康公司支付设计费 36 万元（约定余款 4 万元，竣工后支付）	合同签订后一周内	其中 11.8 万元于 2011 年 4 月 18 日给巴洛克（钟德跃所得），24.2 万元给孙丽娟账户
香港华原与富康公司签订《展示施工合同》	2011 年 5 月 16 日	施工合同标的 500 万元，约定至 2011 年 7 月 16 日竣工

事由	日期	备注
华原公司与北京东方仁杰公司签订《展示施工合同》,标的 125 万元	2011 年 5 月 27 日	分期付款,3 日内 12.5 万元;6 月 18 日 50 万元,7 月 10 日 37.5 万元,竣工后 12.5 万元
富康公司支付工程款 112.2 万元(此为合同约定首付款,合同签订后 7 日内支付 100 万元)	合同签订后一周内	孙丽娟账户,分别为两张支票:2011 年 6 月 3 日的 62.2 万元,2011 年 5 月 25 日的 50 万元
孙丽娟给北京东方仁杰公司工程款 15 万元	2011 年 5 月 30 日	装修费
孙丽娟给东方仁杰工程款 10 万元	2011 年 6 月 3 日	装修费
孙丽娟给吴波多媒体款 10 万元	2011 年 6 月 9 日	购买 AV 材料,价值 39 万元
钟德跃与上海蘑菇云建筑设计咨询公司达成口头协议	2011 年 6 月	两馆深化设计图纸制作
富康给孙丽娟材料款 212 万元(合同预定的进度款,于工程量完成 20% 时支付 200 万元)	2011 年 6 月 28 日	香港华原公司案发前收到的最后一笔工程进度款
孙丽娟给东方仁杰工程款 50 万元	2011 年 7 月 1 日	材料费、装修费

续表

事由	日期	备注
孙丽娟给邹自猛机票费1.22万元	2011年7月1日	飞机票
孙丽娟给马民工程介绍费16.9万元	2011年7月1日	汇款理由材料费
孙丽娟给吴波多媒体费15万元	2011年7月1日	AV材料、装修费
孙丽娟给上海蘑菇云公司图纸设计费6万元	2011年7月1日	徐迅君账户
香港华原公司与北京东方仁杰公司签订《展厅制作执行委托合同》，标的125万元	2011年7月10日	已经实际施工，后补签合同
富康要求变更施工设计，拆掉5个隔离小房间（储藏室、资料室）	2011年7月15日	对于草图设计中的5个小房间，富康要取消，华原认为草图经过对方确认，且已经施工，取消应当增加施工费用14万元，富康不同意
孙丽娟给自己个人账户30万元	2011年7月25日	家用
孙丽娟给乃西汇款20万元	2011年7月25日	乃西家用
孙丽娟给钟德跃汇款50万元	2011年7月25日	钟德跃
华原停工撤人，拉走设备和未用材料	2011年7月25日（晚上）	具体停工日期依据盛发明证言

续表

事由	日期	备注
孙丽娟支付朱兴俊律师费3.3万元	2011年7月31日	
孙丽娟给自己汇款24.307万元	2011年8月1日	家用
孙丽娟将上述款项转钟德跃	2011年8月1日	24.307万元
双方关于施工方面的往来函件	2011年5月至2011年8月	最后一次系8月8日
华原公司证据保全公证	2011年8月2日	酒泉诚信公证处
富康公司报案	2011年8月10日	
付北京东方仁杰工程款	2011年8月13日	7.5万元
富康公司委托酒泉工程建设监理中心有限公司做《工程量进度评估报告》	2011年9月1日	结论为工程量造价62.223万元
华原状告富康民事纠纷	2011年9月20日	酒泉市中级人民法院立案
钟德跃、孙丽娟在深圳注册设立深圳卓跃昔欧展览服务有限公司	2011年10月	
肃州区公安分局委托鉴定工程量造价	2012年3月8日	委托酒泉中瑞工程造价事务有限公司进行工程量鉴定

事由	日期	备注
肃州区公安分局委托中瑞公司出具工程造价鉴定报告	2012 年 3 月 11 日	酒中造字（2012）第 01 号文书鉴定工程量为52.498 9 万元
酒泉市中级人民法中院将华原告富康公司民事案件移送酒泉市公安局	2012 年 3 月 23 日	法院立案号（2011）酒民一初字第 13 号
酒泉市人民检察院第一次退回补充侦查	2012 年 7 月 15 日	
酒泉市公安局委托中瑞工程造价事务有限公司出具工程预算的鉴定报告	2012 年 8 月 20 日	酒中造字（2012）第 037 号文书鉴定为工程量预算为 81.032 4 万元
酒泉市人民检察院第二次退回补充侦查	2012 年 9 月 13 日	
酒泉市人民检察院起诉	2012 年 11 月 19 日	
酒泉市中级人民法院一审判决	2013 年 1 月 24 日	（2013）酒刑一初字第 01 号
钟德跃上诉	2013 年 1 月 28 日	
甘肃省高级人民法院裁定发回重审	2013 年 10 月 30 日	（2013）甘刑二终字第 29 号
酒泉市中级人民法院重审一审判决	2014 年 4 月 11 日	（2013）酒刑二初字第 5 号
钟德跃第二次上诉	2014 年 4 月	
甘肃省高级人民法院二审判决无罪	2016 年 4 月 1 日	（2014）甘刑二终字第 38 号

本案辩护人陈有西律师

■ 评　议

　　大量的案子，律师做着默默无闻的工作，其对中国基本人权的保护以及程序法实施的贡献，社会上并不知道。实际上，我接手的95%以上的案子从来不宣传，没有人知道，因为要曝光律师的功绩，必然要曝光相关部门的一系列过错，没有办法来表扬我们的。我们有很多的委屈，很多的压力，我们是在刀尖上行走。

　　中国有大量的案子，没有引起社会的注意，并不是因为律师不够好、不够踏实、不够有担当。我们律师做的那些工作没有得到社会上的理解，也没有得到新闻媒体足够的宣传。很多时候都是律师冒着风险，自己叫板公权力，才引起社会人士的一些关注。而有些案子如果不折腾的话，根本就没办法推进。钟德跃这个案子，我没有进行任何的呼吁，也没有宣传让社会公众知晓。

中国最近平反的案子，一般都是原来的七类传统的刑事犯罪：杀人、放火、抢劫、强奸、爆炸、绝食等，要么真凶出现，要么死人回家，这种案子的平反，很多证据还是比较有把握的，只要突破一个。

钟德跃的案子跟这些案子最大的区别在哪里？它是一个经济犯罪案子，就是没有死人回家，没有对得上的血和指纹，没有"真凶重现"这样一种过硬的、无法否认的证据。他的案子要平反，或者要改判，要害在哪里呢？就是对一个经济行为现象进行的判断。到底是一种犯罪行为，还是一种完全不构成犯罪的民事行为？这个案子从钟德跃被抓，一直到我们辩后放出，没有一天取保，扎扎实实被关了四年。

因此我们需要归纳一下钟德跃这个案子的经验教训。

第一个教训就是合同纠纷与市场秩序法律调整的界限。

这里面到底哪些是合同纠纷，哪些构成犯罪，这个往往就是对民商法和刑法的市场秩序犯罪——公司法犯罪、金融票据犯罪、走私犯罪的一种理解认识问题。这个认识问题就比较难说了，有些教授认为就是犯罪，有些教授认为不是犯罪。他说自己从来不看专家意见，拿来就扔到废纸篓去了，根本不当回事。因为在经济行为当中公说公有理，婆说婆有理，很难说这个案子就是错判。

第二个教训就是倾向性侦查，即公安机关对案件走向的随意性选择。

钟德跃案中，有几个焦点。歪嘴和尚念经，可以把好经念歪了，公安查你资质，查你主体，而不管到底施工了多少。他查一个公司，查的应该是本案是否构成犯罪，与主体是否合格毫无关系。但他就是查你的资质有没有，查你的公司是不是真实，香港注册的还是深圳注册的。还有一个问题就是，公安机关在侦查过程中对一些事实往往视而不见，明明工程已经施工了90%了，工程款应该结算给施工方，却审计评估成只施工了10%，然后说你只完成了10%，但是拿走了300多万块钱，所以你是合同诈骗。

实际真相后来经高院审查是，施工完成90%，人家就不付给他后续的施工费，而后恶人先告状去报案。所以查主体、查资质，故意把施工量搞坏，这完全是第一线的公安做歪了证据。然后，检察院按照这个证据起诉，法院按照这个证据判，冤案就出来了。经济纠纷和杀人放火案不一样的地方就在这里，随意判断的空间较大。

第三个教训就是要以法庭为中心，而非以侦查为中心？

在甘肃酒泉，这个位于嘉峪关边上的地方，公安说了算，检察院听公安的，法院听检察院的，到最后公安的意见一直影响到酒泉市中级人民法院，一审判处被告人15年有期徒刑。后来省高院和省人民检察院一起研究这个案子，认为就是无罪的，把它发回酒泉了，照样不买账，再判15年。其间还找当事人的父亲谈话，让他父亲拿出120万元，这个案子判个缓刑放出去，如果不拿，继续这样判。就这样，拖到第6个月的最后一天，也要判15年，肆无忌惮，没有人能够制约他。

我们再到高院，然后高院又审了一年多，当时发回的时候，高院和省人民检察院已经协调好了，这个案子就是无罪的，照顾面子给他发回去了。到上面以后，谁都不敢拍板，主审法官不敢拍板，合议庭不敢拍板，等着院长召开审委会来拍板。我们等了审委会一年多，中间又多关了一年多。

第四点教训是，发回重审究竟是维稳思想，还是严肃执法？

省人民检察院、省高院一致认为这是一个插手经济纠纷的冤案，直接把他判无罪，不是很好？要照顾酒泉公检法的面子，把案子发回重审，让酒泉去消化。想不到酒泉照原样给他判了，逼着高院作出判断。很多案子，再做二审就是迁就一审，照样作有罪判决，很多案子就是这样做砸的。而这次，甘肃高院真的是非常难得的，在法制环境非常恶劣的情况下，高院虽然等了一年多，但审委会最终全票支持合议庭。

第五点教训是，不仅西部的法律环境如此，全国的环境亦如此。

有人说，你做了这个案子真是不容易。我说不是的，全国都这样，像这类歪嘴和尚念经，非法插手经济纠纷的，满目皆是，跨地区抓老板也时常发生。

最后一点，当事人的原则性和律师的关系。

钟德跃的父亲，一个老军人。法院明确告诉他，你把这个律师辞掉，不要请他，然后你交100万过来，律师费都不要付，马上把你儿子放出去。两年多一点的时候就这么跟他说的。他父亲说："我宁可花100万去请律师，也不会给你一分钱，我一定要跟你搞到底。"

如果不是他父亲这么坚决，还有钟德跃在里面坚决不认罪，这个案子就判掉了。所以他自己的坚定和他父亲的清醒，也促使我必须坚持到底，毫不妥协。

有这几股合力，我们才能把这个案子做起来。

这个案子不是"死人回家"，不是"真凶出现"，也没有对得上的血和指纹，只是从法理上纠正为无罪，从而使得高级法院赔礼道歉、公开登报，然后作出国家赔偿。判决出来后，我激动得一个人流眼泪，真是非常不容易。

陈有西

2017 年 1 月 14 日

二十二年终昭雪　生死两茫茫
——河北聂树斌故意杀人、强奸案

■ 回　顾

　　2016年12月2日，最高人民法院第二巡回法庭对广受国内外关注的聂树斌故意杀人、强奸妇女一案公开宣判，撤销了1994年河北省石家庄市中级人民法院和1995年河北省高级人民法院对被告人聂树斌作出的有罪判决，宣告聂树斌无罪。至此，这起发生、审判并执行于20多年之前，因2005年另案被告人王书金归案后自认系本案真凶而引发各种猜测和争议的重大、疑难、复杂案件，终于画上了句号。

　　1994年8月10日上午，河北省石家庄市郊区下聂庄村的康父向石家庄市公安局郊区分局报案，称其女儿康某花失踪。同日下午，康父和康某花的同事等人在孔寨村西玉米地边发现了被杂草掩埋的康某花的连衣裙和内裤。第二天上午，康某花的尸体在孔寨村西玉米地里被发现，办案机关对康某花的尸体进行了检验。

　　在案件侦查过程中，有群众反映，有一名骑蓝色山地车的男青年常在案发现场2公里外的石家庄市电化厂平房宿舍区公共厕所附近闲转，发现有女人上厕所就进去窥看，有流氓行为。康某花被害案专案组遂组织人员在该公共厕所旁蹲守。

1994年9月23日18时许，聂树斌骑一辆蓝色山地车路过时，侦查人员认为其像群众反映的男青年而将其抓获，当晚就将聂树斌关进石家庄市公安局郊区分局留营派出所内，第二日以监视居住的名义继续关押。10月1日，聂树斌以涉嫌犯故意杀人罪、强奸妇女罪被刑事拘留，10月9日被逮捕。1995年3月3日，石家庄市人民检察院以聂树斌涉嫌犯故意杀人罪、强奸妇女罪，向石家庄市中级人民法院提起公诉。1995年3月15日，石家庄市中级人民法院作出一审判决，认定聂树斌案发当天骑自行车尾随下班的康某，故意用自行车将骑车前行的康某别倒，拖至路东玉米地内，用拳头猛击康某的头部、面部，致其昏迷后将其强奸，而后用随身携带的花上衣猛勒康某的颈部，致其窒息死亡，以故意杀人罪、强奸妇女罪数罪并罚，决定执行死刑，剥夺政治权利终身。

一审宣判后，聂树斌不服，以自己年龄小，没有前科劣迹、系初犯，认罪态度好，一审量刑太重为由，向河北省高级人民法院提出上诉，请求二审法院从轻处罚。河北省高级人民法院经审理后认为，一审判决认定事实、情节正确，证据充分，仍以故意杀人罪、强奸妇女罪数罪并罚，决定执行聂树斌死刑，剥夺政治权利终身，同时核准了对聂树斌的死刑裁决。1995年4月27日，聂树斌被执行死刑。

聂树斌

2005 年 1 月，因涉嫌犯故意杀人罪被河北省公安机关网上追逃的王书金，被河南省荥阳市公安机关抓获后自认系本案真凶。2006 年邯郸市中级人民法院作出的一审判决并未认定康某花案的犯罪事实，王书金上诉至河北省高级人民法院，坚称自己是聂树斌案真凶，请求依法认定。此事经媒体报道后，引发社会关注。2007 年 5 月，聂树斌的母亲张焕枝、父亲聂学生和姐姐聂淑惠向河北省高级人民法院和多个部门提出申诉，请求认定王书金为本案真凶，宣告聂树斌无罪。

2014 年 12 月 4 日，根据河北省高级人民法院的请求，最高人民法院指令山东省高级人民法院复查该案。山东省高级人民法院组成五人合议庭对该案进行了全面审查，并专门召开听证会听取专家学者意见。山东省高级人民法院审委会经讨论后认为，原审认定聂树斌犯故意杀人罪、强奸妇女罪的证据不确实、不充分，建议最高人民法院启动审判监督程序重新审判该案。

自 2015 年 6 月起，经四次延长复查期限，直至 2016 年 6 月 6 日，最高人民法院作出再审决定，提审该案并决定由最高人民法院第二巡回法庭审理。第二巡回法庭依法组成五人合议庭，由最高人民法院第二巡回法庭庭长胡云腾大法官担任审判长，法官夏道虎、虞政平、管应时和罗智勇为合议庭成员，依照第二审程序对该案进行了审理。合议庭经审理后认为：原审认定聂树斌犯故意杀人罪、强奸妇女罪的事实不清、证据不足。2016 年 12 月 2 日，最高人民法院第二巡回法庭公开开庭宣判：撤销河北省高级人民法院（1995）冀刑一终字第 129 号刑事附带民事判决和石家庄市中级人民法院（1995）石刑初字第 53 号刑事附带民事判决，原审被告人聂树斌无罪。

2016 年 12 月 14 日，张焕枝、聂学生向河北省高级人民法院提交了刑事国家赔偿申请书，提出 7 项索赔申请。2017 年 3 月 27 日，河北省高级人民法院作出国家赔偿决定，向张焕枝、聂学生支付合计 2 681 399.1 元赔偿金。

■ 控 诉

河北省石家庄市中级人民检察院
起诉书

（1994）石检刑起字第 139 号

被告人聂树斌，男，鹿泉市申后乡下聂庄村人，初中文化，汉族，捕前系鹿泉市冶金机械厂工人，1994 年 10 月 1 日被石家庄市公安局郊区分局刑事拘留，同年 10 月 7 日因强奸罪、杀人罪经石家庄市郊区人民检察院批准，10 月 9 日由石家庄市公安局郊区分局执行逮捕。

被告人聂树斌强奸杀人一案，石家庄市公安局侦查终结，于 1994 年 11 月 18 日移送我院审查起诉，经审查查明：

1994 年 8 月 5 日 17 时许，被告人聂树斌尾随下班回家的石家庄市液压件厂女工康某花至市郊孔寨村的石粉路中段，将康某花拖至路东玉米地内，用拳击其头部致昏迷后，将康某花强奸。尔后，用花上衣勒颈，致使康某花窒息死亡。

上述犯罪事实，有物证、刑事科学技术鉴定结论等证据证实，被告人亦供认在案，事实清楚，证据确实、充分。

综上所述，被告人聂树斌目无国法，拦截强奸妇女，杀人灭口，其行为触犯了《中华人民共和国刑法》第 139 条、第 132 条之规定，已构成强奸罪、故意杀人罪，本院为了维护社会治安秩序，严厉打击刑事犯罪，保护公民人身权利不受侵犯，依据《中华人民共和国刑事诉讼法》第 100 条之规定，特提起公诉，请依法判处。

此致
河北省石家庄市中级人民法院

代理检察员：刘晓斌
河北省石家庄市中级人民检察院
1994 年 12 月 6 日

最高人民法院对聂树斌案进行再审期间，最高人民检察院向合议庭提交如下书面意见：

原审判决采信的证据中，直接证据只有聂树斌的有罪供述，现场勘查笔录、尸体检验报告、物证及证人证言等证据均为间接证据，仅能证明被害人康某花死亡的事实，单纯依靠间接证据不能证实康某花死亡与聂树斌有关，而聂树斌有罪供述的真实性、合法性存疑，不能排除他人作案可能。原审判决认定事实不清、证据不足，依据现有证据不能认定聂树斌实施了故意杀人、强奸妇女的行为，应当依法宣告聂树斌无罪。

聂树斌父亲聂学生、母亲张焕枝

主要理由是：①被害人死亡原因不具有确定性，原审判决所采信的尸体检验报告证明力不足；②作案工具来源不清，原审判决认定花上衣系作案工具存在重大疑问；③聂树斌始终未供述出被害人携带钥匙的情节；④原审判决所采信的指认笔录和辨认笔录存在重大瑕疵，不具有证明力；⑤证实聂树斌实施强奸的证据严重不足；⑥聂树斌供述的真实性、合法性存在疑问。

■ 辩　护

依照《中华人民共和国刑事诉讼法》相关规定，北京市天钰衡律师事务所接受聂树斌父母聂学生、张焕枝的委托，指派本所李树亭律师作为原审被告人聂树斌故意杀人、强奸妇女案再审程序的代理人，依法参加本案的再审审理。

原审认定聂树斌强奸妇女、故意杀人的事实不清、证据不足，应当依法宣告聂树斌无罪。主要理由是：

1. 公安机关在没有掌握聂树斌任何犯罪事实和犯罪线索的情况下，仅凭主观推断，就将骑一辆蓝色山地车的聂树斌锁定为犯罪嫌疑人，对聂树斌采取的监视居住实际上是非法拘禁。聂树斌故意杀人、强奸妇女一案，没有任何直接的人证，也没有任何直接的物证，证明聂树斌实施了杀人、强奸犯罪行为和客观事实。

石家庄市西郊玉米地强奸杀人案件，是基于受害人父亲1994年8月10日报案。在石家庄市公安局郊区分局侦查人员于1994年9月23日抓获聂树斌之前与之后，没有任何人发现、指认、控告聂树斌实施了强奸、杀人犯罪行为；公安机关也没有掌握聂树斌任何对被害人康某花实施强奸、杀人犯罪的事实和证据，仅仅因为聂树斌骑一辆蓝色山地车，就把聂树斌锁定为涉嫌强奸、杀人案的犯罪嫌疑人，并采取强制措施。

在受害人康某花的衣物上，没有检验出任何精斑，也没有检验出与聂树斌体液或血液及毛发有关的任何物证。对案发现场进行现场勘查，以及对聂树斌家进行搜查过程中，也没有发现和提取任何证明聂树斌实施犯罪，或与聂树斌本人有关的物证。

2. 不能排除侦查人员采用刑讯逼供、指供、诱供方式收集聂树斌有罪供述的可能性。

（1）聂树斌的一审辩护律师张景和，曾向聂树斌的母亲张焕枝转述聂树斌声称挨打的事情。与聂树斌曾经一同羁押在石家庄市看守所 105 号监室的纪某某，证明聂树斌曾向其述说遭受刑讯逼供的情形，以及自己亲眼看见聂树斌身上有伤。而聂树斌羁押在石家庄市看守所期间的"监护人"姜某某，可能是聂树斌是否受到过刑讯逼供的最重要的证人。代理人同时申请合议庭调取聂树斌自 1994 年 10 月 1 日被刑事拘留羁押进石家庄市看守所后，至被执行死刑时的完整羁押档案，以及同监犯罪嫌疑人或被告人名单，并对其中与聂树斌有过较长时间接触的知情人进行调查取证，以便彻底查清聂树斌是否遭受过刑讯逼供。

（2）本案中，原审被告人聂树斌同样极有可能遭到公安侦查人员的指供和诱供，并形成了自证其罪的证言。

聂树斌所画的偷取作案工具花衬衣的现场图，不能排除是照着审讯人员已经画好的草图进行抄写的可能。

聂树斌于 1994 年 9 月 29 日所写的《检查》，也不能排除是按照审讯人员提供的材料照抄，或按着审讯人员的口授进行记录的可能。

聂树斌自称是"在工作人员的劝说和帮助下，谈清了整个过程"。因此，无论是聂树斌自书的《检查》，还是其他自证其罪的供述，都不能排除是按照审讯人员的主观意图或指供、诱供完成的可能。

3. 聂树斌供述、证人证言和尸体检验报告均不能确定案发时间，被害人遇害时间不明，原审认定的聂树斌作案时间事实不清。

（1）纵观全部案卷，聂树斌对具体作案日期的 5 次供述，不仅内容前后混乱不清，反反复复，而且没有一次准确说清究竟是在 1994 年 8 月的哪一天，更没有准确提到 1994 年 8 月 5 日这一天，也从未供述清楚实施强奸杀人的具体作案时间。

试想，一个不满 20 岁，刚刚在一个多月前实施了生平第一次强奸杀人犯罪行为的人，可能会记不清作案的具体日期吗？

（2）受害人的父亲康父、丈夫侯某某关于被害人失踪时间的证词是真实可信的，但仅能证实其于下午上班后失踪，不能证实其具体遇害时间。而被害人康某花的同事余某某、王某某、穆某某、高某某等人的证词矛盾，不能证实康某花失踪和遇害时间。

聂树斌当时的车间主任葛某某，曾经拿着车间考勤表对公安人员说聂树斌 8 月 4 日没有上班，却并未确定聂树斌 8 月 5 日或者 8 月 6 日是否上班，殊为蹊跷。

（3）公安机关没有提取检验被害人胃肠内溶物，因此无法确定被害人的具体死亡时间，同样也无法确定案发的具体时间。

（4）王书金供述的作案时间以及作案前后的天气情况，不仅与侯某某、余某某关于康某花中午上班的证言基本相符，而且与案发地当时的气象资料高度吻合，因此最接近康某花被害的具体时间，且更符合案件的客观事实。

4. 原审认定的作案工具事实不清，物证彩色照片上的半袖上衣极有可能在原始案发现场并不存在，是侦查人员为印证聂树斌供述的作案工具而编造出来的物证。

代理人始终认为：被认定为聂树斌作案工具的所谓"女式花上衣"，极有可能在原始案发现场并不存在，只是侦查人员为了印证聂树斌供述杀人时所使用的作案工具，而编造或者制造出来的物证。其作为聂树斌故意杀人、强奸妇女一案中最关键的非法证据，依法应当予以排除，不能作为认定事实的依据。

（1）在公安机关法律文书中，对该件作案工具的描述并不一致，且全部与案卷中的物证彩色照片不符；物证彩色照片上的半袖上衣不仅不是花上衣，而且不能确定为女式上衣。

在聂树斌故意杀人、强奸妇女一案中，包括聂树斌本人的供述，至少曾经出现过10件花上衣或者衬衣。但到底哪一件才是作为聂树斌强奸杀人的作案工具（即物证彩色照片上的上衣）随卷移交的，查遍整个卷宗也无法弄清。

（2）物证花上衣是否来自案发现场值得怀疑。

此前已述，现场勘查提取拍摄的其他物证照片，皆为黑白照片，且拍摄地点显示为案发现场。但现场记录载明的同时提取的该物证，其照片不仅是彩色的，而且拍摄地点是在水泥地上，并非案发现场。

根据《现场笔录》和《尸检报告》描述，受害人的尸体高度腐败，且上衣的一部分还在受害人脖子下面，那这件上衣应该浸透了被害人尸体腐烂所产生的体液及尸腐附着物，尤其是脖子下面与死者皮肤接触的部位。但是该物证彩色照片却显示：衣物相对清洁，衣料质地清楚，黑色线纹清晰可辨，不符合在地里浸沤了6天的情形。

现有的现场勘查拍摄的受害人尸体照片，不能确认彩色照片中的上衣或其他任何一件上衣的存在，更不能证明曾经缠绕在死者脖子上面。

第一时间发现案发现场和受害人尸体的余某某、李某某和焦某某都没有看见受害人的脖子上缠有花上衣，曾在案发现场对受害人康某花尸体和提取衣物进行辨认的侯某某（被害人康某花丈夫）也没有提到任何关于花上衣的事情。

（3）虽然聂树斌几次供称：从张营村一辆收破烂的三轮车上偷了花上衣，但三轮车的主人、张营村收破烂的农民梁某，却证言自己并没有丢过花上衣。

综上所述，代理人认为：关于作案工具花上衣是否真实存在，以及缠绕在受害人尸体脖子上的描述，值得怀疑；卷宗中作为物证的彩色照片上的上衣，既不是侦查人员向聂树斌出示的"现场提取的白底小黑花半袖上衣"，也不可能是所谓勒死受害人康某花的作案工具。

基于此，代理人再次申请对被害人尸体照片和物证彩色照片上的衣物进行技术鉴定，以便彻底排除这一关键的非法证据。

5. 现场勘查笔录无见证人参与，不符合法律规定；尸体检验报告结论不具有科学性，真实性、合法性存疑，原审认定被害人系窒息死亡的证据不确实、不充分。

（1）该《现场笔录》形成不符合法律规定。

根据《现场笔录》记载：1994年8月11日11：50分至14：05分，在石家庄市公安局六处副处长周国平、痕检科副科长魏建华指挥下，市局法医王建斌、分局技术员杜同福、王永学对现场进行了勘查。可是，该《现场笔录》的签署日期却是1994年8月12日；并且，除了记录人王永学一人签名外，周国平、魏建华、杜同福等三人都未签名，王建斌甚至连名字都没有体现。另外，本次现场勘查也没有邀请任何一位与案件无利害关系、为人公正的公民做见证人，更无见证人的签名或者盖章。

（2）尸检报告据以认定被害人"康某花符合窒息死亡"的理由和证据不仅不确实、不充分，而且因果矛盾。

《康某花尸体检验报告》分析意见表述:"根据尸体检验,除颈部有衣服缠绕外,全身未发现明显创口及骨折,结合案情分析,康某花符合窒息死亡。"既然颈部缠绕衣服,结论又是窒息死亡,根据法医学原理,受害人必然属于机械性窒息死亡。既然属于机械性窒息死亡,也必然存在舌骨、甲状软骨骨折的情况。然而,尸检报告检验过程却明确记载:未发现舌骨、甲状软骨骨折的情况。尸检报告的结论和尸体症状自相矛盾。

6. 聂树斌1994年9月23日至9月27日的供述材料以及聂树斌的考勤表缺失,原办案人员的解释不合理,不排除公安机关隐匿了对聂树斌有利的证据。

(1)在案证据可证实,1994年9月23日下午6点左右,聂树斌作为可疑对象被带到郊区公安分局刑侦科进行讯问,第二天就转到留营派出所进行讯问。即从1994年9月23日晚上开始,办案人员每天都在审讯聂树斌;但在9月28日之前,聂树斌的表现是"不讲实话""想隐瞒""想隐瞒过关"。现存案卷缺失的聂树斌1994年9月23日至9月27日的供述内容,不排除石家庄市公安局郊区分局隐匿了聂树斌关于无罪的自我辩护。

(2)鹿泉市综合技校冶金机械厂钳工车间主任葛某某的初始证言证实,聂树斌出事后,公安机关找过他了解情况,并拿走了钳工车间的考勤表。但现存案卷中并没有考勤表,也没有公安人员询问葛某某考勤表上"√"和"×"的意思的相关内容。可见,公安机关同样隐匿了聂树斌出事后对葛某某最初调查询问的材料。

7. 证人余某某后来证明,被害人尸体被发现后,公安机关立即展开调查,并形成了调查材料,但原审卷宗中余某某等人的多份初始证言缺失,去向不明,这些证言可能对聂树斌有利。

山东省高级人民法院复查时,证人余某某证实:1994年8月

11 日找到被害人尸体后，公安立刻展开调查，给余某某记了材料，并且调查期间，公安人员陆陆续续找其作笔录不止一次。余某某并称，在所作证言中，第一次笔录即被害人出事后调查这个时间的证言内容最准。

但是，现存卷宗显示，公安机关直到 1994 年 10 月 21 日才对余某某做了第一份询问笔录。那么，1994 年 8 月对余某某的多次调查形成的证词材料去了哪里？这些"内容最准"的证言又是什么？

8. 现有卷宗中许多法律文书和证据材料或者时序颠倒，或者签字笔迹造假，不排除伪造或变造案卷的可能。

9. 被害人落在案发现场的一串钥匙是本案中具有唯一性和排他性的隐蔽细节，聂树斌始终没有供出，使其所供作案过程真实性受到严重影响。

根据《现场笔录》，受害人尸体左脚西侧 20 cm 处有一鞋尖朝西的红色塑料凉鞋；左脚西侧偏南 30 cm 处有一串钥匙。但翻遍现存的所有卷宗，聂树斌对这串位于左脚西侧 30 cm 处、与红色塑料凉鞋仅有 10 cm 左右距离的钥匙，这个具有唯一性和排他性的隐秘性证据，只字未有供述。

既然受害人康某花套在手腕或手指上的钥匙遗落在现场，证明在她被从自行车上别下来，到被拖到玉米地的过程中，这串钥匙都在她的手腕或手指上的，聂树斌怎么会没有发现呢？他对受害人左脚穿的红色凉鞋观察得如此细致，怎么会对左脚西侧 30 cm 处的钥匙视而不见呢？

10. 王书金异地归案后即主动交代了石家庄西郊玉米地强奸、杀人的犯罪事实，特别是供述出案发现场所留的一串钥匙，且其供述的作案时间、作案地点、作案过程以及抛埋衣物地点等都与本案情况相符，王书金的供述应视为本案出现了新证据，其作案的可能性远远大于聂树斌。

（1）王书金多次供述在石家庄市郊区孔寨村玉米地强奸杀人的犯罪事实，且其多次带领侦查人员到当年案发的石家庄市郊区孔寨村玉米地，指认了其强奸杀人的作案现场，和抛埋受害人衣物的地点，无论是作案时间、作案地点、作案过程，还是受害人长相穿着、抛埋衣物地点等，都与聂树斌故意杀人、强奸妇女案现场呈现的情况相符。

（2）王书金对扔在案发现场一串被害人的钥匙这个隐蔽性细节的供述，具有唯一性和排他性特征；石家庄市西郊玉米地强奸杀人案的真凶，更多地指向了王书金，而非聂树斌。

除了案发现场的那串钥匙，王书金还准确供述出了另一个隐蔽性情节：其抛埋受害人衣物地点有水井和水池。王书金先后带领广平县公安局侦查人员和河北省公安厅工作组人员对此进行了精确指认。

（3）王书金对其强奸杀人犯罪事实的供述，是在没有任何外界信息源的情况下主动说出来的。

综上所述，原审公诉机关指控聂树斌故意杀人、强奸妇女，既没有任何人证，也没有任何锁定聂树斌犯罪的直接物证；聂树斌的全部供述材料，在作案时间、作案工具、作案过程及被害人的年龄、相貌、衣着方面，都与案件客观事实及情理不符甚至相悖。而王书金在对作案时间、作案工具、作案过程，被害人的年龄、相貌，以及案发现场隐秘性情节一串钥匙和抛埋衣物地点的供述上，都与案件呈现出的客观事实高度吻合，因此不排除其作案的可能性。

代理人在此敬请本案合议庭诸位尊敬的大法官、法官，依据"以事实为根据，以法律为准绳"的原则，宣判聂树斌无罪。

此致

最高人民法院第二巡回法庭

　　　　　　　　　　代理人：李树亭律师

聂树斌案原案发地现址

■ 审　判

中华人民共和国最高人民法院
刑事判决书

（2016）最高法刑再3号

原公诉机关河北省石家庄市人民检察院。

申诉人张焕枝，女，系原审被告人聂树斌母亲。

申诉人聂学生，男，系原审被告人聂树斌父亲。

申诉人聂淑惠，女，系原审被告人聂树斌胞姐。

诉讼代理人李树亭，北京市天钰衡律师事务所律师。

原审被告人聂树斌，男，汉族，初中文化，原河北省鹿泉市冶金机械厂工人，捕前住河北省获鹿县（现石家庄市鹿泉区）下聂庄村。1994年9月23日被传唤，9月24日被监视居住，10月1日被刑事拘留，10月9日被逮捕。1995年4月27日被执行死刑。

河北省石家庄市人民检察院指控被告人聂树斌犯故意杀人罪、强奸妇女罪一案，石家庄市中级人民法院于1995年3月15日作出（1995）石刑初字第53号刑事附带民事判决。宣判后，被告人聂树斌、附带民事诉讼原告人康父分别提出上诉。1995年4月25日，河北省高级人民法院作出（1995）冀刑一终字第129号刑事附带民事判决，并根据最高人民法院授权高级人民法院核准部分死刑案件的规定，核准聂树斌死刑。

2005年1月，涉嫌犯故意杀人罪被河北省公安机关网上追逃的王书金，被河南省荥阳市公安机关抓获后自认系本案真凶。此事经媒体报道后，引发社会关注。2007年5月，申诉人张焕枝、聂学生、聂淑惠向河北省高级人民法院和多个部门提出申诉，请求宣告聂树斌无罪。2014年12月4日，根据河北省高级人民法院请求，本院指令山东省高级人民法院复查本案。

山东省高级人民法院依法组成合议庭，对本案进行全面审查后认为，原审判决缺少能够锁定聂树斌作案的客观证据，在被告人作案时间、作案工具、被害人死因等方面存在重大疑问，不能排除他人作案的可能性，原审认定聂树斌犯故意杀人罪、强奸妇女罪的证据不确实、不充分，建议本院启动审判监督程序重新审判，并报请本院审查。

本院对山东省高级人民法院的复查意见进行了审查，于2016年6月6日作出（2016）最高法刑申188号再审决定，提审本案。

本院依法组成合议庭，依照第二审程序对本案进行了书面审理。审理期间，本院审查了本案原审卷宗、河北省高级人民法院和山东省高级人民法院复查卷宗；赴案发地核实了相关证据，察看了案发现场、被害人上下班路线、原审被告人聂树斌被抓获地点及其所供偷衣地点，询问了部分原办案人员和相关证人；就有关尸体照片及尸体检验报告等证据的审查判断咨询了刑侦技术专家，就有关程序问题征求了法学专家意见；多次约谈申诉人及其代理人，听取意见，依法保障其诉讼权利；多次听取最高人民检察院意见。就附带民事诉讼部分通知原附带民事诉讼原告人康父。其近亲属告知，康父已去世，并表示不再参与本案诉讼。本案现已审理终结。

经再审查明：1994年8月5日17时许，河北省石家庄市液压件厂女工康某花（被害人，殁年36岁）下班骑车离厂。8月10日上午，康某花父亲康父向公安机关报案称其女儿失踪。同日下午，康父和康某花的同事余某某等人在石家庄市郊区孔寨村西玉米地边发现了被杂草掩埋的康某花连衣裙和内裤。8月11日上午，康某花尸体在孔寨村西玉米地里被发现。同日下午，侦查机关对康某花尸体进行了检验。

上述事实，有现场提取的自行车、凉鞋、连衣裙、内裤和钥匙等物证，证人康父和余某某等人证明康某花失踪和发现康某花衣物情况、证人侯某某证明上述现场提取物品系康某花生前所用之物的证言，以及尸体检验报告、现场勘查笔录和照片等证据证实。本院予以确认。

原审认定原审被告人聂树斌于1994年8月5日17时许，骑自行车尾随下班的康某花，将其别倒拖至玉米地内打昏后强奸，尔后用随身携带的花上衣猛勒其颈部，致其窒息死亡。本院认为，这一认定事实不清、证据不足，不予确认。具体评判如下：

一、聂树斌被抓获之时无任何证据或线索指向其与康某花被害案存在关联

原审认定，石家庄市公安局郊区分局在侦破此案时，根据群众反映将聂树斌抓获。诉讼代理人提出，公安机关没有掌握聂树斌任何犯罪事实和犯罪线索，仅凭主观推断锁定其为本案犯罪嫌疑人，并对其采取强制措施；检察机关认为，聂树斌到案经过与原案缺乏直接关联，确定其为犯罪嫌疑人缺乏充足依据。对此问题，本院经审查，评判如下：

1. 原审卷宗内没有群众反映聂树斌涉嫌实施本案犯罪的证据或线索……聂树斌被抓获仅因其疑似群众反映的男青年，并非因群众反映其涉嫌实施本案犯罪。聂树斌被抓获之前，办案机关并未掌握其实施本案犯罪的任何证据或线索。

2. 原审卷宗内无证据证实聂树斌系群众反映的男青年。

综上，对诉讼代理人提出的侦查机关抓获聂树斌时并未掌握其任何犯罪事实和犯罪线索的意见，对检察机关提出的确定聂树斌为犯罪嫌疑人缺乏充足依据的意见，本院予以采纳。

二、聂树斌被抓获之后前 5 天的讯问笔录缺失，严重影响在卷讯问笔录的完整性和真实性

从聂树斌 1994 年 9 月 23 日 18 时许被抓获，到 9 月 28 日卷内出现第一份有罪供述笔录，共有 5 天时间，原审卷宗内没有这 5 天的讯问笔录。申诉人及其代理人对此提出诸多质疑，认为缺失的笔录可能对聂树斌有利。检察机关也提出，从聂树斌到案至作出第一次有罪供述间隔 5 天时间，而卷内没有一份此间的讯问笔录，侦查机关没有作出合理解释。对此问题，本院经审查，评判如下：

1. 聂树斌被抓获之后前5天办案机关曾对其讯问且有笔录。一是聂树斌在卷供述证明有讯问笔录；二是原办案人员证明有讯问笔录。

2. 聂树斌在该5天内，既有有罪供述，也有无罪辩解：一是聂树斌在卷供述可以证实；二是原办案人员可以证实……办案人员"巧妙利用攻心战术和证据，经过一个星期的突审"，聂树斌终于供述了强奸杀人的事实。

3. 对原审卷宗内缺失该5天讯问笔录，原办案人员没有作出合理解释。

全面收集、移送包括讯问笔录在内的案件证据，是1979年《刑事诉讼法》和1987年公安部印发的《公安机关办理刑事案件程序规定》的明确要求；公安部1991年印发的《公安业务档案管理办法》对副卷的内容也有明确规定，犯罪嫌疑人的供述笔录不属于入副卷的材料；原办案人员在接受本院询问时也表示，当时石家庄市公安局郊区分局办理案件比较规范，即使前期嫌疑人不供述，也会把这些材料入卷。因此，聂树斌被抓获之后前5天讯问笔录没有入卷，既与当时的法律及公安机关的相关规定不符，也与原办案机关当时办案的情况不符。

综上，由于上述讯问笔录缺失，导致聂树斌讯问笔录的完整性、真实性受到严重影响。对申诉人及其代理人提出聂树斌被抓获之后前5天有讯问笔录，且缺失的笔录可能对聂树斌有利的意见，对检察机关提出缺失这5天讯问笔录存在问题的意见，本院予以采纳。对申诉人及其代理人提出办案机关故意销毁、隐匿讯问笔录、制造假案的意见，因无证据证实，本院不予采纳。

三、聂树斌有罪供述的真实性存疑，且不能排除指供、诱供可能

原审卷宗显示，自 1994 年 9 月 28 日出现第一份供述至 1995 年 4 月 27 日被执行死刑，聂树斌共有 13 份供述，其中有讯问笔录 11 份（侦查阶段 8 份，审查起诉、一审、二审阶段各 1 份），自书检查 1 份，一审当庭供述笔录 1 份。申诉人及其代理人提出，这些供述不能排除系刑讯逼供、指供、诱供形成，合法性和真实性存在疑问。检察机关提出，聂树斌的有罪供述说法不一、前后矛盾，供述偷拿花上衣的情节因证人证言而变化，侦查机关讯问过程明显具有指供倾向，聂树斌供述的真实性、合法性存在疑问。对此问题，本院经审查，评判如下：

1. 聂树斌对关键事实的供述前后矛盾、反复不定。关于作案时间、偷花上衣的具体地点、脱去被害人内裤的时间、被害人的自行车等说法均前后不一。此外，关于作案动机、被害人年龄和所穿连衣裙特征等事实和情节，聂树斌的供述也前后不一。在卷供述中，聂树斌一方面始终认罪，另一方面又说不清楚作案的基本事实，特别是对关键事实的供述前后矛盾、反复不定，不合常理。

2. 供证一致的真实性、可靠性存疑。聂树斌供述的作案地点、藏衣地点、尸体上的白背心、颈部的花上衣及被害人凉鞋、自行车的位置等，虽然与现场勘查笔录、尸体检验报告等内容基本一致，但由于以上事实都是先证后供，且现场勘查没有邀请见证人参与，指认、辨认工作不规范，证明力明显不足，致使本案供证一致的真实性、可靠性存在疑问。

3. 不能排除指供、诱供可能。对办案机关是否存在刑讯逼供、指供、诱供等非法取证行为，经审查原审检察人员和审判人员讯问

聂树斌的材料、一审开庭笔录、原审辩护人的有关证言以及原办案人员的解释，没有发现原办案人员在制作这些笔录时实施刑讯逼供的证据。但是，聂树斌曾经供述自己本来想不说，后在办案人员"劝说和帮助下说清整个过程"；聂树斌供述偷花上衣的地点存在随证而变的情形；一些笔录显示讯问内容指向明确；参与现场勘查的办案人员曾称被安排到讯问场所与聂树斌核对案发现场情况等，故不能排除存在指供、诱供的可能。

综上，对申诉人及其代理人提出聂树斌有罪供述的真实性、合法性存疑，不能排除指供、诱供可能的意见，对检察机关提出的侦查机关讯问过程明显具有指供倾向的意见，本院予以采纳。对申诉人及其代理人提出侦查机关存在刑讯逼供的意见，因无证据证实，本院不予采纳。

四、原审卷宗内案发之后前 50 天内证明被害人遇害前后情况的证人证言缺失，严重影响在案证人证言的证明力

原审卷宗显示，康某花丈夫侯某某、同事余某某在康某花失踪前曾与其见面，康某花失踪后还参与寻找，余某某和康父最先发现了康某花的衣物。但是，从 1994 年 8 月 11 日发现康某花尸体到同年 9 月底聂树斌认罪，即从案发到破案，其间 50 天内办案机关收集的这些重要证人的证言无一人卷，全部缺失。卷内显示，直到 1994 年 10 月 1 日才出现侯某某的首次证言，10 月 11 日和 10 月 21 日才首次出现康某花同事王某某、余某某的证言。这些本应是破案重要线索的证人证言，却出现在聂树斌认罪并破案之后。申诉人及其代理人提出，办案机关隐匿了这些对聂树斌可能有利的证据。对此问题，本院经审查，评判如下：

1. 多名证人证明案发之后 50 天内，办案人员对其进行过询问

并制作了笔录。

2. 多名原办案人员证实案发之后即作了询问证人笔录。

3. 原办案人员对案发之后前 50 天内相关证人证言缺失原因没有作出合理解释。经询问多名原办案人员，其作出的解释对于询问与本案有直接关系的证人，明显不符合常理，也不符合当时的办案规范和惯常做法。首先，侯某某、余某某是本案重要证人，对其询问应当按照当时的《刑事诉讼法》和公安部 1987 年《公安机关办理刑事案件程序规定》，规范制作笔录入卷，并随案移送。其次，侯某某、余某某等人在案发之后前 50 天所作的证言是初始证言，是确定被害人遇害时间和被告人有无作案时间的重要依据，是侦破本案的重要线索。即使当时有将材料送预审科挑选的做法，对于这些重要的证人证言也不应当剔除。

综上，案发之后前 50 天内多名重要证人证言全部缺失不合常理，且关键证人侯某某后来对与康某花最后见面时间的证言作出重大改变，直接影响对康某花死亡时间和聂树斌作案时间等基本事实的认定，导致在案证人证言的真实性和证明力受到严重影响。原办案人员对有关证人证言缺失的原因没有作出合理解释，故对申诉人及其代理人提出的这些缺失证据对聂树斌可能有利的意见，本院予以采纳。

五、聂树斌所在车间案发当月的考勤表缺失，导致认定聂树斌有无作案时间失去重要原始书证

本案复查和再审期间，申诉人及其代理人提出，聂树斌所在车间有一份考勤表，该考勤表可以证明聂树斌 1994 年 8 月 5 日是否上班，没有考勤表就不能认定聂树斌有作案时间，认为这张对聂树斌有利的考勤表被办案机关有意隐匿。对此问题，本院经审查，评判如下：

1. 有证据证明考勤表确实存在且已被公安机关调取。

2. 考勤表对证明聂树斌有无作案时间具有重要价值。考勤表是证明聂树斌 1994 年 8 月出勤情况和有无作案时间的重要原始书证。

3. 原办案人员对考勤表未入卷没有作出合理解释。考勤表是证明聂树斌有无作案时间的重要原始书证，根据公安部 1987 年《公安机关办理刑事案件程序规定》，应当认真登记、妥为保管，考勤表不入卷不符合相关规定。

综上，考勤表的缺失导致认定聂树斌有无作案时间失去原始书证支持。对申诉人及其代理人提出的考勤表系对聂树斌可能有利的证据，本院予以采纳。对申诉人及其代理人提出的原办案机关故意隐匿考勤表的意见，因无证据证实，本院不予采纳。

六、原审认定的聂树斌作案时间存在重大疑问，不能确认

原审认定，聂树斌于 1994 年 8 月 5 日将康某花强奸、杀害。申诉人提出，聂树斌根本没有作案时间；诉讼代理人提出，原审认定的作案时间事实不清。检察机关提出，聂树斌并没有供述出作案的具体日期，而其对作案时间的供述在葛某某对其进行批评后第二天和受到批评的当天之间不断变化，前后存在多次反复。对此问题，本院经审查，评判如下：

1. 聂树斌的供述不能证实系 1994 年 8 月 5 日作案。聂树斌在卷的 13 次有罪供述中，共有 9 次供及作案时间。在侦查阶段对作案日期的 6 次供述反复不定，且始终没有供述具体的作案日期。聂树斌到案初期，无法供出作案具体日期，数月之后反而能够明确、稳定供述，聂树斌为何能从记忆不清到记忆清晰，卷内没有任何解释或说明，故聂树斌关于 8 月 5 日作案的供述不足采信。

2. 聂树斌被葛某某批评的日期不能确定是1994年8月5日。聂树斌供述的作案日期是被葛某某批评的当日或次日，查清聂树斌被批评的具体日期至关重要。在案证据显示，到单位被葛某某批评的当日或次日应当是8月6日或8月7日，原审认定聂树斌8月5日作案，与在案证据存在重大矛盾。

3. 证人侯某某后来的证言对与被害人最后见面时间作出重大改变。原审卷宗内侯某某的两份证言，第一份证言询问人不明，第二份证言系在预审阶段作出，此前的证言全部缺失，严重影响这两份证言的证明力。现其证言又发生重大改变，导致原审认定的聂树斌作案时间产生重大疑问。

综上，原审认定聂树斌于1994年8月5日作案的证据不确实、不充分。对申诉人及其代理人质疑原审认定的聂树斌作案时间的意见，对检察机关提出的聂树斌关于作案时间的供述前后存在多次反复，真实性、合法性存在疑问的意见，本院予以采纳。对申诉人及其代理人提出的办案机关有意隐匿考勤表的意见，因无证据证实，本院不予采纳。

七、原审认定的作案工具存在重大疑问

现场勘查笔录记载，在康某花尸体颈部缠绕一件短袖花上衣，原审将其认定为聂树斌故意杀人的作案工具。申诉人及其代理人提出，上述事实不能认定，该花上衣根本不存在；检察机关提出，花上衣来源不清，现场提取的花上衣与让聂树斌辨认、随案移送的花上衣是否同一存疑，聂树斌供述偷花上衣的动机不合常理，原审判决认定花上衣系作案工具存在重大疑问。对此问题，本院经审查，评判如下：

1. 聂树斌供述偷取一件破旧短小的女式花上衣自穿不合常理。

2. 花上衣的来源不清。据聂树斌供述，该花上衣是其从石家庄市郊区张营村一收废品处偷取。经查，收废品人梁某的证言与聂树斌供述明显不符，聂树斌所供偷取花上衣的具体地点前后矛盾，该花上衣究竟来源于何处，缺乏证据证实。

3. 对花上衣的辨认笔录缺乏证明力。原审卷宗中用于辨认的花上衣照片，与现场照片显示的尸体颈部的衣物存在明显差别，且辨认物均无照片附卷。辨认有失规范，辨认笔录缺乏证明力。

综上，对申诉人及其代理人、检察机关提出的花上衣来源不清，将其认定为作案工具存在重大疑问的意见，本院予以采纳。但经审查现场勘查笔录及照片、尸体检验报告等在案证据，可以认定被害人尸体颈部缠绕一件短袖花上衣，故诉讼代理人提出的原始现场并不存在花上衣、该作案工具是侦查人员编造出来的物证的意见，与在案证据明显不符，本院不予采纳。

八、原审认定康某花死亡时间和死亡原因的证据不确实、不充分

原审认定康某花于1994年8月5日17时许在下班途中被聂树斌强奸后勒颈致死。申诉人及其代理人提出，康某花遇害时间不明，原审认定康某花系窒息死亡的证据不确实、不充分；检察机关提出，康某花死因不具有确定性，原审判决所采信的尸体检验报告证明力不足。对此问题，本院经审查，评判如下：

1. 尸体检验报告对康某花死亡时间没有作出推断。本案因案发时尸体高度腐败，法医在尸体检验时没有提取、检验康某花的胃内容物以确定死亡时间。现场勘查时，尸体及周围布满蛆虫，但法医未根据尸体蛆虫情况对死亡时间作出推断。

2. 在案证言不能证实康某花死亡时间，仅能证实1994年8月5日下午康某花仍在厂正常上班，下班后离厂再未见面，但不能将康某花的失踪时间认定为死亡时间。

3. 尸体检验报告关于康某花死亡原因的意见不具有确定性。尸体检验报告记载"康某花符合窒息死亡",同时记载这只是"分析意见",不是确定的鉴定结论。专家对康某花死亡原因未作出确定性结论,只是认为死于机械性窒息的可能性较大或是不能排除机械性窒息死亡。

综上,对申诉人及其代理人提出的原审认定康某花死亡时间和原因的证据不够确实、充分的意见,对检察机关提出的康某花死亡原因不具有确定性、尸体检验报告证明力不足的意见,本院予以采纳。

九、原办案程序存在明显缺陷,严重影响相关证据的证明力

申诉人及其代理人提出,聂树斌被抓获后,被违法采取强制措施,所谓的监视居住实际上是非法拘禁;现场勘查违反法律规定;卷宗中存在签字造假等问题,不排除伪造或变造案卷的可能。检察机关提出,原审判决所采信的指认、辨认笔录存在重大瑕疵,不具有证明力。对此问题,本院经审查,评判如下:

1. 对聂树斌监视居住违反规定。办案机关在没有掌握聂树斌任何犯罪线索的情况下就将其抓获,对其采取监视居住措施,且监视居住期间一直将其羁押于派出所内,违反了1979年《刑事诉讼法》及公安部1987年《公安机关办理刑事案件程序规定》的有关规定。

2. 现场勘查无见证人违反规定。本案现场勘查没有邀请见证人参与,且勘查笔录除记录人外,其他参加勘验、检查人员本人均未签名,违反了1979年《刑事诉讼法》、1979年《公安部刑事案件现场勘查规则》及公安部1987年《公安机关办理刑事案件程序规定》的有关规定。

3. 辨认、指认不规范。原审卷宗显示，办案机关组织聂树斌对现场提取的花上衣、自行车和康某花照片进行了辨认，对强奸杀人现场、藏匿康某花衣物现场进行了指认，并制作了5份笔录，但所有辨认、指认均无照片附卷；对现场提取的连衣裙、内裤和凉鞋，未组织混杂辨认，只是在讯问过程中向聂树斌出示；对花上衣、自行车虽然组织了混杂辨认，但陪衬物与辨认对象差异明显；对康某花照片的混杂辨认，卷内既未见康某花照片，也未见两张陪衬照片。上述问题，致使辨认、指认笔录证明力明显不足。

综上，对申诉人及其代理人提出的聂树斌归案后被违法采取强制措施、现场勘查违反法律规定的意见，对检察机关提出的指认、辨认笔录不具有证明力的意见，本院予以采纳。经鉴定，原审卷宗内的送达起诉书笔录、一审宣判笔录及多份送达回证上聂树斌的签名虽系办案人员代签，但指印均为聂树斌本人所留，故对诉讼代理人提出的办案机关伪造或变造卷宗的意见，本院不予采纳。

本院认为，原审认定原审被告人聂树斌犯故意杀人罪、强奸妇女罪的主要依据是聂树斌的有罪供述，以及聂树斌的有罪供述与在案其他证据印证一致。但综观全案，本案缺乏能够锁定聂树斌作案的客观证据，聂树斌作案时间不能确认，作案工具花上衣的来源不能确认，被害人死亡时间和死亡原因不能确认；聂树斌被抓获之后前5天讯问笔录缺失，案发之后前50天内多名重要证人询问笔录缺失，重要原始书证考勤表缺失；聂树斌有罪供述的真实性、合法性存疑，有罪供述与在卷其他证据供证一致的真实性、可靠性存疑，本案是否另有他人作案存疑；原判据以定案的证据没有形成完整锁链，没有达到证据确实、充分的法定证明标准，也没有达到基本事实清楚、基本证据确凿的定罪要求。原审认定聂树斌犯故意杀人罪、强奸妇女罪的事实不清、证据不足。根据1979年《中华人民共和国刑事诉讼法》的相关规定，不能认定聂树斌有罪。对申诉人及其代理人、最高人民检察院提出的应当改判聂树斌无罪的意见，本院予以采纳。对申诉人及其代理人提出的王书金系本案真凶的意见，因王书金案不属于本案审理范围，本院不予采纳。依照《中华人民共和国刑事诉讼法》第245条第1款、第225条第1款第3项及《最高人民法院关于适用〈中华人民共和国刑事诉讼法〉的解释》第384条第3款、第389条第2款之规定，判决如下：

一、撤销河北省高级人民法院（1995）冀刑一终字第129号刑事附带民事判决和石家庄市中级人民法院（1995）石刑初字第53号刑事附带民事判决。

二、原审被告人聂树斌无罪。

本判决为终审判决。

审 判 长　胡云腾

审 判 员　夏道虎

审 判 员　虞政平

审 判 员　管应时

审 判 员　罗智勇

中华人民共和国最高人民法院

二〇一六年十一月三十日

■ 律师手记

十一年前　案件初探

　　2005 年 3 月 11 日下午，有一位老太太打电话来所里，电话号码显示是石家庄市郊县的。她说她有一个天大的案子，问我敢接不敢接。我觉得有点奇怪，先问她是什么案件，老太太执意不说。最终我妥协了，说只要不是把天捅个大窟窿，我没有什么不敢接的。三日后的早上，老太太带着两个人来到律所办公室向我介绍案子的情况，于是我得知了案子的大致情形：十年前，在石家庄市郊区孔寨村发生了一起强奸杀人案，她的儿子聂树斌被怀疑是凶手，被石家庄市公安局郊区分局逮捕，后来被石家庄市中级人民法院以强奸罪、故意杀人罪判处死刑。可是前些日子，河南省荥阳市警方抓获了一个叫王书金的犯罪嫌疑人，王书金供述他在石家庄市郊区孔寨村作过一起强奸杀人案。荥阳警方把王书金交给其原籍河北省广平县警方。广平县警方根据王书金的供述，在 2005 年 1 月 22 日带王书金到孔寨村指认过作案现场。

　　我听完，觉得真的是一件非同寻常的案子。如果属实，真的称得上拍案称奇了。但是依据我本人的社会经验，这种案件操作起来会很困难：

　　首先，案件发生年头很长，调查取证工作会非常困难：当时的知情人或者证人，对事件可能记不清了，或者因为种种原因不愿意说。

　　其次，有关部门不会积极配合。毕竟，如果是冤案，牵涉到公检法三个部门，执法水平和司法形象会受到损害，同时涉及国家赔偿问题，这会使相关部门消极应对此事。

最后，也是最重要的一点，如果当年的办案人员因为立功而荣升，这些人为了自己的政治前途不受影响，会调动一切关系，千方百计阻挠案件的调查纠正。

老太太听了我的话，可能以为我托词不管，竟然当场跪下，号啕大哭，恳求我一定为她儿子讨个公道。我答应她，如果聂树斌案是冤枉的，我会克服一切困难，哪怕上刀山下火海，也要把冤案翻过来。老太太听我这样下了保证，方才起身拭泪。

几经波折

2007年3月，王书金一审被判死刑，但他随即向河北省高级人民法院提出上诉，上诉理由是检察院的起诉和法院的判决没有包括他的全部罪行。他坚决承认自己是聂树斌案真凶，应属特大立功表现，法院应予以考虑。从此，这个案子陷入了一种前所未有的翻转局面——上诉人干了被告人的事，被告人干了上诉人的事，以至中国刑事审判史上出现了二审法庭控辩双方角色换位的颠覆性奇观。

王书金在一审法庭上自我陈述时，主动提起诉书里没有指控的石家庄案，被法官以"与本案无关"阻止发言。在案件进入二审后，王书金开始堂堂正正地以上诉人的身份出现，围绕这个案子进行陈述。因为当得知聂树斌已经替他死了之后，王书金受到极大触动，他在坦白的时候眼里看不出一丝虚假，是一种真正"一人做事一人当""杀人偿命"的单纯和实诚。

王书金

　　但要申诉，必须有原生效判决。为了这份 10 年未曾见过的判决书，张焕枝第一次鼓足胆去敲了康某花父亲康老汉的门。康老汉的情绪异常激动，拒绝了张焕枝，这个石家庄的知识分子家庭在女儿死后一直都未曾走出痛苦。为取得刑事判决书，我在一年多的时间里，与被害人的父亲有过几十次接触，并最终在 2007 年 4 月 1 日拿到了判决书。

　　2007 年 11 月，最高人民法院给了张焕枝一封寥寥几十字的信函，让她交给河北省高级人民法院，上面写着"已函转河北高级人民法院"，让她速与该院联系。11 月 5 日，张焕枝拿着最高人民法院的信到河北省高级人民法院后，此案就陷入了长达 7 年的沉寂，一直到 2014 年 12 月最高人民法院宣布异地复查，移交山东省高级人民法院。在河北省高级人民法院的那 7 年是"纹丝不动"，沉闷得"看不到一丝星光"。

　　在 2010 年后，我退出了此案的代理，因为当时案件拖得很久没有动静，而该做的我也都做了。律师风波在网上也吵得沸沸扬扬，张焕枝的律师像走马灯一样地换。她家从不缺律师登门拜访，有时候一拨拨地来，那院子都快成了斗法逗秀的舞台，老人招架不住，也不懂法，只是一个个都应承下来。

解除委托协议后，我反而可以以公众的身份介入王书金的案子，也从另一方面重新了解到更多关于聂树斌案、王书金案的具体内容。

重新代理

2014 年 12 月 17 日上午，我和范友峰老师到一家酒店参加聂树斌案申诉工作的小型研讨会。在酒店，我先后见到了马云龙总编、张焕枝阿姨及家人、郑成月局长、刘博今律师等人。研讨时马总让我介绍我的观点，我讲了三个问题。

首先，从王书金供述出的案发现场一串钥匙说起。被害人父亲曾在案件侦破后，去石家庄市公安局郊区分局要回了被害人房屋的钥匙。我推断，聂树斌并没有供述出这串钥匙，因为若是供述出来，那么这串钥匙将作为重要物证，拍摄照片后随卷移送，而不是交还被害人父亲。而王书金却供述出了这串钥匙，可见王书金的作案可能性要远大于聂树斌。

其次，在我第一阶段代理过程中，经调查走访得知公安机关曾经拿走了 1994 年 8 月聂树斌所在车间的考勤表，该考勤表可以证明聂树斌在 8 月 5 日当天是否上班，即有没有作案时间。同时也调查走访了受害人康某花所在工厂的同事，即发现被害人遗体的最早目击证人，他们详细描述了遗体的情况，却无人提到所谓花衬衣的事情，这让我怀疑花衬衣是否存在。还有，在审理王书金案过程中，检方出示的物证照片是彩色的、在水泥地上所拍，而非黑白的、在案发现场所拍。物证照片上的衬衣比较干净，与浸泡在积水里五六天且应浸有尸液的情形不符。

最后，根据从鹿泉市气象局调取的材料，1994年8月5日下雨，8月6日小雨，8月7日暴雨量级，这说明现场不会留下犯罪嫌疑人的手印、足迹、毛发等物证材料；同时，因为泡炎蒸，受害人尸体也会高度腐败，不可能提取到犯罪嫌疑人的体液精斑。也就是说，指控聂树斌犯强奸罪不会有直接物证支持，很可能是靠聂树斌口供定案。既然杀人是因为罪犯强奸后灭口，而强奸根本就站不住脚，杀人动机又怎么能站住脚呢？

研讨会结束后，张阿姨签署了对我的委托手续，2014年12月22日我与陈光武律师一起提交委托手续给山东省高级人民法院。同时，我提交了三份申请书：查阅、复制聂树斌刑事诉讼案卷申请书，调取王书金强奸妇女、故意杀人案卷宗申请书和向被害人近亲属收集、调取证据申请书。

逐渐推动

2015年3月16日，山东省高级人民法院通知我可以查阅复制聂树斌案件的相关卷宗材料。这一天距我2005年3月15日接受聂树斌父母的委托，过去了整整十年！历经十年波折，终于可以看到案卷，且可以阅到的除了聂树斌的3本卷宗外，还包括王书金案8本卷宗、河北高院复查聂树斌案3本卷宗以及河北省公安厅复查王书金案3本卷宗，一共17本卷宗。

2015年3月20日，我剃光了须发，发一微博："闭关阅卷。闭口不言。遵守承诺。阿弥陀佛。"我用了10天时间，阅完了聂树斌案3本案卷；再用5天时间，阅完了其他14本案卷。然后，用整整3天时间，条分缕析，抽丝剥茧，完成了7万余字的代理意见。4

月 8 日上午，我与陈律师一起来到山东高院，提交了代理意见和包括笔迹鉴定在内的 3 份申请书。4 月 20 日，在被聂树斌案合议庭约谈时，又提交了 5 组证据材料。

4 月 25 日，山东高院聂树斌案复查合议庭书记员电话通知我：4 月 28 日 13：30 分召开听证会。考虑到听证会的时间关系，我把自己 4 月 8 日提交的 7 万余字的代理意见，专门压缩成 2 万多字的版本，准备在 2 个小时之内，重点把聂树斌案实体和程序方面存在的严重问题，以及王书金案的实体和程序问题，简明扼要地阐述清楚，让所有参加听证的人员直观感到：聂树斌案无论在实体上还是在程序上，都是漏洞如筛；聂树斌是被冤枉而死的。而王书金从作案时间、作案地点到对被害人相貌和衣着的描述、作案过程、抛埋衣物地点以及关键的隐蔽性证据———一串钥匙的供述，都具有唯一性和排他性。也就是说，王书金作为案件真凶的可能性，要成百倍地大于聂树斌。我想达到的听证会结果，就是尽快启动再审。

总体而言，我认为听证会最终达到了比较满意的效果。起码，参加听证会的人员，只要不预先设定立场或者站队，在认真听完我的代理意见后，都会得出聂树斌案应当提起再审并平反昭雪的结论。

自 2015 年 6 月 11 日，本案复查期限又于 2015 年 9 月 15 日、12 月 15 日、2016 年 3 月 15 日四次延长，直至 2016 年 6 月 6 日，最高人民法院作出再审决定，提审该案并决定由最高人民法院第二巡回法庭审理。

2016 年 12 月 2 日，最高人民法院第二巡回法庭公开宣判：撤销河北省高级人民法院（1995）冀刑一终字第 129 号刑事附带民事判决和石家庄市中级人民法院（1995）石刑初字第 53 号刑事附带民事判决，原审被告人聂树斌无罪。

正义是一种永恒的力量，她也许会迟到，却永远不会缺位！

■ 评　议

疑罪从无原则

聂树斌故意杀人、强奸妇女一案的改判与近几年得以改判的几起冤假错案呈现出许多共同特点，如没有可以指认原审被告人的直接、客观物证，口供中心主义下的"由供到证"侦查模式，侦查程序存在违法情形，有罪供述的获取不能排除刑讯逼供和指供、诱供的可能等，这些造就了二十多年前的一个错误判决。而本案改判的最关键因素在于，2005年被河南省荥阳市警方抓获归案的通缉犯王书金主动供述了多起强奸、杀人的犯罪事实，其中包括发生在石家庄市西郊孔寨村玉米地的一起强奸、杀人案，即已被执行死刑的、被告人是聂树斌的那一起案件。

同一起强奸、杀人重大刑事案件，出现了两个并非同案犯的凶手。虽然被告人聂树斌已经依据生效的判决被执行死刑，但依据法律规定，其故意杀人、强奸妇女一案，因为王书金的出现与对强奸杀人犯罪事实的供述和对作案现场的指认，而出现了新的证人和新的证据。

但我们不能因此认定聂树斌案是"真凶再现"式的冤案，因为虽然有王书金对作案时间、作案地点、作案过程、被害人具体情况的详细供述、对犯罪现场的指认等，但没有其他直接的言词证据和实物证据证明其在石家庄市西郊孔寨村玉米地实施了强奸杀人犯罪行为。2013年9月河北省高级人民法院对王书金作出的终审判决并未认定其实施了孔寨村玉米地强奸、杀人行为，即使王书金本人坚称是他所为。因此，从法律意义上来讲，聂树斌案是一起"疑案"，根据"疑罪从无"的精神，最高人民法院再审改判聂树斌无罪。

根据《刑事诉讼法》的规定，不能认定原审被告人有罪的为疑案，而能够认定原审被告人无罪的系冤案。就疑案而言，通常是案件中既有证据证明原审被告人涉嫌犯罪，也有证据证明原审被告人无罪，从客观真相而言是或然的、不确定的状态。而与疑案完全不同的是，冤案是一种确定的状态，即不仅不能认定原审被告人有罪，而且能够认定原审被告人无罪，从而排除其实施了犯罪的可能性。冤案常见的是我们说的"亡者归来""真凶再现"，同时也存在虽没有发现案件真凶，但能够排除原审被告人作案可能的冤案[1]。

综观本案及相关案卷在内的全部卷宗，对现有全部证据材料和证据线索进行审查，聂树斌的有罪供述虽存在重大疑问，与其他在案证据之间有较为明显的疑点，但并没有证据证实为非法证据或虚假证据，也不能完全排除相关证据有"印证"的可能。但原审卷宗中聂树斌被抓获以后的前5天供述、案发以后前50天多名重要证人的证言和能够直接证明聂树斌案发时出勤时间的考勤表这三大关键证据缺失，原办案机关及其人员对此也无法做出合理解释，导致既不能认定聂树斌作案，也难以完全排除聂树斌作案，本案只能按照疑罪从无原则处理。

---

〔1〕 胡云腾："聂树斌案再审：由来、问题与意义"，载《中国法学》2017年第4期。

2005 年 3 月 15 日《河南商报》对本案的报道

聂树斌在某种意义上是"无罪者"的代表，从最高人民法院的法官到参与本案代理的多名律师、学者和媒体人，他们用长达十几年的奔走呼号，终于换来了这起延宕多年的案件的再审。2017 年 3 月，聂树斌的名字被写进了最高人民法院的工作报告之中，周强院长专门强调了聂树斌案的平反过程，并反思道："冤错案件的发生，让正义蒙羞，教训十分深刻。"最高人民法院报告对"疑罪从无"这一重要司法原则再次申明。在加强人权司法保障方面，周强院长说：坚持罪刑法定、疑罪从无，保障无罪的人不受刑事追究。在谈及推进以审判为中心的刑事诉讼制度改革时，周强院长再次提到，落实罪刑法定、证据裁判、非法证据排除、疑罪从无等原则。

"冤假错案是对社会公平正义的极大伤害，是司法工作的致命伤，是危害司法公信和司法权威的灾星。"就聂树斌案而言，原判发生于 20 多年以前，侦查手段、侦查模式较为落后，诉讼程序和办案规程有失规范，尊重和保障人权的观念相对淡薄，聂树斌作出有罪供述后原办案机关在收集证据和认定事实方面均有明显欠缺，甚至案卷中关键性证据都有缺失。2012 年《刑事诉讼法》修订以后，对刑事审判监督程序作了重大修改，为纠正刑事冤错案件提供了更加有力的程序和制度支撑。2013 年，中共中央政法委员会颁布了《关于切实防止冤假错案的规定》，最高人民法院于 2014 年出台了《关于建立健全防范刑事冤假错案工作机制的意见》。

最高人民法院再审聂树斌案并作出无罪判决，得到了申诉人及其代理人的理解和接受。申诉人张焕枝在该案宣判后说："我要明确地告诉大家，我很满意，我给最高人民法院点个赞，他们在纠正错案上下大力度、下大决心，体现了司法改革一步步在进步，这点我体验到了。司法环境在改变，在聂树斌案子上体现出来了。"

在聂树斌案再审中，合议庭对申诉人及其代理人提出的申诉意见和理由进行了调查核实，发现原办案机关在司法中不严格、办案中不规范，从而导致案件中的一些重要证据材料缺失。合议庭在评判申诉理由和原办案机关的解释时，作出了有利于被告人、不利于原办案机关的评判，实际上向各类、各级司法机关传递了严格司法、规范办案的要求，这也是推进以审判为中心诉讼制度改革的具体实践。本案的无罪判决在促使司法机关严格司法、规范办案方面起到了积极的作用，也再一次重申了我国《刑事诉讼法》第 53 条"对一切案件的判处都要重证据，重调查研究，不轻信口供"的证据裁判规则。

"公正是法治的生命线"，为了纠正这样一份错误的判决，22 年，许多人的命运因"聂树斌案"而改变。聂树斌的母亲张焕枝此前接受记者采访，回忆起案发时自己不过五十，现如今已经七十二了，老两口头发花白、身姿佝偻。聂树斌案前前后后换了十多位代理律师，都在为案件的沉冤昭雪不断努力着。专家学者的联合声援，新闻媒体的跟踪报道，聂树斌案与王书金案的谜团交织，河北省高级人民法院的七年沉寂，最高人民法院指定复查的四次延期，多亏了这些坚持的人，正是因其可贵的坚持与担当，深刻地影响着这一事件的走向，才有了今天的结果。

杀人案22年后再审　当庭宣告四被告无罪

——福建莆田许玉森、许金龙、张美来、蔡金森抢劫杀人案

■ 回　顾

1994年1月13日夜，福建省莆田县忠门镇前范村村民郑金瑞（男，66岁）被人捆绑在家中床上死亡。现场为郑金瑞家老厝，共有5道房门被撬、挖开，家中有多处被翻动的迹象，莆田县公安局将本案立为抢劫案进行侦查。

根据现场一沙发上有4种不同的足迹，莆田县公安局断定作案者为四人，于是组织了一个20多人的侦破组展开侦查工作。

根据郑金瑞生前经常把大量现金拿到吓宝客栈请吓宝帮忙清点这一情况，侦查重点锁定在该客栈住宿人员。侦查发现忠门镇联星村补锅匠蔡金森案前住在吓宝客栈，案发当天下午突然离开并把补锅工具留存吓宝处，遂把蔡金森列为重点怀疑对象。

1994年3月2日，蔡金森被传唤，经过九天九夜的审讯，蔡金森供认：1994年1月6日，他和联星村村民许玉森、张美来共谋到前范村郑金瑞家抢劫作案，并于1994年1月13日晚9时左右，在

张美来家再次与许玉森、张美来、许金龙共谋抢劫，由张美来携带螺丝刀、手电筒、麻绳等工具，许金龙携带白色布料面粉袋及黄色胶纸等工具，四人搭乘张美来驾驶的三轮摩托车一同前往前范村郑金瑞家作案。撬、挖开几道房门后进入郑金瑞家大厅，这时遇见郑金瑞刚好也走到大厅内，四人一齐上前，蔡金森、许金龙抱住郑金瑞的腿，张美来、许玉森抓住郑金瑞的手、扼住郑金瑞的脖子，把郑金瑞摔倒在地后，张美来、许金龙二人便用麻绳把郑金瑞的双手和双脚捆住，张美来用所带的风湿膏把郑金瑞的嘴巴贴住，许金龙用自己带的面粉袋套住郑金瑞的头部，又用塑料胶布把面粉袋粘紧。接着把郑金瑞扔在大厅的西墙脚下开始翻找财物，后许金龙等将郑金瑞搬到床上，四人回到张美来家。

蔡金森抢得金戒指 6 枚，许玉森、张美来共抢得现金 14 080元。付给张美来 80 元车费后，四人各分得现金 3500 元，金戒指斩断为 12 块，四人各分得 3 块。案后蔡金森因结婚急需用钱，便把金戒指以 1400 元卖给一个不认识的人。

莆田县公安局根据蔡金森的供述抓获了张美来，张美来到案后供述的作案经过与蔡金森供述基本一致，并供认分得的现金在西许山赌博时输掉，所分得的三块金戒指输给陈国太。

1994 年 3 月 21 日，莆田县公安局将在北京打工的许金龙、许玉森抓获。

许玉森、许金龙到案后不知道为什么被抓，经过 7 天的讯问，许玉森承认参与抢劫，将分得的现金在西许山赌博时输掉，所分得的三块金戒指以 800 元的价格抵给陈国太。

莆田县公安局依据蔡金森、许玉森、张美来的口供将许金龙定为主犯移送起诉。

1995 年 6 月 5 日，莆田市中级人民法院作出（1995）莆中刑初字第 013 号刑事判决，以抢劫罪判处许玉森、许金龙、张美来死刑立即执行，判处蔡金森死刑缓期二年执行。

1999 年 4 月 4 日，福建省高级人民法院作出（1995）闽刑终字第 243 号刑事判决，改判许玉森、许金龙、张美来死刑缓期二年执行，维持对蔡金森的一审判决。

判决生效后，许金龙、许玉森、张美来的家属均提出申诉，但先后被福建省高级人民法院和最高人民法院驳回。蔡金森在服刑期间没有申诉，经几次减刑，已于 2014 年 8 月 9 日刑满出狱。许金龙、张美来、许玉森三人仍在监狱服刑。

2012 年开始，许金龙家属委托退休公安民警刘广智代理向福建省人民检察院申诉。2014 年 3 月，福建省人民检察院向福建省高级人民法院提出再审检察建议，福建省高级人民法院决定对本案复查。

2014 年 4 月，许金龙、张美来被纳入蒙冤者援助计划，由尚权律师事务所指派王耀刚、毛立新律师向福建省高级人民法院申诉。

2015 年 5 月，蔡金森、许玉森委托京师律师事务所的王殿学、张雪峰、吴迎成律师代理申诉。

福建省高级人民法院经过一年多的复查，于 2015 年 12 月 16 日决定再审此案。2015 年 12 月 30 日，福建省高级人民法院再审此案的合议庭与 8 名辩护律师进行了第一次沟通，达成了一致意见。

2016 年 2 月 4 日，福建省高级人民法院在莆田市中级人民法院审理了这起 22 年前的"抢劫杀人案"，并当庭宣告 4 名被告人无罪。除了之前已于 2014 年 8 月 9 日刑满释放的蔡金森外，另外 3 名原审被告人许金龙、张美来、许玉森被当庭释放。蒙冤者在 22 年后重获自由，终于能回家过年了。

左起依次是许金龙、张美来、蔡金森和许玉森

■ 控　诉

福建省莆田市人民检察院
起诉书

莆市检刑起字（95）第 12 号

　　被告人张美来，男，现年 29 岁，小学文化，汉族，莆田县忠门镇联星村人，务农兼开三轮摩托车。1995 年 1 月 13 日因犯抢劫罪经莆田县人民检察院批准逮捕。同月 17 日由莆田县公安局执行逮捕。

　　被告人蔡金森，男，现年 23 岁，小学文化，汉族，莆田县忠门镇联星村人，务农兼补锅。1995 年 1 月 13 日因犯抢劫罪经莆田县人民检察院批准逮捕，同月 17 日由莆田县公安局执行逮捕。

　　被告人许玉森，男，现年 26 岁，初中文化，汉族，莆田县忠门镇联星村人，农民。1995 年 1 月 13 日因犯抢劫罪经莆田县人民检察院批准逮捕，同月 18 日由莆田县公安局执行逮捕。

被告人许金龙，男，现年 21 岁，小学文化，汉族，莆田县忠门镇联星村人，农民。1995 年 1 月 13 日因犯抢劫罪经莆田县人民检察院批准逮捕，同月 19 日由莆田县公安局执行逮捕。

被告人张美来、蔡金森、许玉森、许金龙抢劫一案，由莆田县公安局侦查终结，于 1995 年 1 月 20 日移送莆田县人民检察院审查起诉。根据《中华人民共和国刑事诉讼法》第 15 条之规定，莆田县人民检察院于 1995 年 2 月 20 日提请本院审查起诉。经审查查明各被告人的犯罪事实如下：

1994 年 1 月 6 日下午，被告人蔡金森路经本村戏台时遇见被告人张美来、许玉森。于是，被告人张美来、蔡金森、许玉森三人共同预谋到忠门镇前范村郑金瑞家抢劫，之后又纠集被告人许金龙合伙作案。1994 年 1 月 13 日晚，被告人蔡金森、许玉森、许金龙先后来到被告人张美来家，由被告人蔡金森带路，被告人张美来驾驶三轮摩托车，携带麻绳、螺丝刀、胶纸、面粉袋及手电筒等作案工具，窜到前范村郑金瑞家旧房，由被告人张美来、许玉森把大厅门环和西小厅门环捆结后，留下被告人蔡金森望风，被告人张美来用螺丝刀撬开东小厅房门锁，接着由被告人许玉森、许金龙把东小厅后房墙和通往大厅东后房墙挖开洞并拉开门栓，再由被告人张美来撬开大厅东后房门锁。随后，被告人张美来、蔡金森、许玉森、许金龙窜入大厅，正好遇上受害人郑金瑞从西小厅睡房出来，于是，四被告人把郑金瑞按到地上，由被告人许玉森压住郑金瑞双手，被告人张美来、蔡金森按住郑金瑞双脚，被告人许金龙则用绳子捆绑郑金瑞手脚，又用风湿膏封住郑金瑞嘴，然后用面粉袋套住郑金瑞头部，再用胶纸粘住并在脖子上绕几圈，致使郑金瑞颈部受压窒息死亡。随之，被告人张美来、蔡金森、许玉森、许金龙从郑金瑞家抢走人民币 14 080 元及 6 枚金戒指后逃离现场，在被告人张美来家分赃。被告人张美来分得 3580 元，其他被告人各得款 3500 元。6 枚戒指由被告人张美来取刀斩成 12 块，每个被告人各分得 3 块。之后，被告人张美来、许玉森把抢得赃款及赃物用于赌博，被告人蔡金森用于生活挥霍。案发后，被告人许玉森在公安机关审讯时畏罪潜逃，被告人许金龙抗拒交代，态度恶劣，无悔罪表现。

以上事实，有证人证言，有现场勘查记录及提取的作案凶器，还有法医鉴定报告等证据证实，被告人亦有供认。事实清楚，证据确实充分，足以认定。

本院认为：被告人张美来、蔡金森、许玉森、许金龙以非法占有为目的，撬锁入室，采用捆绑、堵嘴、卡脖子等暴力手段，造成受害者郑金瑞颈部受压窒息死亡，并抢得人民币 14 080 元，情节特别恶劣，性质特别严重，其行为已触犯《中华人民共和国刑法》第 150 条之规定，构成抢劫罪。案发后，被告人许玉森畏罪潜逃，被告人许金龙抗拒交代，不思悔改，应予严惩。

为了保护公民的人身、财产权利，维护社会治安秩序，保障社会主义经济建设的稳定发展，严肃国法，打击犯罪，提起公诉，请依法从重惩处。

此致
福建省莆田市中级人民法院

检　察　员：林俊平
助理检察员：吴国荣
福建省莆田市人民检察院
一九九五年三月十七日

本案原二审裁判生效后，四原审被告人不服，向福建省人民检察院提出申诉。2014年2月24日，福建省人民检察院以事实不清、证据不足向福建省高级人民法院提出再审检察建议。经审查，福建省高级人民法院于2015年12月16日作出再审决定，并于2016年2月4日依法另行组成合议庭，公开开庭审理了本案。福建省人民检察院检察员苏扬、代理检察员林祥义、姚华、张铭坚出庭履行职务，并当庭发表如下意见：①本案认定原审四被告人携带工具情况及被害人身上所捆绑的绿色电线来源事实不清；②认定原审四被告人进入作案现场的事实不清；③认定原审四被告人对被害人实施捆绑的事实不清；④认定原审被告人许玉森、张美来所分的赃款赃物去向事实不清；⑤技术鉴定方面存在瑕疵。故原审判决认定事实的证据不确实、不充分。本案客观性证据缺乏，据以定罪的言词证据前后矛盾，被告人供述后翻供，证人证言也有反复，致使原判认定四人共同犯抢劫罪事实不清，证据不足，请法院依法改判。

■ 辩 护

福建省高级人民法院于2016年2月4日依法另行组成合议庭，公开开庭审理了本案。原审被告人许玉森的辩护人吴迎成、王玉刚，原审被告人许金龙的辩护人王耀刚、赵毅，原审被告人张美来的辩护人毛立新、张雪峰，原审被告人蔡金森的辩护人王殿学、宋晓江均到庭参加诉讼，并申请依法通知证人许某某、陈某甲、陈某乙出庭作证。

本案四名原审被告人辩护人

左起：王殿学、赵毅、宋晓江、王耀刚、王玉刚、毛立新、张雪峰、吴迎成

四名原审被告人的辩护人均认为：本案没有客观性证据证实系原审四被告人作案；现有证据不能证明四人具有作案时间，侦查机关非法收集证人证言，且出庭证人证明原审被告人没有作案时间；原审被告人的有罪供述系通过刑讯逼供等非法手段获取，不能作为定案依据。因此本案无证据证明系原审四被告人作案，应宣告四人无罪。

原审被告人许金龙的辩护人王耀刚律师的辩护意见：

辩护人认为，本案原审判决是依据原审被告人蔡金森、许玉森和张美来的口供作出的，而他们的口供都是在侦查人员的刑讯逼供下作出的虚假供述，且口供与案件事实存在重大矛盾。除口供外，本案没有任何其他证据能够证明许金龙及其他三名原审被告人实施了抢劫犯罪。

一、原审被告人蔡金森、许玉森、张美来的口供都是采用刑讯逼供手段获得的非法证据，依法应予排除

从侦查报告可以看出，案发后，莆田县公安局在侦查中认为蔡金森作案无疑，在没有任何证据的情况下，于1994年3月2日对蔡金森传唤审查。"通过大量的教育"，蔡金森于1994年3月9日供认了伙同许玉森、许金龙、张美来抢劫作案的过程。

根据蔡金森的供述，莆田县公安局先后将张美来、许金龙、许玉森抓获，张美来、许玉森作出了同蔡金森基本相同的供述。许金龙到案后在莆田县公安局被侦查人员连续讯问了10天，但始终没有作出令侦查人员满意的供述。

蔡金森、许玉森和张美来在检察院提审时以及在开庭审理时，都说自己的认罪口供是在刑讯逼供的情况下，按照侦查人员的诱供作出的虚假供述。

因此，蔡金森、许玉森、张美来三人关于伙同许金龙抢劫犯罪的口供都是非法证据，应当予以排除。

二、蔡金森、许玉森、张美来的口供与案件事实不符，不能作为定案的根据

蔡金森、许玉森、张美来三人的口供不仅自相矛盾、相互矛盾，且与现场勘查笔录或郑金瑞死亡鉴定书不符：①捆绑门环的塑料绳不符；②撬挖房门的数量不符；③撬压痕迹不符；④未挖穿洞口不符；⑤捆绑被害人现场不符；⑥捆绑被害人顺序及材料不符；⑦现场沙发上的踩踏痕迹不符；⑧西后房半楼上翻动迹象不符；⑨被害人房间罐子、米缸翻动迹象不符；⑩白色布袋丢弃位置不

符；⑪蔡金森口供中的一些事实与现场不符；⑫许玉森口供说在厝利翻找财物与事实不符。

三、蔡金森、许玉森、张美来三人口供中的一些事实无其他证据印证，因此三人的口供不能成为认定案件事实的根据

1. 作案工具不能印证。在三人的口供中，均称携带并使用了螺丝刀、铁撬、刀等作案工具，但案发后没有追缴到全部作案工具与口供相印证。虽然在张美来家提取了"一把菜刀，一把尖刀，中号钻笔一把，小号钻笔一把，以及透明粘胶布一圈"，但是没有任何证据可以证明现场撬锁、撬门及挖洞的痕迹是由上述工具所形成。同时，也没有任何证据可以证明遗留在被害人郑金瑞床上的一把"红色木柄大号螺丝刀"是由张美来带到现场的。

2. 交通工具不能印证。三人的口供均称四人乘坐张美来驾驶的三轮摩托车到忠门镇前范村郑金瑞家，但是没有任何其他客观证据可以印证张美来的三轮摩托车在案发当晚到过案发现场。

3. 致被害人死亡的方式不能印证。原一审判决据许金森和张美来的口供认定，"被告人许金龙用面粉袋将郑的头至脖子处套住，并用粘胶纸在郑脖子外的面粉袋上紧绕了几圈粘住，致郑金瑞颈部受压窒息死亡"。

辩护人认为，上述口供不能印证：

（1）现场发现的白色面粉袋是否曾经套在死者头部不能印证：

根据现场勘查笔录和照片，被害人左前额发际有一处损伤，如果面粉袋曾经套在被害人的头上，应该在面粉袋上也沾有血迹，而不是仅仅在风湿止痛膏上沾有少量血迹。现场发现的是揉作一团的一个白色面粉袋，一条长 5.4 米的黄色胶纸条，说明面粉袋被发现时，胶纸条并没有缠绕在袋口上，而是被展开的状态。如果面粉袋

确曾套在死者的头上，并且用胶纸"绕着圈在面粉袋外面在脖子上的位置"，走时就不可能轻易被拿下来，而是要一圈一圈地将长达5.4米的胶纸拉开。

（2）认定"被告人许金龙用面粉袋将郑的头至脖子处套住，并用粘胶纸在郑脖子外的面粉袋上紧绕了几圈粘住，致郑颈部受压窒息死亡"没有依据。死亡鉴定书显示，郑金瑞的颈部没有受勒后形成的索沟，不符合勒死的尸体特征，法医仅认定"郑金瑞系颈部受到外力压迫（如卡、压等）致窒息死亡"。

4. 被劫财物数量不能印证。蔡金森、许玉森、张美来的口供均称共劫走人民币 14 080 元及金戒指 6 枚，但没有其他证据印证。被害人郑金瑞独居在其老厝，案发后没有人能证实被害人到底有多少钱和金戒指以及这些财物放在何处，案发当晚到底被劫走多少现金和金戒指。

5. 赃物的去向不能印证。蔡金森、许玉森、张美来三人关于赃物去向的口供均无从查考，证人陈国太于 1994 年 9 月 2 日的证言，辩护人认为是伪造的。

（1）陈国太出庭作证证实："1994 年 9 月 1 日这份是我在营边村村部做的笔录。1994 年 9 月 2 日这份笔录我没有做过，笔录的签名也不是我签的，我不知道这份笔录。"

（2）福建省人民检察院于 2013 年 10 月 14 日委托福建省公安厅物证鉴定中心对陈国太 1994 年 9 月 2 日笔录上的 15 枚指纹进行鉴定，结论显示具备检验条件的 13 枚指纹与陈国太指纹不一致。

（3）辩护人曾在公安机关做过笔迹鉴定十余年，具有刑事技术工程师职称，经检验认定陈国太 1994 年 9 月 1 日和 1994 年 9 月 2 日两份笔录签名处的"以上我看过不错，和我说得一样。陈国太"字样及日期不是同一人的笔迹。

四、鞋印鉴定书不能证明许玉森参与抢劫犯罪

原一审将"现场提取的鞋印与提取的被告人许玉森的球鞋进行科学鉴定的结论"作为认定许玉森等抢劫作案的依据。辩护人认为这一鉴定意见不但不能成为认定许玉森作案的依据，反而是可以排除许玉森作案的证据：

1. 认定现场鞋印与许玉森的球鞋的鉴定属于种类鉴定，即属于同一种类，不是同一鉴定，不具有排他性。

本案现场鞋印属于模压底所形成，即鞋底花纹是经模具压制形成的，同一型号的模具压制出的鞋底彼此之间无明显差异，均属于同一种类。检验结果认定"现场遗留鞋印痕的造型客体（即球鞋）和嫌疑人许玉森穿用的球鞋均属同一厂家所产的同类型 40 号胶底球鞋"，这种鉴定对排除作案嫌疑具有实际意义，但对于认定作案分子不具有决定性的意义。

2. 现场鞋印"鞋弓内侧封口纹内隐约可见弓状凹陷"，这是作案人的鞋在穿用过程中形成的独特特征，具有排他性，而许玉森的鞋相同部位并没有这样的特征，据此足以排除现场鞋印为许玉森的鞋所留的可能。

3. 许玉森的鞋"整个鞋底磨损程度比现场鞋印痕反映出的磨损程度严重，其鞋底前掌内侧部（重压面）还出现裂缝剥脱的情况"，这是许玉森的鞋在穿用过程中形成的独特特征，该鞋虽然继续穿用两个多月后才提取，但在这么短的时间内不足以形成如此严重的磨损，因此也足以排除现场鞋印是许玉森的鞋所留的可能。

五、有证据证明各被告人不在案发现场

1994 年 1 月 13 日案发当日是农历腊月初二，原审被告人的家乡有每逢农历初二祭拜土地公的习俗，又叫"做牙"，因此人们在

事后对当天的活动情况均能回忆起来。

1. 原审各被告人均能准确回忆案发当日活动的详细情况。

2. 相关证人证实原审各被告人案发当晚不在现场。

蔡金森的父亲蔡国力证实蔡金森案发当晚到邻居林玉华家玩到晚上9时多就回家。庭审中，证人许文贵、陈金姐出庭作证，进一步证明相关原审被告人没有作案时间。

综上所述，本案是由侦查人员采用刑讯逼供的非法手段获取蔡金森等三原审被告人的口供，又采用威胁、引诱的非法手段获取违背事实的证人证言，甚至伪造证人证言，从而制造出的一起错案。除蔡金森等三原审被告人的口供外，没有任何其他证据证明许金龙与郑金瑞被抢劫一案有关联，完全可以排除许金龙抢劫作案的可能性，因此建议对许金龙立即宣告无罪。

原审被告人张美来的辩护人毛立新律师的辩护意见：

综合全案情况，辩护人认为：原审判决书认定张美来犯抢劫罪，缺乏事实依据，依法不能认定；相关证人证言能够证明张美来没有作案时间，张美来系无辜被冤，请求人民法院依法宣告其无罪。

具体意见如下：

一、原审判决书认定张美来犯抢劫罪，事实不清、证据不足，依法不能成立

原审判决书据以认定张美来犯抢劫罪的证据，主要有三个方面，但综合分析，仍然不足以证明张美来实施了抢劫犯罪：

1. 客观性证据，包括现场勘查笔录，现场提取的麻绳、细塑料绳、面粉袋、风湿膏、螺丝刀及黄色粘胶纸等实物证据，这些证据中，部分证据来源不明，合法性存在问题，且并无任何依据与四名原审被告人建立关联，没有任何痕迹、物证直接指向张美来等四人。仅有的鞋印鉴定也属于种类鉴定，只能认定现场鞋印与许玉森的鞋属于同一种类，并非同一认定，不具有排他性。更重要的是，根据常识，如果张美来等四人实施了抢劫杀人犯罪，不可能不在现场留下指纹或 DNA 证据。特别是在具有粘性表面的风湿膏、胶纸及塑料皮等实物证据上，犯罪分子经手后必然会留下较为明显的指纹。但现场并未提取到四名原审被告人的指纹。

另外，需要注意的是，原审判决书认定的以下主要事实，除了四名原审被告人的口供外，完全缺乏实物证据支持：

（1）原审判决书认定案发当天"被告人张美来携带麻绳二条，细塑料绳一条后截为二节，螺丝刀二把，铁撬一把及风湿膏一块"，并认定"被告人张美来用螺丝刀撬开东小厅房门锁入室，被告人许玉森、许金龙用铁撬把东小厅后房墙和通往东厝利后房的东后房墙挖开洞口并拉开门栓，再由被告人张美来用螺丝刀撬开大厅东后房门锁，四被告人进入大厅"。

案发后，侦查机关于 1994 年 3 月 11 日在张美来家中提取了"一把菜刀，一把尖刀，中号钻笔一把，小号钻笔一把，以及透明粘胶布一圈"，但是没有任何依据可以证明现场撬锁、撬门及挖洞的痕迹是由张美来的上述工具形成的，也没有任何证据可以证明遗留在被害人郑金瑞床上的一把"红色木柄大号螺丝刀"是由张美来带到现场的。

（2）原审判决书认定"四人乘坐被告人张美来驾驶的三轮摩托车，窜到忠门镇前范村郑金瑞家旧房"，但是没有任何客观证据可以证明张美来曾在案发当晚驾驶三轮摩托车到过案发现场。

（3）原审判决书认定"被告人许金龙、张美来用麻绳及绿色电线把郑金瑞的手脚分别捆住、拉紧，使其弯曲"，但并没有查清"绿色电线"的来源，原审法院在原审被告人的口供中均没有提到"绿色电线"的情况下，直接认定张美来和许金龙使用了"绿色电线"系无中生有。

（4）原审判决书认定"被告人许金龙又用面粉袋将郑的头至脖子处套住，并用粘胶纸在郑脖子外的面粉袋上紧绕了几圈粘住，致郑金瑞颈部受压窒息死亡"，但是死亡鉴定书显示，郑金瑞的颈部没有受勒后形成的索沟，并不符合勒死的尸体特征。

可见，原审判决书对本案主要事实的认定，缺乏客观证据予以支持，主要依据就是张美来等原审被告人的有罪供述。

2. 张美来等原审被告人的有罪供述合法性、真实性均存在严重问题，依法不足采信。

（1）关于合法性。各原审被告人在侦查阶段均遭受了侦查人员严刑逼供，其中许玉森、蔡金森被迫作出了虚假供述，许金龙始终未供认犯罪。对于这种通过刑讯逼供、引诱、欺骗等非法手段取证的方式，不管是根据当时的法律还是目前的法律，都是被严格禁止的，所获取的有罪供述也不能用作定案的根据。福建省人民检察院于 2013 年 12 月 4 日制作的对林庆忠的调查笔录，及 2013 年 12 月 5 日制作的对郑金美的调查笔录，还有莆田市人民检察院 2011 年 2 月 5 日制作的对郑金美的谈话笔录，均能证明张美来在提审后回看守所监房时，是被抬进来的，被打得很严重。这两名证人的证言，和张美来的辩解相互印证，能够印证张美来确实遭受了刑讯逼供。

（2）关于真实性。张美来的有罪供述不仅前后不一，缺乏稳定性，而且与其他原审被告人的供述之间，与本案实物证据、其他言词证据之间，均存在明显矛盾，不能相互印证，存在明显的虚假性，依法不能采信。

第一，张美来口供前后不一，且在侦查阶段已经翻供。在侦查之后的诉讼阶段，张美来均辩称其没有实施犯罪，之前的有罪供述系被公安机关刑讯逼供后乱承认的。

第二，四名原审被告人的供述之间也相互矛盾。关于原审被告人进入被害人家、遇到被害人之前，共破坏了几道门，在哪里遇到被害人，即何处是第一犯罪现场，以及在犯罪预谋的时间和地点、携带工具的种类和数量、如何捆绑被害人、如何在被害人头部套面粉袋、在什么位置劫取到什么财物、作案后如何分赃及订立攻守同盟、赃物金戒指是否折价等诸多环节，四名原审被告人的供述均存在明显的矛盾。这表明，供述的真实性确实存在严重问题。

第三，张美来的有罪供述与现场勘查笔录不相吻合，虚假性明显。包括用于捆绑门环的"塑料丝绳"的颜色和材质，被害人郑金瑞家共被撬、挖开几道房门，具体是用什么工具怎么撬的，房门框北侧没有挖穿的洞缺口是如何形成的，以及屋内家具、地板的踏踩、翻动痕迹等，均与现场勘查发现的情况不相吻合，虚假性十分明显。

3. 证人陈国太、许文贵、陈光明的证言。

证人许文贵、陈光明在接受福建省人民检察院、福建省人民法院复查时，已经推翻了其提供给公安机关的证言，而且说明了其在公安机关被迫作虚假证言的原因、过程，证实两人在侦查阶段提供的证言是侦查人员通过威胁等非法手段获取的，并非证人的真实意思，依法不能用作定案的根据。

证人陈国太在侦查阶段提供给公安机关的证言，陈国太在1996年8月26日接受莆田市中级人民法院办案人员提审时已经有所否认，且2013年10月经福建省公安厅鉴定，1994年9月2日公安机关对陈国太的访问笔录上所捺指纹并非陈国太所留，陈国太本人也明确否认做过这份笔录，证实本案侦查人员存在伪造虚假证言的情形。

据此可知，本案所谓的赃款、赃物究竟是什么，是否有"金戒指"，根本没有查清。因被害人郑金瑞系一人独居，案发后亲属无一人能证实案发时究竟被劫走多少现金、是否有金戒指。原审判决书认定被劫走的财物是"人民币14 080元及金戒指6枚"缺乏证据支持。

综上，可以看出，原审判决书认定张美来等四人实施抢劫杀人，明显事实不清、证据不足，原有证据达不到"确实、充分"的证明标准，依法不能认定四人犯抢劫罪。

二、相关证据能够证明张美来根本没有作案时间，足以排除其犯罪嫌疑

张美来在侦查阶段多次辩称，案发当晚，他和许文贵、陈光明一起吃喝直到凌晨12点左右才回到陈光明家，当晚住在陈光明家，与陈光明的哥哥等人睡在同一房间，第二天早上8点才起床离开。

从福建省人民检察院、福建省高级人民法院复查阶段调取的许文贵、陈光明等人的证言，及今天出庭作证的证人许文贵的庭审证言看，张美来的上述辩解得到了相关证人证言的印证，是真实可信的，足以证实案发当晚张美来根本没有作案时间，足以排除作案嫌疑。

综上所述，原审判决书认定张美来犯抢劫罪缺乏证据支持，而相关证据能够证明其没有作案时间，因此，张美来系无辜蒙冤。将近22年的冤狱，已经给四名原审被告人及其家庭造成了深重的苦难。感谢福建省人民检察院、福建省高级人民法院以认真负责的态度复查此案，并启动再审程序。希望法院能够尽快宣告几名原审被告人无罪，让蒙冤者回家过年！

■ 审　判

福建省高级人民法院
刑事判决书

（2015）闽刑再终字第 9 号

原公诉机关福建省莆田市人民检察院。

原审被告人许玉森，男，汉族，初中文化，农民，住莆田市秀屿区月塘乡（原莆田县忠门镇）联星村。1994 年 3 月 21 日因本案被收容审查，1995 年 1 月 18 日被逮捕。现在福建省莆田监狱服刑。

辩护人吴迎成，北京市京师律师事务所律师。

辩护人王玉刚，福建国富律师事务所律师。

原审被告人许金龙，男，汉族，小学文化，农民，住莆田市秀屿区月塘乡（原莆田县忠门镇）联星村。1994 年 3 月 21 日因本案被收容审查，1995 年 1 月 19 日被逮捕。现在福建省莆田监狱服刑。

辩护人王耀刚，北京市尚权律师事务所律师。

辩护人赵毅，北京市天沐律师事务所律师。

原审被告人张美来，男，汉族，小学文化，农民，住莆田市秀屿区月塘乡（原莆田县忠门镇）联星村。1994 年 3 月 13 日因本案被监视居住，1995 年 1 月 17 日被逮捕。现在福建省莆田监狱服刑。

辩护人毛立新，北京市尚权律师事务所律师。

辩护人张雪峰，北京市京师律师事务所律师。

原审被告人蔡金森，男，汉族，小学文化，农民，住莆田市秀屿区月塘乡（原莆田县忠门镇）联星村。1994 年 3 月 3 日因本案被监视居住，1995 年 1 月 17 日被逮捕。现已刑满释放。

辩护人王殿学,北京京师(天津)律师事务所律师。

辩护人宋晓江,北京市京师律师事务所律师。

莆田市人民检察院指控原审被告人许玉森、许金龙、张美来、蔡金森犯抢劫罪一案,莆田市中级人民法院于1995年6月5日作出(1995)莆中刑初字第013号刑事判决,认定被告人许玉森、许金龙、张美来、蔡金森犯抢劫罪,判处许玉森、许金龙、张美来死刑,剥夺政治权利终身;判处蔡金森死刑,缓期二年执行,剥夺政治权利终身。宣判后,许玉森、许金龙、张美来提出上诉。本院于1999年4月4日作出(1995)闽刑终字第243号刑事判决,维持原判对蔡金森的刑事判决,改判许玉森、许金龙、张美来死刑,缓期二年执行,剥夺政治权利终身。裁判生效后,四原审被告人不服,向福建省人民检察院提出申诉。2014年2月24日,福建省人民检察院以事实不清,证据不足向本院提出再审检察建议。经审查,本院于2015年12月16日作出(2014)闽刑监字第17号再审决定,对本案进行再审。本院依法另行组成合议庭,于2016年2月4日公开开庭审理了本案。现已审理终结。

莆田市中级人民法院一审判决认定:被告人许玉森、许金龙、张美来、蔡金森经共谋抢劫被害人郑金瑞后,于1994年1月13日晚,携带麻绳、细塑料绳、螺丝刀、铁撬、风湿膏、白色面粉袋、黄色粘胶纸,乘坐张美来驾驶的三轮摩托车到忠门镇郑金瑞家,挖墙撬锁进入室内,采用风湿膏封嘴、麻绳捆绑手脚、面粉袋套头等手段,致被害人颈部受压窒息死亡。之后,四人翻箱倒柜,搜抢现金14 080元、金戒指6枚。所抢现金四人平分,所抢6枚金戒指用刀截为12块,四人各分3块。张美来、许玉森将所分3块金戒指在赌博时以1000元折价给赌徒陈某乙。

原判认为,上述事实有死者家属的报案陈述,现场勘查笔录,提取在案的麻绳、细塑料绳、面粉袋、风湿膏、螺丝刀、黄色粘胶纸，经各被告人辨认确系作案时遗留在现场的作案工具，法医尸体检验鉴定书，现场提取的鞋印与提取的被告人许玉森的球鞋进行科学鉴定结论，证人陈国太的证言等证据证实。许玉森、张美来、蔡金森亦供认伙同许金龙对郑某抢劫的事实，且供述的具体情节能够相互印证，并与现场勘查笔录相吻合。许玉森、张美来供认赃物金戒指的去向与证人陈国太的证言亦能相互印证。

莆田市中级人民法院认为，被告人许玉森、许金龙、张美来、蔡金森的行为构成抢劫罪。许玉森、许金龙、张美来辩称没有作案时间经查不实，以及辩护人提出本案事实不清，证据不足的辩护意见均不能成立，不予采纳。遂根据相关法律规定，作出前述判决。

判决后，许玉森、许金龙以没有参与作案等为由提出上诉。张美来以没有作案时间等为由提出上诉。辩护人以事实不清，证据不足提出辩护意见。

本院二审认定的犯罪事实、证据与一审判决一致，并认为许玉森、许金龙、张美来的上诉理由以及辩护人的辩护意见均不能成立，不予采纳，但鉴于本案具体情况，作出前述改判。

……

经再审查明，1994 年 1 月 13 日晚，被害人郑金瑞在家中被害的事实，有被害人郑金瑞家属的报案陈述、现场勘查笔录、法医尸体鉴定结论等证据证实，本院予以确认。

原判认定原审被告人许玉森、许金龙、张美来、蔡金森入室抢劫并致死被害人郑金瑞的事实及所依据的证据，经再审，事实不清，证据不足，依法不能成立。

本院综合评判如下：

一、本案缺乏与原判认定事实相关联的客观性证据

现场留有血迹、口液等生物证据，但未见相关鉴定材料，入户撬痕与认定的作案工具大号螺丝刀未作痕迹比对；现场提取在案的麻绳、细塑料绳、面粉袋、风湿膏、螺丝刀、黄色粘胶纸等作案工具，不能证实系原审四被告人所留，其中面粉袋、风湿膏、粘胶纸不能认定系现场勘查时所提取；现场采集的鞋印，经鉴定虽与许玉森的白色球鞋系同一厂家生产的同一型号，但该鉴定结论为同类认定，并非同一认定，不具有排他性、唯一性，不能证实系原审被告人许玉森所留；赃物金戒指去向不明，蔡金森在侦查阶段供述称将所分的三块斩断的金戒指卖给一过路人，无法得到印证且已翻供。许玉森、张美来供述将分得的金戒指在赌博时折价给陈国太。再审时，出庭检察员出示了委托福建省公安厅物证鉴定中心所做的鉴定书，证实证人陈国太1994年9月2日的证言笔录上所捺指印非陈国太所留，陈国太再审出庭亦否认1994年9月1日所做有二人在赌博时将金块折价抵给他的证言的真实性。对此，检辩双方均无异议。陈国太原审时的证言依法不能作为定案证据使用。

二、原判认定原审四被告人有作案时间的依据不确实、不充分

1994年1月31日，蔡金森主动到公安机关接受询问，对案发当晚去向作了陈述，并提供了证人，而卷内未见公安机关对此进行核实。张美来称案发当晚8时许与许文贵等一起看电影、洗头、吃点心，证人许文贵虽在侦查阶段作过案发当晚没有与张美来看电影、洗头、吃点心的证言，但在再审出庭作证时证实了张美来的辩解；许玉森称案发当晚在同村许瑞春家睡觉，证人许瑞春及其母亲陈金姐在侦查阶段的证言呈反复性、不确定性，再审时证人陈金姐出庭作证证实案发当晚许玉森与其子许瑞春喝完酒睡在其家，次日

早上还见许玉森从楼上下来。上述二证人出庭作证均对证言变化作了合理解释。检辩双方对证人出庭所作证言均无异议。现有证据不能确证原审四被告人有作案时间。

三、原审被告人许玉森、张美来、蔡金森有罪供述依法不能作为定案的根据

原审被告人许金龙始终否认犯罪,其他三人虽在侦查阶段多次作过有罪供述,但有罪供述不稳定,在侦查阶段承认犯罪,到审查起诉阶段即否认犯罪,在看守所讯问时否认犯罪,外提审讯时又承认或部分承认犯罪。综观原审被告人的有罪供述,对侦查机关通过现场勘查已掌握的挖洞撬门、用塑料绳绑门、进入现场的路线、捆绑被害人手脚等情节均做了一致供述,但对未掌握的实施面粉袋套被害人头、堵嘴、用塑料胶带缠绕被害人、纠集许金龙参与作案等具体行为的供述均存在矛盾;蔡金森、张美来在共同作案人的供述上也存在从不一致到趋同的现象。法医尸体检验鉴定结论被害人郑金瑞系颈部受到外力压迫(如卡、压)致窒息死亡,与原审三被告人供述系用面粉袋套头,风湿膏封嘴,粘胶纸缠绕颈部的作案手段不吻合,三人从未供述有卡、压的行为;现场勘查表明被害人被绿色电线捆绑双脚连接双手使之弯曲,而原审三被告人有罪供述均未涉及此节,且现场提取的绿色电线来源没有查清。

综上,原判认定原审四被告人共同入室抢劫杀人的事实,缺乏与原判认定事实相关联的客观证据。本案只有原审被告人许玉森、张美来、蔡金森在侦查阶段的有罪供述(许金龙未作有罪供述)与部分证人关于原审四被告人有作案时间的证言,而原审三被告人有罪供述相互之间、前后之间以及与证人证言、现场之间均存在无法合理排除的矛盾和疑点,证人关于原审四被告人有作案时间的证言

2016年度十大无罪辩护经典案例

反复，真实性存疑，依法均不能作为定案的根据。全案证据不能形成完整、排他的证明体系。

本院认为，原判认定原审被告人许玉森、许金龙、张美来、蔡金森共同入室抢劫并将被害人郑金瑞杀害的事实不清，证据不足，不能认定原审四被告人有罪，依法应予纠正。辩护人的主要辩护意见，检察机关的意见理由成立，予以采纳。经本院审判委员会讨论决定，依照《中华人民共和国刑事诉讼法》第245条和《最高人民法院关于适用〈中华人民共和国刑事诉讼法〉的解释》第389条第2款的规定，判决如下：

一、撤销本院（1995）闽刑终字第243号刑事判决和莆田市中级人民法院（1995）莆中刑初字第013号刑事判决；

二、原审被告人许玉森、许金龙、张美来、蔡金森无罪。

本判决为终审判决。

审 判 长　　许寿辉

审 判 员　　陈　捷

审 判 员　　林标礼

代理审判员　　严万辉

代理审判员　　刘振宇

福建省高级人民法院

二〇一六年二月四日

书 记 员　　张柱芹

李清山

本案庭审现场

■ 律师手记

冤案平反，是一场正义的接力

2016 年 2 月 4 日，福建省高级人民法院当庭宣告一起 22 年前的"抢劫杀人案"中的四名原审被告人无罪，除已刑满释放的蔡金森外，另外三名原审被告人许金龙、张美来、许玉森被当庭释放。回首 22 年申冤路，让人不禁感慨：冤案猛于虎！这场突如其来的劫难，几乎毁掉了四个家庭几代人的生活。而最终迎来翻案，不但是他们几家人不懈坚持的结果，也是一些公民代理人、媒体记者和律师连续接力的结果。

案发：蔡金森被打九天九夜后说与仇家共同作案

1994 年 1 月 14 日中午，福建省莆田县忠门镇前范村的 60 多岁老人郑金瑞被发现死于家中，四肢被捆，死状很惨。郑家有五道房门被凶手以撬门锁、挖墙洞、撬铁门环等方式破开，家中有多处被翻动的迹象。

郑金瑞家境不错，经常到附近的吓宝旅店，于是警方将侦查重点放在在吓宝旅店与郑金瑞有过接触的人当中。时年21岁的青年蔡金森进入警方的视野。蔡金森是距离前范村15公里的忠门镇联星村的补锅匠，曾到前范村补过锅，平时将补锅工具放在吓宝旅店。由于蔡金森1994年1月13日下午的去向不明，被侦查人员锁定为犯罪嫌疑人。

蔡金森被折磨了九天九夜之后，开始说自己杀了人，所有关于作案的口供均是按照侦查人员的提示一步步作出来的。侦查人员问蔡金森平时跟谁一起玩，蔡金森想到经常在许瑞春家玩，而许玉森和许金龙也经常在许瑞春家玩，就说是跟这三人一起作案。后来侦查人员问那么远是怎么去的犯罪现场，蔡金森想到村里的张美来开三轮摩托车，就说是张美来开车载他们过去的。于是，许瑞春的犯罪嫌疑人身份就转到了张美来身上。许玉森、张美来的遭遇，大体跟蔡金森一样，开始都不承认抢劫杀人，最后在严刑之下被迫承认，但许金龙始终没有认罪。

刑讯逼供，在四名原审被告人身上留下了明显的永久性伤痕。三个根本没有实施犯罪的人，怎么供出了如此详细的作案过程呢？仅有刑讯逼供是做不到的，与刑讯逼供同时发挥作用的，还有侦查人员的诱供、指供：将现场勘查情况、推测出的作案过程，以明示、暗示的方式告诉犯罪嫌疑人，然后诱导、逼迫他们据此供述。

此案中，蔡金森、张美来、许玉森虽然在严刑之下作出了较为详细的供述，但仔细分析起来，因为他们毕竟未曾实施犯罪，口供是和侦查人员一起编造出来的，不仅前供后翻、前后不一致、相互之间不一致，而且与现场勘查情况、实物证据也多有不符，口供的真实性同样存在明显问题。

审判：翻供无效，一审三人死刑

此案一审、二审适用 1979 年的《刑事诉讼法》，该法规定了仅有口供不能定罪，并要求定罪应当达到"事实清楚、证据确实充分"。事实上，本案连"事实基本清楚，证据基本确实充分"都没有做到。定罪的依据，除了口供，没有任何实物证据能够直接指向几名原审被告人。仅有的一份实物证据，是鞋印鉴定。现场提取的一双鞋印经鉴定是一双 40 码的球鞋，正好与许玉森的一双 40 码的球鞋是同一厂家同一型号，但只能认定现场鞋印与许玉森的鞋属于同一种类，并非同一认定，不具有排他性。对此证据，检察院在审查起诉阶段曾退回公安机关补充侦查，法院在审判阶段也曾将案件退回，均要求公安机关作同一性鉴定，但最终无法做同一认定。

根据常识，如果四人实施了抢劫杀人犯罪，不可能不在现场留下指纹或 DNA 等证据，因为根据各原审被告人的供述，他们作案时并未戴手套。特别是在具有粘性表面的风湿膏、胶纸及塑料皮等实物证据上，犯罪分子经手后，必然会留下较为明显的指纹。但实际情况是，现场并未提取到四名原审被告人的指纹。

而且，四名原审被告人，其实都有无作案时间的证据。但由于侦查机关以非法手段对证人施加压力，一些证人被迫改变证言。

另外，公安机关始终没有追缴到赃款、赃物——6 枚金戒指。

但凭着这些单薄的证据，案件被移送审查起诉。莆田市人民检察院第一个公诉人坚持不起诉，认为案件证据明显有问题。后来该公诉人被换掉，另换公诉人起诉。

在莆田市中级人民法院审理时，蔡金森、张美来、许玉森全部翻供。

辩护律师也提出不少疑点，比如勘查笔录记载与被告人的供述均不相符，蔡金森的律师还专门提出了作案时间的问题，包括上述用来证明许玉森在犯罪现场的鞋印鉴定也被提出质疑。

但遗憾的是，错案一旦在侦查机关形成，就如同滚石下坡，很难停下来。如果检察院能把住关，或者一、二审法院能守住底线，冤案就不会酿成，但这些防线最终全部失守。

1995年6月，莆田市中级人民法院一审以抢劫罪判处许玉森、许金龙、张美来死刑，剥夺政治权利终身；判处蔡金森死刑缓期二年执行，剥夺政治权利终身。一审后，许金龙、张美来、许玉森提起上诉。二审期间，许金龙等三人一直生活在随时可能被执行死刑的恐惧中。1999年4月，福建省高级人民法院二审仍然判决四人构成抢劫罪，并认为一审事实清楚、证据充分、定罪准确、程序合法，但鉴于此案特殊情况，张美来、许玉森、许金龙尚不属死刑立即执行之犯罪分子，于是四人皆被判死缓。

申诉：几代人生死接力

蔡金森被抓走时，刚刚结婚18天，他和妻子正憧憬着幸福的小日子。被抓走后，蔡金森曾和妻子提出离婚，但妻子拒绝，直到终审判决生效，蔡金森在监狱写信给妻子再次提出离婚，妻子才同意。入狱三年内，蔡金森的奶奶、爷爷、母亲相继离世。蔡金森一直没有申诉。在监狱的日子里，蔡金森白天做衣服鞋子，晚上躲在被窝里哭。蔡金森用做鞋子的针在胳膊上文了"情深似海，爱重如山"八个字。

因为不申诉，在监狱中表现好，蔡金森经过几次减刑，率先于2014年9月出狱，而许金龙、张美来、许玉森三家的几代人在用生死接力申诉。

许金龙的父亲不相信儿子会杀人，于 1995 年高血压病情恶化去世，许金龙的母亲终日以泪洗面，1996 年因脑溢血导致残疾，此后一直在轮椅上度日。2014 年底，知道自己时日不多，许金龙的母亲以绝食威胁，要求到福建省高级人民法院为儿子最后鸣一次冤。许金龙的三哥许金森只好把母亲拉到福建高院。许金森为母亲拍了一张照片，老人坐在平板车上，手上拿着申诉的材料。许金龙的母亲回家后不久去世。去世前，她还特别交代许金龙的三位哥哥，一定要为许金龙申冤。许金龙的三哥许金森，在弟弟出事后放弃事业赶回莆田，一直为弟弟的事四处申诉，没钱的时候就靠卖血为生。

许玉森的父亲在给他送衣服的路上发生车祸，瘫痪在床 18 年，去世前求监狱里的人让许玉森回家送个终，未获准许。许玉森的妻子唐玉梅当时只有 20 多岁，独自拉扯两个幼小的孩子，起早贪黑劳作，打工挣些钱，就到北京上访，基本上一个月去一次，多次被遣返，遣返后就被拘留。

张美来的父亲养着一匹白马，靠为村里人做道场养家糊口。一次回家路上出了车祸，病情很快恶化。住院期间嘴里一直在念叨："美来儿，见不到你我死不瞑目呀！"张美来女儿成绩很好，因受歧视而辍学，曾与弟弟在学校抱头痛哭。

尽管几家人一直没有放弃努力，但 2007 年和 2009 年，福建省高级人民法院两次驳回了他们的申诉请求。几家人一度想放弃申诉。

2009 年，唐玉梅和许金森再次来到北京上访，偶遇了同为莆田人的许国珍。许国珍在北京有打官司和上访的经验，看了材料决定帮助唐玉梅等人一起申诉。此前他们也找到一位非常有正义心的律师林毅诚帮助到莆田中院调取一审案卷材料。

许国珍帮忙介绍承德市公安局退休民警刘广智给唐玉梅、许金龙三哥认识，然后，许金龙三哥、唐玉梅委托刘广智代理许金龙、许玉森向有关司法部门申诉。许国珍与刘广智，以及林毅诚，开始为案件申诉调查取证。他们找到了几位能够证明当事人没有作案时间的证人，调取了证人的书面证言。许国珍还把案卷材料陆续发传到网络上，呼吁社会关注。

许瑞春的母亲陈金姐出具证言，许国珍还找了案件的关键证人许文贵、陈光明，作证说他们与张美来一起看电影、洗头、按摩，确实是 1994 年 1 月 13 日晚上。许金龙四人陆续都有了不在场的证人。案发当天晚上，许瑞春、许玉森、许金龙在一起喝酒，蔡金森与自己的叔叔等人在一起喝酒。

与张美来、许玉森、许金龙同监所的一些人也纷纷作证，当年在侦查阶段有刑讯逼供行为。

2013 年 6 月 29 日，《南方周末》详细报道了"许金龙案"，这是此案第一次见诸媒体。2014 年 2 月，福建省人民检察院向福建省高级人民法院提出再审检察建议，认为案件证据不足，事实不清，建议福建省高级人民法院再审此案。至此，此案申诉算是有了实质进展。

鉴定：当年陈国太的证言系伪造

此案沉冤得雪，除了四名原审被告人家人、媒体记者的努力，许国珍、刘广智与八位律师的接力也起了关键的作用。

最早介入此案代理的律师，是记者钱昊平推荐的北京天沐律师事务所的赵毅律师。介入代理后，赵毅律师与许国珍一起找到了证人陈国太，取到了陈国太的证言，并形成了一份申诉状，递交给了福建省高级人民法院和省人民检察院。

2014 年初，刘广智、许国珍又先后联系了北京市尚权律师事务所的王耀刚、毛立新律师，此案随即被纳入尚权"蒙冤者援助项目"，两名律师提供无偿法律援助。2015 年 5 月，北京市京师（天津）律师事务所的王殿学及北京市京师律师事务所张雪峰、吴迎成三位律师受家属聘请，参与代理申诉。2015 年下半年，福建省国富律师事务所律师王玉刚参与代理。2015 年 12 月 16 日，福建省高级人民法院再审决定书下达后，北京市京师律师事务所的宋晓江律师也加入代理，最终形成了京闽两地八名律师参加的"律师团"。

先后介入代理的律师，纷纷以各种方式推动此案申诉，呼吁福建省高级人民法院启动再审。北京理工大学的徐昕教授也将此案纳入他主持的"无辜者计划"，共同呼吁尽快平反。福建省人民检察院的再审检察建议虽然表明了检察机关的态度，为再审创造了条件，但是否再审，最终决定权仍在福建省高级人民法院。推动福建省高级人民法院尽快启动再审，成了律师们的中心工作。

复查仍在继续，但前途并不明朗，四名原审被告人及其家属也一度陷入绝望、焦虑状态。遥遥无期的等待，已让几名原审被告人濒临崩溃的边缘。铁窗内的许金龙、张美来，不断让律师们看身上的陈旧性伤痕，不断诉说：我是冤枉的，律师救我出去。

在律师们的沟通过程中，福建省高级人民法院主办法官林法官一再表示院领导非常重视此案，正在按程序推进，让律师们觉得希望尚在。法官同意律师们完整阅卷，除了侦查卷、一审和二审诉讼卷外，还包括福建省人民检察院的再审检察建议案卷。从检察机关的案卷中，律师们发现了当年侦查机关制造假证的一份铁证。

福建省人民检察院委托福建省公安厅物证鉴定中心对陈国太在 1994 年 9 月 2 日的询问笔录进行了鉴定，发现笔录上的 15 个指纹中，13 个不是陈国太本人的，另两个指纹无法鉴定。显然，这份证言是一份彻头彻尾的假证。在调查笔录中，陈国太在回答福建省人民检察院的询问时说："1994 年 9 月 2 日这份笔录我没有做过，笔录的签字也不是我签的，我不知道这份笔录。"

福建省人民检察院还调查了证人许文贵。许文贵陈述了当年被迫作假证的过程，并证称案发当晚与张美来、陈光明一起去看电影、吃点心，后又一起去洗头，从8点多直到11点多。"当时我在派出所做笔录时，我讲的时间就是初二晚上，但办案人员说要按办案人讲的时间做，我坚持按我的事实讲，办案人员就把我带到莆田公安局，是检察院人员对我做的这份笔录。"

这份假证被律师披露后，多家媒体对此案进行了报道，越来越多的人知道了福建的许金龙冤案。

在经历了漫长的煎熬和等待之后，2015年12月16日，福建省高级人民法院终于决定再审此案。记得当时法官的声音也显得很激动：你们的案件有再审决定书了！律师和家属们一片欢呼，曙光就在眼前了！

再审：首创再审后当庭宣判无罪

2015年12月30日，在福建省高级人民法院新办公大楼，合议庭召开第一次庭前会议，审监庭庭长、审判长许寿辉、刑三庭副庭长陈捷、主办法官林标礼等五名合议庭成员，与八名律师进行了沟通。律师们表达了希望春节前进行庭审并宣判的建议，法官们表示理解并予以考虑。

2016年2月1日上午，腊月廿三，律师们接到福建省高级人民法院的通知：2月4日开庭，希望各位律师克服困难，在2月3日前赶到莆田，参加2月3日的庭前会议、2月4日的庭审。

2月3日上午，在莆田中院会议室，合议庭再次召开庭前会议，所有审判人员、出庭检察员、八位辩护律师全部到会。就庭审事项，三方沟通顺利，很快达成共识。下午，各辩护人前往莆田监狱，会见了自己的当事人，就第二天的庭审事项，与各原审被告人作了深入沟通和细致安排。

2 月 4 日，庭审在莆田中院大法庭进行，蔡金森自行赶到法院，许金龙、许玉森、张美来从监狱提押到法院后，均换了崭新的衣服，脱下了囚服。四人笔挺地站在被告席上，向五名法官陈述自己无罪，没有参与作案。

根据控、辩分工，法院复查时调取的一些有利于原审被告人的证据，由辩护律师一一出示。复查中，福建省高级人民法院法官对陈国太、许文贵等重要证人进行了复查、取证，案件的关键证人陈国太、许文贵、陈金姐出庭作证。

庭审顺利，从上午 8 点持续到中午 12 点半。下午 4 时 50 分，再次开庭，当庭宣判。审判长许寿辉宣读了判决书，福建省高级人民法院再审认为：案件缺乏与原判认定事实相关联的客观性证据，现场留有血迹、口液等生物证据，但未见相关鉴定材料。陈国太当年的证言不能采信。原判认定原审四被告人有作案时间的依据不确实，不充分，现有证据不能确证原审四被告人有作案时间。原审被告人许玉森、张美来、蔡金森有罪供述依法不能作为定案的根据。原审被告人许金龙始终否认犯罪，其他三人虽在侦查阶段多次作过有罪供述，但有罪供述不稳定，在侦查阶段承认犯罪，到审查起诉阶段即否认犯罪，在看守所审讯时否认犯罪，外提审讯时又承认或部分承认犯罪。撤销之前的一、二审判决，改判原审被告人许玉森、许金龙、张美来、蔡金森无罪。

宣判后，许玉森、许金龙、张美来泣不成声："20 多年了，终于等到这一天了！"

接下来，福建省高级人民法院的一名副院长和合议庭全体成员，与四名原审被告人及其家属举行了见面会，副院长代表福建省高级人民法院向他们致歉。随后，法官带领许玉森、许金龙、张美来三人去莆田监狱办理相关手续。当晚，获释回家的许玉森、许金龙、张美来与蔡金森，以及他们的众多亲友，在莆田天妃宾馆，与律师、记者们一起举杯欢庆。席间，四人多次合影留念。每一个人都笑得很开心，22年的等待终于有了结果。

在离别22年之后，四家人终于再次团聚。从他们的亲属在朋友圈发的过年照片看，这个春节让他们欢欣、陶醉。此案沉冤已雪，律师们开始了新的征程，继续去拯救更多的蒙冤者，而四名原审被告人及其家庭也开启了新的幸福生活。冤案使他们失去了很多，相信生活一定会加倍地补偿给他们。祝福他们！

王殿学　毛立新

许玉森的母亲再次见到儿子

■ 评　议

无罪之后

22 年前，一位六旬老人于家中无辜被杀，四名青年的命运也因此案被彻底改写。他们的人生，22 年前刚刚开始就遭变故，22 年后，把握在别人手中的命运终于被夺回来，但一出狱却遭遇中年危机，他们的认知、判断，仍旧停留在 20 世纪八九十年代，对这个光怪陆离的社会丝毫没有抵抗能力。

许玉森、许金龙、张美来、蔡金森四人都正努力填补一个正常的中年人应有的情感、经历和记忆，但是入狱前 20 多岁的影子仍深深刻在他们骨子里。蔡金森说，这都是命。

案发之初，与被害人常有来往的蔡金森因未如实交代当天下午的去向被警方列为重点嫌疑人调查。在严刑拷打之下，蔡金森实在经受不住，"交代"自己是与许金龙、许玉森一起作案，随后还"交代"了张美来参与作案。许玉森、张美来的遭遇，大体跟蔡金森一样，开始都不承认抢劫杀人，最后在严刑之下被迫承认，只有许金龙没有有罪供述。

案件平反的庆功宴上，蔡金森两边站着张美来和许玉森，他俩已经原谅了蔡金森。蔡金森向许金龙道歉："他俩都能理解我，你能理解我吗？""能理解吗？"许金龙反问了一句，最终没说出口。理解，但不能原谅。许金龙认为，蔡金森供出他，是出于恶意，他恨蔡金森。他们几家是世仇，平时极少往来，他一直想亲口问问蔡金森："人命关天的事，为什么要说是我？"

蔡金森曾说："当时没想到是'杀了人'，以为只是丢了东西，每个人赔几千块就完了，到第三四份笔录才知道，是'杀人'。"如果可以重来，他坚决不会做出违心指认，这是他一辈子的愧疚。

无证定罪

回到本案的事实和证据上，本案存在以下几个主要问题：

第一，定案的主要证据只有口供，而口供都是以刑讯逼供的非法手段获得的。蔡金森到案后被打了九天九夜，至今伤痕犹存。蔡金森先是供认自己作案，警方说有四人作案，他只好说是同父亲、弟弟和妹妹一起作案。继续殴打，又供认与许金龙、张美来、许玉森共同作案。张美来被抓获后，侦查人员用铁管不断地敲击他的双下肢，逼其承认参与作案，在其两小腿前侧形成了永久性的疤痕。许金龙被殴打了十一天，最后也被逼承认参与作案，但他所供述的作案过程同其他三人不一致，因此他的口供没有移送检察机关。蔡金森、张美来、许玉森在检察院批准逮捕阶段以及审判阶段均否认了参与抢劫作案的事实，称口供是到案后在侦查人员的刑讯逼供下，按照侦查人员的提示作出的虚假供述。

第二，蔡金森、张美来、许玉森的有罪供述所描述的作案经过，自相矛盾、相互矛盾之处比比皆是，且与现场情况多有不符，但凡看过案卷的人都会发现其中漏洞百出，完全无法也不应当作出对四人的有罪判决。

第三，本案除原审被告人的有罪供述外，没有能够证明案件事实的客观性物证。首先，侦查人员没有追缴到赃款和赃物，唯一能证实赃款、赃物去向（收买被抢戒指）的证人陈国太证实其作证笔录存在造假，依法应当予以排除，不能作为定案依据；其次，侦查人员没有追缴到作案工具，虽然在张美来家提取了一把菜刀、一把尖刀、一把中号螺丝刀、一把小号螺丝刀，但没有一处现场痕迹被鉴定为上述工具所形成；最后，若是四名作案人共同入室杀害死者，必然会在现场留下诸多指纹、脚印、毛发、DNA 等痕迹、生理物证，或沾染死者的血迹、毛发、衣物纤维等，但在案证据中并无上述任一物证，仅以现场有一双经鉴定与许金森是同款鞋子的鞋印确定作案人，实属荒谬。

第四，法院最终认定作案时间是 1994 年 1 月 13 日（腊月初二）夜间，而依据各原审被告人的陈述及相关证人证言，四人均无作案时间。

可以说，侦查人员能将四个完全没有共谋、没有参与作案的人"打造"为杀人案共犯，也是费了很大一番功夫的，这就是比刑讯逼供更为可怕的指供、诱供。

通过对本案口供形成、发展过程的分析，可以为审查判断口供及防范虚假供述干扰审判提供诸多借鉴：对口供真实性的判断，不能仅看其表面上的一致性，还要重点考查口供与现场勘查情况及实物证据之间的吻合性；从不供到供认，从明显不一致到相对一致，尤其是对侦查人员事前已经知道的现场情况供述比较一致，而对侦查人员事先不知晓的情况供述比较不一致，表明口供可能是人为炮制出来的；在已经供认抢劫杀人的情况，反而对赃款、赃物下落供不出来，这在逻辑上是反常的，值得进一步深究；等等。

疑罪从轻到疑罪从无

本案原一审判决作出后，几名被告人提出上诉，家属们在不断向各个机关上访申冤。与此同时，被害人的家属也在四处反映，要求尽快判决死刑，以安慰他们的丧父之痛。而福建省高级人民法院在"双面夹击"情形下，终审判决认定的事实与一审一致，却改判原一审被判处死刑立即执行的三名被告人为死刑缓期两年执行。唯一能解释的，就是福建省高级人民法院采取了"疑罪从轻"的处理方法——虽然现有证据不能充分证明四人抢劫杀人，但若判无罪，又将面临被害人的指责和公检两方的压力，于是作出了折中和妥协。

我国刑事诉讼确立的一项基本原则是疑罪从无：如果案件没有达到"事实清楚，证据确实、充分"，不能证实被告人有罪，就应当宣告无罪。但在司法实践中，宣告无罪意味着侦查机关、检察机关甚至原审法院办理了一起错案，审理法院难以抵挡来自各方的压力，"疑罪从轻"、留有余地就成为处理类似案件的一个方法。

陈光中老先生曾说过，当年的命案没有判处死刑、"疑罪从轻"的，基本上都有各种问题。当然，从另一方面讲，也正是福建省高级人民法院的"疑罪从轻"，保住了许金龙、许玉森、张美来等人的性命。没有被错杀，也算是不幸之中的庆幸。

许金龙说："我是被无情打入人间地狱里，在成熟中走向衰老和死亡，此间的感受，确实难以言说。记忆是我难咽的苦酒，回忆是我刻骨的伤痛。"

但也就像毛立新律师所说的，"生活会加倍地补偿你，幸福的日子才刚开始"。

依约索薪反遭追诉　七年申诉终证清白
——广东沈光朗敲诈勒索案

■ 回　顾

　　湖北麻城高考文科状元、北京大学经济学硕士、中国人民大学金融学博士、32 岁就升任深圳发展银行总行离岸业务部总经理，沈光朗身上这一连串耀眼的光环，让我们很难想象这个斯文的书生能与"敲诈勒索"扯上哪怕一丁点儿的关系。

　　1992 年，沈光朗大学毕业后到深圳发展银行工作，32 岁就升任深圳发展银行总行离岸业务部总经理。2004 年初，香港商人蔡得（茂名电白籍）慕名找到沈光朗，以重酬邀请沈光朗下海，帮助其企业发展。2005 年 4 月 12 日，沈光朗与香港贵联集团有限公司及贵联集团董事长蔡得签订了《聘用合同》和《协议书》，约定由沈光朗出任贵联集团及相关联公司的执行董事兼总裁，税后年薪人民币 200 万元，自 2005 年 5 月 1 日起三年内，沈光朗要带领其管理团队将贵联集团或相关公司运作上市，项目公司私募成功或上市成功后，贵联集团按集资额的 7% 奖励给沈光朗及其管理团队。但如果沈光朗在职期间有犯罪记录的，则无权要求奖励。

沈光朗到任后，组织了一个强大的公司上市工作团队，投入到贵联集团的经营运作工作中去。2006年7月，贵联集团就向香港联交所递交了上市申请。贵联集团从两年前仍负债的公司发展成为价值20亿~30亿元的准上市公司。就在这时，蔡得改变了上市的想法，通过上市中介公司撤回了上市申请。之后，蔡得自己与香港上市公司澳科控股有限公司就贵联集团股权转让达成了股权收购协议。

2007年6月，沈光朗根据澳科控股有限公司关于收购贵联集团股权的公告向蔡得祝贺贵联集团私募融资成功，并要求贵联集团履行合同，依约支付奖励报酬。蔡得及沈光朗就奖励报酬金额问题各自委托中间人进行了多轮的接触和谈判，金额从1亿元、5000万元谈到1500万元，始终未能达成一致。之后，沈光朗委托了深圳市律师协会副会长张志律师向贵联集团发出律师函，要求贵联集团依约履行合同，兑付奖励。

2007年7月1日，沈光朗工作团队成员王某某用手机向蔡得发送了"如对我大哥不利，我们必将以牙还牙！"的短信。8月20日，蔡得返回其老家茂名市电白县，向电白县公安局报案，控告沈光朗敲诈勒索。9月10日晚，电白县公安局远赴深圳，将沈光朗连夜押回电白。"我被连续审讯了十天十夜！"沈光朗始终坚持自己依法主张合同约定报酬的做法不构成任何犯罪。

2008年4月22日，茂名市电白县人民检察院以沈光朗犯敲诈勒索罪、职务侵占罪、伪造国家机关公文、证件罪向法院提起公诉；2009年5月7日，电白县法院一审以敲诈勒索罪判处沈光朗有期徒刑2年。沈光朗提起上诉，2009年6月23日，茂名市中级人民法院二审裁定驳回沈光朗的上诉，维持原判。2009年9月9日，沈光朗刑满释放，开始了漫长的申诉之路。

2010 年 11 月 8 日，广东省高级人民法院作出再审决定，指令茂名市中级人民法院再审。2011 年 5 月 16 日，茂名市中级人民法院再审裁定驳回沈光朗的申诉，维持原生效裁判。

耐人寻味的是，沈光朗说他出狱后，原审法院某法官找到他，说他的案子不构成犯罪，但是上头有压力，该法官无能为力，他支持沈光朗申诉！

时间会让真相浮出水面。

2012 年 6 月 27 日，东莞市中级人民法院以受贿罪判处茂名市原政法委书记、公安局长倪俊雄有期徒刑 15 年，没收财产人民币 300 万元和违法所得人民币 338 万元。倪俊雄在其供述中承认其收受了蔡得 100 万港元、20 万人民币，并按照蔡得的要求，"关照"了蔡得控告沈光朗敲诈勒索一案。

随着倪俊雄的认罪伏法，沈光朗终于明白了其之前苦苦探寻的正义为何艰辛难行，自己要求公司按照合同支付报酬怎么就变成了敲诈勒索。其人在深圳，公司在深圳，报案人是香港人，为什么是茂名市电白县公安局跨市抓人办案？原来真正起作用的是金钱的力量，只要倪俊雄仍是茂名市政法委书记，想在茂名翻案，显然都只能是徒劳。

倪俊雄的伏法，让沈光朗看到了希望。倪俊雄案判决生效后，沈光朗拿着登载倪俊雄案判决的报纸向最高人民法院提起了申诉，最高人民法院要求广东省高级人民法院重新审查本案。2016 年 2 月 26 日，广东省高级人民法院再审判决沈光朗无罪。

■ 控　诉

电白县人民检察院
起诉书

电检刑诉（2008）20号

被告人沈光朗，男，汉族，湖北省麻城市张家畈镇沈家湾村人，文化程度博士，职业原香港贵联集团有限公司执行董事兼总裁，现系中国企业融资有限公司总经理。因本案于2007年9月11日被拘留，同年10月12日被逮捕。

被告人沈光朗涉嫌敲诈勒索、职务侵占、伪造国家公文、证件一案，由电白县公安局侦查终结，移送本院审查起诉，经依法审查查明：

2005年4月12日，被告人沈光朗与被害人蔡得及贵联集团有限公司签订了《聘用合同》和《协议书》，由被告人沈光朗出任贵联集团有限公司及关联公司的执行董事兼总裁，全面负责贵联集团及相关关联公司的日常业务管理工作，并约定由贵联集团有限公司指示沈光朗重组关联企业中有关工业企业，在三年内将这些项目公司中的一个或多个重组上市。被告人沈光朗同意带领其管理团队争取在上述时间内实现以至少一个项目公司为主体的企业公开上市，并约定在项目公司按照贵联集团有限公司同意之私募计划私募成功或按照贵联集团有限公司同意的上市计划上市成功后，贵联集团有限公司一次性奖励被告人沈光朗集资额5%的现金，并另外一次性奖励沈光朗带领的管理团队集资额2%的现金，且奖励在集资收到后 180 天内付清。后被告人沈光朗聘请了由马楠、陈治川、刘祥、吕志东、邱中珩（五人另案）等人组成的上市工作团队。

在上市工作过程中，被告人沈光朗及其团队成员发现贵联集团公司的上市资料不齐全。为了达到在规定的时间内完成上市任务，获取高额奖金的目的，2006 年 6 月，被告人沈光朗指示马楠、吕志东伪造了湖南常德金芙蓉铝箔包装有限公司房产证、金芙蓉铝箔包装有限公司及金鹏凹版印刷有限公司的公积金证明等假证件、公文，并做了假账。在申请上市过程中，相关部门发现了上述假证件、公文和假账，导致贵联集团有限公司公开上市失败。

上市失败后，自 2007 年 3 月 12 日起被告人沈光朗就没有再到贵联集团有限公司上班，其团队成员也陆续没有再到贵联集团有限公司上班。2007 年 4 月，被告人沈光朗在深圳市汉唐大厦 1102 室开办中国企业融资公司，并以负责人的身份上班。2007 年 6 月 28 日，因被告人沈光朗的行为严重失当和失职并违反了聘用合同，贵联集团有限公司根据《聘用合同》5.3 条规定，终止与被告人沈光朗的聘用合同及沈光朗在贵联集团有限公司的一切职务。被告人沈光朗在被贵联集团有限公司终止合同及职务后，一直占用着贵联集团有限公司配给其工作使用的丰田皇冠 3.0 小轿车，拒不归还贵联集团有限公司。被告人沈光朗被抓获后，直到 2007 年 10 月 21 日，罗某洪才将该车交还公安机关。

在被告人沈光朗及其工作团队成员陆续不到贵联集团有限公司上班的情况下，从 2007 年 4 月开始，被害人蔡得与香港澳科控股有限公司经过谈判，达成股份买卖协议，由香港澳科控股有限公司以 15.555 亿港元收购贵联集团有限公司股份。2007 年 6 月 13 日香港澳科控股收购贵联集团的公告发布后，被告人沈光朗在自己及工作团队成员均已不到贵联集团有限公司上班，没有参与上述股权买卖协议工作的情况下，纠集团队成员马楠、陈治川、吕志东、邱仲珩、刘祥等人分别于 2007 年 6 月 20 日、8 月 10 日、8 月 11 日在深圳市北海渔村、深圳华侨海景酒店等处密谋、策划，以索取奖金为借口向被害人蔡得进行敲诈勒索，期间被告人沈光朗提出了包括威胁、恐吓等勒索手段。被告人沈光朗通过律师向被害人提出索要 1.08 亿港元的要求，并与被害人就数额进行谈判。在被害人拒绝其无理要求后，被告人沈光朗没有提出诉讼或仲裁，而是通过向香港联交所、香港澳科控股有限公司等部门发律师函，企图阻止澳科控股有限公司与贵联集团有限公司的正常交易。另一方面，被告人沈光朗向中国农业银行天津津南分行等多个部门发出匿名检举信，对贵联集团有限公司及蔡得进行恶意诽谤。同时其又向被害人蔡得发出威胁的匿名邮件，并指示王仕生向被害人蔡得及其儿子蔡晓明的手机发送多条带有人身安全威胁性质的恐吓短信，通过上述手段对被害人蔡得进行威胁、要挟。被害人蔡得在广东省电白县投资期间收到恐吓短信而向电白县公安机关报案。犯罪嫌疑人沈光朗虽然没有索取到财物，但其为勒索财物而实施的上述威胁、恐吓行为，不但严重威胁了被害人的人身安全和声誉，而且给被害人及其企业造成了巨大的经济损失。

认定上述犯罪事实的证据如下：被害人的报案记录、被害人报案陈述、同案人供述、证人证言、鉴定结论、检查笔录、书证、物证、视听资料及被告人沈光朗的供述和辩解。

以上犯罪事实清楚，证据确实、充分，足以认定。

本院认为，被告人沈光朗以非法占有为目的，采取恐吓、威胁手段，强索他人财物，数额特别巨大；被告人沈光朗又利用职务上的便利，将单位财物非法占为己有，数额巨大，并指示他人伪造国家机关公文、证件，其行为已触犯《中华人民共和国刑法》第274条、271条、280条的规定，构成敲诈勒索罪、职务侵占罪和伪造国家机关公文、证件罪，应予数罪并罚。根据《中华人民共和国刑事诉讼法》第141条规定，提起公诉，请依法判处。

此致
电白县人民法院

检察员：李英仔
电白县人民检察院
二〇〇八年四月十日

2016年1月15日，广东省高级人民法院公开开庭审理了本案，广东省人民检察院检察员方炳、袁新新出庭履行职务，并当庭发表如下意见：

1. 沈光朗及其团队为贵联集团有限公司上市做了大量工作，贵联集团有限公司也认为应该给予沈光朗及其团队一定的报酬，只是在具体数额上不能达成一致，谈判没成功，原审上诉人沈光朗和贵联集团有限公司之间存在债权债务纠纷。

2. 沈光朗主张和索要奖励款是依据合同上的约定提出的，其初衷是要回其应得的报酬，在案证据不能证实其主观上有非法索取他人财物的故意，其行为不符合敲诈勒索罪的主观构成要件。

原审被告人沈光朗不构成敲诈勒索罪。

■ 辩　护

　　广东正大联合律师事务所接受敲诈勒索案申诉人沈光朗的委托，指派王千飞、陈晓薇律师作为申诉人沈光朗的辩护人。接受委托后，本律师查阅了案件材料，听取了申诉人的申诉意见，参加了本案的再审庭审活动，现针对本案的事实和法律，发表如下辩护意见：

一、侦查机关、检察机关、审判机关存在违法行为

　　办理申诉人沈光朗涉嫌敲诈勒索案的侦查机关、检察机关、审判机关的领导在办理该案件时，有受贿，徇私舞弊、枉法裁判的行为，办案单位收集的证据、原审判决认定的事实以及法律适用均为受到污染的毒树之果，依法应全部予以撤销。

　　本案申诉人沈光朗涉嫌敲诈勒索一案，是由茂名市电白县公安机关立案侦查，由茂名市电白县人民检察院审查起诉，并由茂名市电白县人民法院一审判决，茂名市中级人民法院终审判决的。本案侦查至终审的时间是 2007 年 9 月至 2009 年 6 月，在该段时间内，主管茂名市公检法三机关的茂名市市委常委、茂名市政法委书记、兼任茂名市公安局局长的正是倪俊雄。

　　2012 年 12 月 26 日，东莞市中级人民法院以受贿罪判处倪俊雄 15 年有期徒刑。经法院查明，2007 年，蔡得指控沈光朗敲诈勒索一案由茂名市电白县公安局立案管辖，为了在案件处理等方面获得关照与支持，蔡得请求倪俊雄帮忙关照此案，并于 2007 年 8 月、9 月、2008 年春节，分三次共送给倪俊雄 20 万人民币、100 万港币。

　　因此可以确认以下事实：

第一，办理申诉人沈光朗敲诈勒索案的茂名市侦查机关、公诉机关、审判机关的主管领导倪俊雄收受了当事人蔡得的 20 万人民币、100 万港币。

第二，蔡得向倪俊雄贿送巨额贿赂款的目的就是要求倪俊雄关照沈光朗涉嫌敲诈勒索这个案件。

从而我们可以得出这样的结论：申诉人沈光朗因涉嫌敲诈勒索被立案侦查并以敲诈勒索罪被判处二年有期徒刑是倪俊雄收受蔡得巨额贿赂、对本案予以"关照"的结果，绝非依法认定的、公正的结果。申诉人沈光朗并不是敲诈勒索罪的罪犯，而是倪俊雄、蔡得司法交易黑幕下的受害人。

因此，电白县公安局收集的证据不能作为认定案件事实的依据，原审判决认定的案件事实并非客观公正，作出的有罪判决也不合法，均应依法予以撤销。

二、本案经申诉人沈光朗确认应当认定的案件事实

申诉人沈光朗原任深圳发展银行总行离岸业务部总经理，2005 年 5 月应蔡得多次邀请，与蔡得及贵联集团在香港律师楼签订了《聘用合同》和《协议书》，约定申诉人按照贵联集团的指示，在 3 年内将集团项目公司中的一个或多个重组上市，上市成功或私募成功后，贵联集团一次性奖励申诉人沈光朗集资额 5% 的现金，另行奖励申诉人管理团队集资额 2% 的现金。协议签订后，申诉人沈光朗从深圳发展银行总行辞职下海，就任蔡得私人企业贵联集团总裁。

协议签订后，申诉人沈光朗带领管理团队在随后的两年多时间里积极运作公司上市。2007 年 4 月，香港澳科控股公司以 15.555 亿港币收购贵联集团股权，按照《协议书》的约定，申诉人及管理

团队或能获得集资额的 7% 即 1.08 亿港元的奖励。

然而，蔡得拒绝按协议支付奖励。申诉人通过发短信、通过律师发律师函等方式要求蔡得支付奖励，但均无果。2007 年 8 月，申诉人向深圳市劳动仲裁委员会及中国国际经济与贸易仲裁委员会华南分会提请仲裁。蔡得遂于 2007 年 8 月 20 日向茂名市电白县公安局报案，电白县公安局以敲诈勒索罪对申诉人沈光朗立案侦查。后来，蔡得花费 20 万人民币、100 万港币，"购买"到茂名市政法委书记、公安局长倪俊雄的关照和支持，申诉人沈光朗被以敲诈勒索罪判处二年有期徒刑。

三、原审判决适用法律确有错误

敲诈勒索罪，是指以非法占有为目的，对被害人实施威胁或者要挟，强行索取数额较大的公私财物的行为。

辩护人认为，申诉人沈光朗的行为系典型的经济纠纷中的维权行为，不具有社会危害性，依照刑法来规范、认定为敲诈勒索罪显属适用法律错误。具体理由如下：

1. 申诉人沈光朗主观上没有非法占有他人财物的目的。

（1）申诉人沈光朗、贵联集团、蔡得三方签订的协议证明，申诉人沈光朗主张奖金奖励，其主观上是以"合法占有为目的"。

受邀就职贵联集团总裁时，申诉人沈光朗、贵联集团、蔡得三方签订的《协议书》表明，只要贵联集团上市成功或私募成功的条件成就，贵联集团和蔡得就愿意支付集资额 7% 的奖励，申诉人沈光朗就有根据《协议书》得到集资额 7% 的奖励的合法预期。也就是说，在贵联集团上市成功或私募成功的基础上，申诉人沈光朗主张集资额 7% 的奖励就应当得到法律的支持。本案中，申诉人沈光朗及其工作团队从 2005 年 6 月开始为准备上市做了大量工作，这从在过程中产生的 1000 多万元的费用可以看出。2007 年 1 月，因不能如期提交年度审计报告给香港联合证券交易所而撤回上市申请。贵联集团虽然没有直接独立上市，但 2007 年 6 月，贵联集团通过与香港澳科控股公司的股权收购合作达到了上市募集资金的目的。协议双方在这个问题上有了不同的理解。申诉人沈光朗认为贵联集团虽然没有直接私募上市成功，但直接上市还是通过出售股权间接上市，决定权显然是在蔡得手里的。贵联集团通过与香港澳科控股公司的股权收购合作，也已经达到了上市募集资金的目的。客观地说，贵联集团被收购上市，与沈光朗及其团队的工作成绩是分不开的。贵联集团被收购后，沈光朗团队提出履行合同上约定的奖励的要求，经过谈判，沈光朗团队将要求降低为"打五折"，而蔡得只愿意支付 1000 多万元。从这个事实可以看出，蔡得也认为应该支付给沈光朗团队一定的奖励，只是在具体数额上没有达成一致。沈光朗与蔡得之间确实存在一定的债权债务关系。沈光朗基于《协议书》约定和贵联集团与香港澳科控股公司的股权收购合作成功的公告，提出报酬奖励的要求，其初衷是要回劳动报酬，主观上并没有非法索取他人财物的故意，尽管双方对数额存在一定的争议。这与普通的敲诈勒索有本质上的区别。很明显，沈光朗等人的行为不符合敲诈勒索罪的主观构成要件。

（2）申诉人沈光朗提出奖励要求的客观行为方式，证明其主观上是"合法占有"，不存在"非法占有"的主观目的。

申诉人沈光朗在得知贵联集团与香港澳科控股公司的股权收购合作成功的公告后，向蔡得发短信祝贺的同时，要求蔡得履行原协议中奖励的约定；之后，又在深圳律师协会副会长张志律师分析指导下，通过张志律师向贵联集团发出要求履行奖励约定的律师函；在仍未得到解决的情况下，申诉人委托律师向深圳市劳动仲裁委员会及中国国际经济与贸易仲裁委员会华南分会申请仲裁，试图通过法律途径来解决纠纷。上述三种主张奖励的方式均是法治社会提倡和鼓励的。该三种客观行为方式也反映了申诉人内心的主观想法，就是申诉人内心认为贵联集团股权被收购，其获得集资额7%的奖励是合法的，所以，申诉人均通过光明正大的合法途径来表达他的诉求。

（3）原审判决以申诉人沈光朗的要求超出合理范围为由认定其以非法占有为目的是错误的。

申诉人沈光朗是否应该依据《协议书》获得奖励明显是合同履行过程中的民事纠纷，不属于刑事法律调整的范围。本案申诉人被指控敲诈勒索的前提就是电白县公检法认定申诉人没有运作贵联集团上市成功。原审判决认定："对于存在民事纠纷情况下如何判断行为人是否具有非法占有的目的，关键在于行为人索要的财产是否合理。超出合理范围之外的，则应认定为非法占有。被告人沈光朗虽然与贵联公司之间存在合同关系，但根据约定，奖励报酬的给付前提是公司上市并在募集资金到位之后，被告人沈光朗在前提条件并不具备情况下索要资金的行为显属超出合理范围，应认定为非法占有。"

但辩护人认为原审判决这样的认定是明显错误的。

第一，申诉人依据《协议书》是否该获得奖励、索要奖励是否超出合理范围，电白县公检法机关根本无权认定，因为《协议书》中约定的争议管辖机构是中国国际经济与贸易仲裁委员会华南分会。

第二，退一步来说，即使是通过中国国际经济与贸易仲裁委员会华南分会仲裁裁决，申诉人无权获得奖励，只要申诉人沈光朗主观上认为其是有权获得协议约定的奖励的，就不是以"非法占有为目的"。

第三，按照原审判决的逻辑，如果沈光朗在募集资金尚未到位时就向蔡得主张奖励显属超出合理范围，那是否可以认定募集资金到位之后再向蔡得主张就属于合理范围了呢？何况，沈光朗当时也只是要求蔡得确认依照协议书兑付奖金，并非要求限定时间支付，根本不可能超出合理范围。

第四，司法实践中也证明了原审判决中所谓的"合理范围"是很不合理的。北京市海淀区人民检察院处理的黄静涉嫌敲诈勒索案就很好地证明了这一点。2006年，黄静以2万余元购买了一台华硕笔记本电脑，之后她认为华硕公司涉嫌使用工程样品CPU，并提出500万美元的天价索赔，否则向媒体曝光。华硕公司报警后，黄静被羁押290余天。2007年11月，海淀区人民检察院认定黄静无罪，并向黄静作出国家赔偿。从这个案例我们可以看到，黄静是否有权获得500万美元的赔偿，属于民事法律调整的范围，而不能因其仅以2万元购买的电脑提出500万美元的天价赔偿"超出合理范围"而认定其具有敲诈勒索的"非法占有"的主观目的。同理，本案中，即使仲裁裁决沈光朗不应获得协议约定的奖励，其索要的奖励超出原审判决所谓的"合理范围"，也不能就此认定申诉人主观上是以"非法占有为目的"。

如果按照原审判决，超出"合理范围"就构成敲诈勒索罪的话，那么民事诉讼中，只要法院不完全支持原告的诉请，不支持的部分就肯定超出合理范围。按照这个逻辑，大部分的民事案件原告都将变成刑事案件敲诈勒索罪的被告，岂不荒谬？

2. 申诉人沈光朗客观上没有实施敲诈勒索的行为。

（1）申诉人沈光朗通过律师函的方式向交易关联方披露重大合同事实是合法的，不是威胁行为。

申诉人通过律师向香港联交所、香港澳科控股公司、罗申美会计师行等关联方发函，披露申诉人与贵联公司之间的重大合同，其措施在广东万商律师事务所律师函件中清楚地标明，是张志律师建议申诉人采取的合法措施。其披露行为不仅不被法律禁止，反而是一名贵联公司董事应尽的法律义务。仅就申诉人本人而言，其享有对贵联公司的或有债权，在贵联公司股权被收购后，其应享有的或有债权就跟香港澳科控股公司有利益关系。申诉人按照律师的指导向交易关联各方发函，这样的行为是对事实的表述，没有任何恶意中伤的内容，跟敲诈勒索风马牛不相及。

（2）马楠和陈治川写的文件不能认定为沈光朗有威胁的行为。

根据本案查明的事实，《关于主张停止澳科控股收购贵联集团股权的交易的函》是马楠写的，《善意提醒》是陈治川写的。既然有证据证明不是申诉人写的，也不是申诉人寄发的，原审判决凭什么认定是申诉人沈光朗所为呢？退一步来说，即使申诉人沈光朗对上述文件是知情的，原审判决认定"上述文件内容诬蔑蔡得在澳科与贵联交易中采取欺诈手段，虚构年度利润，严重损害股东利益"亦无法得到合理解释。辩护人认为需要注意的是：第一，原审判决并未就上述文件的内容展开调查，也没有对上述文件的内容进行质证核实，其认定的"诬蔑"是毫无根据的。如果文件反映的内容属实，反而是法律所鼓励和提倡的行为。第二，退一步来说，假定上述文件确为诬蔑，该诬蔑的行为人也是马楠和陈治川，而非申诉人沈光朗。再退一步来说，沈光朗与上述二人是共犯，那原审判决只认定没有实施具体行为的沈光朗构成犯罪，而具体实施诬蔑行为的上述二人却不构成犯罪，这种区别对待又该如何在法律上解释呢？

（3）王仕生发出的短信不能认定为申诉人沈光朗有威胁行为。

根据本案查明的事实，该短信是王仕生所发，而不是沈光朗所发，也没有证据证明是申诉人沈光朗授意发出。何况，从该短信的内容来看，没有任何索要财物或者通过威胁索要财物的含义。王仕生因为被蔡得开除，对蔡得有意见是正常的，将该短信认定为敲诈勒索的手段是错误的。原审认定短信中含有所谓"威胁"的内容："你如轻举妄动，我兄弟们必将以牙还牙，看谁玩得过谁。"辩护人认为，这样的短信内容表达的就是一个意欲防卫的意思，就是你如果对我不利，我也会对你不利，这种以牙还牙的威胁前提是你先对我不利。如果这样的言语也将获罪的话，那社会上可能已经没有无罪之身了。

（4）同案犯马楠、吕志东、陈治川、邱仲珩的供述，不能作为认定本案事实的依据。

同案犯马楠、吕志东、陈治川、邱仲珩案发前均为申诉人管理团队成员，在贵联公司上市后都享有向贵联公司主张奖励的权利。茂名公安机关被蔡得收买后，将上述人员全部羁押，在羁押期限内，对上述人员进行非法取证，在上述人员同意指证申诉人敲诈勒索之后就将其全部释放。截至今日，上述人员没有一人被定罪量刑。

之所以出现这样的结果，就是因为本案的侦查机关领导倪俊雄收受了蔡得的巨额贿赂，对案件进行了非法干预，针对申诉人进行押人取供。上述人员在被威胁和胁迫的情况下做出的不实口供，应当作为非法证据予以排除，不能作为认定本案案件事实的依据。

申诉人沈光朗是北京大学经济学硕士、中国人民大学金融学博士，是一个全国知名的金融专家，银行高管，因为经济纠纷，遭受诬告陷害而含冤入狱。申诉人依照合法生效的协议书向蔡得主张奖励，其行为是正常的维护自己合法权益的行为，主观上不存在非法占有的目的，客观上均是通过合法的途径来主张自己的权利，依法不构成敲诈勒索罪。几年来，申诉人四处奔走申诉上访，倪俊雄收受贿赂"关照"本案的真相也已经大白于天下。习近平总书记讲过,"要努力让人民群众在每一个案件中都感受到公平公正",辩护人真心希望申诉人沈光朗在本案中也能尽快感受到公平公正。恳请法庭查明本案事实,对申诉人沈光朗作出无罪判决。

此致

广东省高级人民法院

辩护人:王千飞律师

■ 审 判

广东省高级人民法院
刑事判决书

(2015)粤高法审监刑再字第 13 号

原公诉机关广东省电白县人民检察院。

原审上诉人(原审被告人)沈光朗,男,汉族,博士研究生毕业,湖北省麻城市张家畈镇沈家湾村人,原香港贵联集团有限公司执行董事兼总裁,捕前系中国企业融资有限公司总经理。因本案于2007 年 9 月 10 日被羁押,同月 11 日被刑事拘留,同年 10 月 12 日被逮捕。2009 年 9 月 9 日刑满释放。

辩护人王千飞、陈晓薇,广东正大联合律师事务所律师。

广东省电白县人民检察院指控被告人沈光朗犯敲诈勒索罪一案,电白县人民法院于 2009 年 5 月 7 日作出一审判决。被告人沈光朗不服,提出上诉。茂名市中级人民法院于 2009 年 6 月 23 日作出二审裁定。上述裁判发生法律效力后，被告人沈光朗不服，向本院提出申诉。本院于2010年11月8日作出再审决定，指令茂名市中级人民法院对本案进行再审。茂名市中级人民法院于2011年5月16日作出再审裁定。判决生效后，原审上诉人沈光朗仍不服，向最高人民法院提出申诉，最高人民法院将申诉材料转交本院处理。粤高法刑申字第101号《再审决定书》，决定由本院提审本案。本院依法组成合议庭，于2016年1月15日公开开庭审理了本案，广东省人民检察院检察员方炳、袁新新出庭履行职务。原审上诉人沈光朗及其辩护人王千飞、陈晓薇到庭参加诉讼。本案现已审理终结。

......

原一审法院电白县人民法院认为，被告人沈光朗以非法占有为目的，使用威胁和要挟的方法，强行索要贵联集团有限公司的财物，数额巨大，其行为已构成敲诈勒索罪。被告人沈光朗敲诈勒索的财物数额达1.088 85亿港元，属数额巨大。其敲诈勒索巨额财物的行为，因被拒绝及司法机关介入的意志以外的原因而未得逞，属犯罪未遂，依法可以减轻处罚。依照《中华人民共和国刑法》第274条、第23条之规定，认定被告人沈光朗犯敲诈勒索罪（未遂），判处有期徒刑二年。

原二审法院茂名市中级人民法院认为：原判决认定上诉人沈光朗犯敲诈勒索罪的事实清楚，适用法律正确，定罪准确，量刑适当，裁定驳回上诉，维持原判。

再审法院茂名市中级人民法院认为，原审上诉人沈光朗的行为完全符合"以非法占有为目的，对被害人采取威胁和要挟的方法，强行索取公私财物较大的行为"的敲诈勒索罪的犯罪特征，裁定维持该院（2009）茂中法刑二终字第95号刑事裁定和电白县人民法院（2008）电刑初字第 103 号刑事判决。

原审上诉人沈光朗申诉提出：①茂名市中级人民法院再审裁定认为其团队的前期工作成果并不能当然导致其所主张的债权的合法性，因此不能否定其构成以"非法占有为目的"的主观方面。这一认定与事实不符，同时故意曲解了敲诈勒索罪主观方面的构成条件。②本案的犯罪客观方面也不符合敲诈勒索罪的犯罪构成要件。③原茂名市政法委书记兼公安局局长倪俊雄被广东省东莞市中级人民法院一审判处有期徒刑 15 年，在倪俊雄的判决书上清楚列明"蔡得三次行贿倪俊雄港币 100 万元、人民币 20 万元干预沈光朗一案"。这些事后被司法机关确认的证据充分揭露了蔡得行贿部分政法干部阴谋迫害沈光朗的事实。

……

经再审审理查明：2005 年 4 月 12 日，原审上诉人沈光朗与贵联集团有限公司、蔡得共同签订了《聘用合同》和《协议书》。《聘用合同》约定，自 2005 年 5 月 1 日起三年内，由沈光朗出任贵联集团有限公司及相关联公司的执行董事兼总裁，全面负责贵联集团有限公司及相关联公司的日常业务管理工作。《协议书》约定由沈光朗带领其管理团队负责公司的上市工作，在项目公司按照贵联集团有限公司同意之私募计划私募成功或按照贵联集团有限公司同意的上市计划上市成功后，贵联集团有限公司按集资额的 5% 及 2% 分别给予沈光朗及其管理团队一次性奖励，奖励在集资收到后 180 天内付清。沈光朗到任后组织了由马楠、陈治川、刘祥、吕志东、邱仲珩（五人另案处理）等人组成的上市工作团队。

2006 年 7 月，贵联集团有限公司向香港联交所递交了上市申请表；2007 年 1 月 22 日，香港联交所向贵联集团有限公司委托的中介公司发文称，由于贵联集团有限公司超期回答联交所提出的问题而终止其上市申请，同时申请费45万港元丧失。因此，董事长蔡得与沈光朗产生矛盾。2007年4月开始，在没有沈光朗及其团队参与的情况下，蔡得与香港澳科控股有限公司达成股权买卖协议。2007年6月13日，沈光朗向蔡得、蔡晓明父子提出澳科与贵联交易成功是沈光朗与其团队的工作成果，要求依约支付奖励报酬。6月20日晚，沈光朗召集其团队成员马楠、陈治川、吕志东、刘祥、邱仲珩在深圳市北海渔村二楼大厅聚餐。席间沈光朗说大家都有权按约定向蔡得及贵联集团有限公司讨要报酬，并说要先礼后兵，准备与蔡得打官司，同时让大家回去将对蔡得不利的资料交给他。之后吕志东、刘祥等人将贵联集团有限公司有关财务、管理经营等方面的资料提供给沈光朗。沈光朗大学同学王仕生分别于7月1日和7月15日用其手机135×××8141将带有威胁内容的短信发给蔡得、蔡晓明父子。8月6日，马楠书写了一份《关于主张停止澳科控股收购贵联集团股权的交易的函》，内容是诬蔑蔡得在澳科与贵联交易中采取欺诈手段、虚构年度利润、严重损害股东利益，且在香港和内地违法经营，意图阻止贵联集团有限公司交易成功。陈治川也书写了一份《善意提醒》，称蔡得靠走私骗税行贿起家，并对蔡得、蔡晓明父子的人格品德进行恶劣评价。马楠、吕志东与沈光朗的秘书李抗将《关于主张停止澳科控股收购贵联集团股权的交易的函》寄给蔡得，而陈治川写的《善意提醒》则匿名寄给云南中烟集团有限公司、北京中国烟草局。8月11日，根据沈光朗的通知，马楠、吕志东、邱仲珩与赵剑朴在深圳市华侨海景酒店大厅会面，沈光朗说如果蔡得没有诚意的话，就发邮件威胁一下老蔡，还说找黑社会花5万元就可以买下一个人头。此外，沈光朗还通过律师张志向蔡得的律师张勇提出按澳科收购贵联总额的7%索要奖金，并与张勇就数额进行了谈判；在受到拒绝后，沈光朗通过向香港罗申美会计行、香港澳科控股有限公司等发律师函，声称贵联集团有限公司负有支付其巨额债务的义务，企图以此阻止澳科控股有限公司与贵联集团有限公司的正常交易。

认定上述事实，有经庭审质证的下列证据证实：

1. 接受刑事案件登记表、沈光朗的户籍材料、抓获经过；

2. 蔡得、蔡晓明称收到对二人进行人身安全恐吓的短信、贵联集团有限公司收到的指责其违法经营以及进行恶劣攻击和诽谤的匿名信件；

3. 贵联控股国际有限公司提供的《聘用合同》《协议书》；

4.《事项：关于贵联集团有限公司与沈光朗先生之相关协议书》《股份买卖协议书事宜》《关于澳科控股有限公司收购贵联控股国际有限公司涉及的或有负债事宜》及相关复函等书证和证人证言；

5. 电白县公安局在广东万商律师事务所调取的信函；

6. 匿名举报信及相关证据材料；

7. 证人张志、许泽荣的证言，证实曾与沈光朗有过协商谈判；

8. 证人甘某、梁某、李某甲、姚逸安、汪亦武、李抗、蔡荣、赵剑朴等人的证言；

9. 同案人马楠、吕志东、邱仲衍、刘祥、陈治川、王仕生的供述；

10. 原审上诉人沈光朗的供述。

对于原审上诉人沈光朗的申诉意见及其辩护人的辩护意见、检察院的检察意见，综合评析如下：

2005年4月12日，原审上诉人沈光朗与贵联集团有限公司、蔡得签订了合法有效的《聘用合同》和《协议书》。2005年5月至

2007年6月，沈光朗接受贵联集团有限公司的聘请，担任贵联集团有限公司及相关联公司的执行董事兼总裁，全面负责贵联集团有限公司及相关联公司的日常业务管理工作。沈光朗到任后组织了由马楠、陈治川、刘祥、吕志东、邱仲珩等人组成的上市团队。贵联集团有限公司虽然没有直接独立上市，但是通过与香港澳科控股公司的股权收购合作达到了上市募集资金的目的。根据证人赵剑朴的证言，同案人吕志东、马楠、沈光朗的供述和《沈光朗总裁在贵联控股2006年度工作会议上的讲话》，可以认定沈光朗及其团队为贵联集团有限公司上市做了大量工作，并与香港澳科控股有限公司就股权买卖事宜进行过协商。虽然沈光朗及其团队没有直接参与贵联集团有限公司与香港澳科控股有限公司股权买卖的最终谈判工作，但在案证据不足以否认股权买卖与沈光朗及其团队工作的关系。沈光朗在得知贵联集团有限公司与香港澳科控股有限公司达成股权买卖协议后，依据《协议书》的约定向贵联集团有限公司董事长蔡得要求奖金，并委托律师与蔡得进行谈判。沈光朗和蔡得委托的律师均证实双方进行了多次谈判，但在奖金数额上没有达成一致意见。由此可见，沈光朗有合理理由认为其与贵联集团有限公司之间存在合法债权债务关系。虽然沈光朗及其团队成员在索要奖金的过程中实施了一定的威胁、恐吓等违法行为，但在案证据不能排除沈光朗行为的初衷是索要合法债权，不足以认定沈光朗主观上具有非法占有的目的，其行为不符合敲诈勒索罪的主观构成要件。沈光朗辩护人未能提供充分证据证实在案证据是非法证据，在案证据均经一审和再审庭审举证、质证，本院依法予以采信。原审判决认定沈光朗构成敲诈勒索罪证据不足，定罪量刑错误。沈光朗及其辩护人、广东省人民检察院关于沈光朗不构成敲诈勒索罪的意见具有事实和法律依据，予以采纳。

本院认为，原审上诉人沈光朗及其团队为贵联集团有限公司上市做了大量工作，其依照协议约定向贵联集团有限公司董事长蔡得要求支付奖金，并与蔡得就奖金数额进行谈判，有合理理由认为其与贵联集团有限公司之间存在合法债权债务关系，在案证据不足以认定沈光朗主观上具有非法占有的目的，其行为不符合敲诈勒索罪的主观构成要件。对沈光朗及其辩护人、广东省人民检察院关于沈光朗不构成敲诈勒索罪的意见予以采纳。原审判决认定沈光朗构成敲诈勒索罪证据不足，定罪量刑错误。经本院审判委员会讨论，依照《中华人民共和国刑事诉讼法》第245条及《最高人民法院关于适用〈中华人民共和国刑事诉讼法〉的解释》第389条第2款之规定，判决如下：

一、撤销广东省电白县人民法院（2008）电刑初字第103号刑事判决、广东省茂名市中级人民法院（2009）茂中法刑二终字第95号刑事裁定和（2011）茂中法刑再字第2号刑事裁定。

二、原审上诉人（原审被告人）沈光朗无罪。

本判决为终审判决。

审　判　长　莫君早

代理审判员　马远斌

代理审判员　叶海情

广东省高级人民法院

二〇一六年二月二十六日

书　记　员　王　励

■ 律师手记

代理申诉

2013 年 12 月，广东正大联合律师事务所接受委托，并指派本律师作为沈光朗申请再审及再审阶段的辩护人。本律师阅览了本案所有的案卷材料。本案历经多个审级，之前多位律师同行对于沈光朗不构成敲诈勒索罪，从犯罪构成等方面，均进行了详尽的论述。但即使如此，多个审级的结果仍然是令人失望的有罪裁判。在前面多位辩护律师辩护观点的基础上，我们向广东省高级人民法院提出了我们的辩护意见。

1. 以倪俊雄案认定的贿赂事实作为突破口，从非法证据排除的角度来否定敲诈勒索案的所有证据。倪俊雄案宣判后，本案的事实已经非常清楚。本案针对沈光朗所罗织的罪名、事实和证据，是蔡得花了 100 万港币、20 万人民币买来的，均为受到污染的毒树之果，在神圣而庄严的法庭上，去审查这些用钱买来的证据是否合法、是否真实，是对法律和正义的亵渎！应当依法排除本案所有的证据，并依法撤销茂名市两审法院作出的有罪判决。

2. 沈光朗是依据合同约定来主张其奖励款的，其主观方面没有非法占有的故意。本案中，沈光朗主张和要求确认奖励款是依据合同约定提出的，是典型的经济纠纷中的维权行为，其主观上没有非法索取他人财物的故意，客观上也没有实施威胁恐吓的行为，其行为不符合敲诈勒索罪的构成要件。

3. 辩驳原审判决认为的"行为人索要超出合理范围之外的财产，应认定为非法占有"的错误观点。针对该观点，我们提交了海淀区人民检察院"黄静涉敲诈勒索国家赔偿案"的材料,用这个在全国范围内有重大影响的案例,驳斥原审法院"合理范围"的错误观点。黄静案中,黄静花2万元购买了华硕公司的电脑,以质量问题为由向华硕公司索赔500万美元。华硕公司报案后,黄静因涉嫌敲诈勒索罪被立案侦查并遭到逮捕,但最后,海淀区人民检察院对黄静作不起诉处理,并对黄静作出了国家赔偿。如果按照本案原审法院的逻辑,2万元的电脑出现质量问题,黄静提出500万美元的索赔,远远超出原审法院认为的"合理范围",构成敲诈勒索无疑。而检察机关作出国家赔偿的决定恰恰证明了原审法院逻辑上是错误的,以超出"合理范围"主张权利并不能认定为"非法占有"的主观故意。更何况,沈光朗主张的数额完全是依照合同约定的金额来提的,根本谈不上超出合理范围。

改判无罪

2016年1月15日,广东省高级人民法院公开开庭审理了本案。

2016年2月26日,广东省高级人民法院作出再审判决,宣告沈光朗无罪。

广东省高级人民法院再审认定,沈光朗及其团队为贵联集团上市做了大量工作,在案证据不足以否认股权买卖与沈光朗及其团队工作的关系。沈光朗及其团队依照协议约定向贵联集团董事长蔡得要求支付奖金,并与蔡得就奖金数额进行谈判,其有合理理由认为其与贵联集团有限公司之间存在合法的债权债务关系,在案证据不足以认定沈光朗主观上具有非法占有的目的,其行为不符合敲诈勒索罪的构成要件。沈光朗及其辩护人、广东省人民检察院关于沈光朗不构成敲诈勒索罪的意见被采纳。原审判决认定沈光朗构成敲诈勒索罪证据不足,定罪量刑错误,依法判决予以撤销。

得失思考

沉冤得雪，虽历经九载，法律还是还给了沈光朗一个公正的判决。但这个案件的发生、纠错过程还是引发了我们诸多的思考。

广东省高级人民法院作出了无罪判决，从结果上说，是令人备受鼓舞的。但是，从根本性纠错的角度来说是存有遗憾的。法院以辩护人没有证据为由，仍然在认可本案在案证据的基础上对案件进行评判，没有采纳辩护人提出的"在案证据受黑金污染不能采信"的辩护观点。另外，本案也凸显了刑事诉讼立法上的一个缺陷，就是司法机关的首长，比如本案的政法委书记倪俊雄，收受贿赂，指令下属进行枉法侦查、起诉、审判，而对于这些基于收受贿赂而进行的刑事诉讼活动及收集的相关证据，刑事诉讼法并没有其因受到黑金污染、不合法而予以撤销的相关规定。法院基于买来的证据来认定事实和审判，不能不说是一大遗憾！

如果不是茂名市政法委书记倪俊雄以及广东省政法委书记陈绍基因其他受贿罪案发，认罪伏法，沈光朗案是否也能够得到纠错，得到无罪判决呢？我们不敢去做这样的想象。

倪俊雄认罪伏法了，那花巨额行贿款驱使相关司法人员陷沈光朗于牢狱的案涉人员是否也应得到法律的追究呢？

沈光朗案历经茂名市公检法的侦查、审查、审判，程序不可谓不严密，每一个办案人员在案件中的所作所为都能问心无愧吗？沈光朗这失去的九年，应该由谁来负责呢？

倪俊雄案于2012年就作出刑事判决了，其收受贿赂"关照"沈光朗案的事实也已大白于天下，而沈光朗案的申诉再审仍然要历经四年之久，直到2016年才得以纠错，正义为何总是姗姗来迟？

我们真诚地希望，在以习近平总书记为核心的党中央的领导下，我们每一个人，在每一个司法案件中都能感受到公平正义！

王千飞、陈晓薇律师

2017 年 1 月 11 日

■ 评　议

在我国，敲诈勒索罪是指以非法占有为目的，采取威胁、要挟等方法，强行索取公私财物且数额较大的行为。根据《刑法》第 274 条关于敲诈勒索罪的规定，敲诈勒索罪的构成要件有四个：一是本罪侵犯的客体是公私财产的所有权；二是客观方面表现为对被害人实施威胁或者要挟，迫使其当场或者限期交出较大数额的公私财物；三是犯罪主体为一般主体，即年满 16 周岁并具有刑事责任能力的人；四是主观方面为直接故意，且具有非法占有公私财物的目的。本案中，判定申诉人沈光朗向蔡得即香港贵联集团索要 7% 集资款的行为是否构成敲诈勒索罪的关键在于其主观上是否有"非法占有"的目的，以及在客观上是否基于此目的采取了威胁、恐吓等违法手段索要财物。

在案证据显示，原审上诉人沈光朗与贵联集团、蔡得签订了合法有效的《聘用合同》和《协议书》，沈光朗接受贵联集团的聘请，担任贵联集团有限公司及相关联公司的执行董事兼总裁，并组织了上市团队，贵联集团虽未直接独立上市，但是通过与香港澳科公司的股权收购达到了上市募集资金的目的。综合全案证据，可以认定沈光朗及其团队为贵联集团有限公司上市做了大量工作，并与香港澳科控股有限公司就股权买卖事宜进行过协商。因此，沈光朗及其团队向贵联集团索要的薪资是出于先前的协议约定，其有合理理由认为其与贵联集团之间存在合法的债权债务关系，在案证据不足以认定其主观上具有非法占有的目的。

但在原一审法院电白县人民法院及二审、再审法院茂名市中级人民法院的裁判中，均以"案发时澳科收购贵联的交易尚未最终完成，沈光朗所主张的债权的前提条件尚未成就"为由，认定沈光朗主张的权利不合理："对于存在民事纠纷情况下如何判断行为人是否具有非法占有的目的，关键在于行为人索要的财产是否合理，超出合理范围之外的，则应认定为非法占有"。据此认定沈光朗在主张债权的前提条件并不具备的情况下索要资金的行为属于超出合理范围，认定其具有"非法占有"目的。

电白县人民法院、茂名市中级人民院在三次审理中，均将沈光朗的行为认定为敲诈勒索，一方面是"被告人索要协商未果、未经法律确认的权利，应认定被告人主观上具有非法占有的目的"的错误定罪逻辑所致，另一方面就是本案辩护人和申诉人多次提到的"司法交易黑幕"问题。2012年，茂名市原政法委书记、公安局局长倪俊雄认罪伏法，在倪俊雄的判决书上清楚列明"蔡得三次行贿倪俊雄港币100万元、人民币20万元干预沈光朗一案"，证实倪俊雄非法收受蔡得财物，并为其"关照"控告沈光朗敲诈勒索一案。

好在沈光朗案件申诉的最大阻碍已经消除，将倪俊雄的判决书一并递交给最高人民法院后，最高人民法院指令广东省高级人民法院对此案进行再审。

经审判委员会讨论，2016年2月26日，广东省高级人民法院再审判决沈光朗无罪。再审判决书对沈光朗及其辩护人、广东省人民检察院关于沈光朗不构成敲诈勒索罪的意见予以采纳。

首先，本案证据能够肯定沈光朗与贵联集团的债权债务关系。承办法官通过补充摘录经原审庭审质证的证人证言、同案犯供述和相关书证等证据，证明沈光朗团队为贵联集团上市做了大量工作，其依照协议约定向贵联集团董事长蔡得要求支付奖金，并与蔡得就奖金数额进行谈判，进而认定沈光朗及其团队与贵联集团存在合法的债权债务关系。

其次，现有证据不足以认定沈光朗主观上具有非法占有的目的。沈光朗在得知贵联集团与澳科控股达成股权买卖协议后，依据《协议书》的约定向贵联集团董事长蔡得要求奖金，并委托律师与蔡得进行谈判，但在奖金数额上没有达成一致。虽然沈光朗及其团队成员在索要奖金的过程中实施了一定的威胁、恐吓等违法行为，但在案证据不能排除沈光朗行为的初衷是索要合法债权，不足以认定沈光朗主观上具有非法占有的目的，其行为不符合敲诈勒索罪的主观构成要件。

因此，本案的无罪判决推翻了原审裁判主张的"被告人索要协商未果、未经法律确认的权利，应认定被告人主观上具有非法占有的目的"的逻辑。承办法官在补充取证的基础上客观论证沈光朗与贵联集团之间存在合法的债权债务关系，即使沈光朗及其团队成员在主张奖金的过程中实施了一定的威胁、恐吓行为，在案证据仍不足以认定沈光朗构成敲诈勒索罪。在司法实践中，对敲诈勒索罪的"非法占有的目的"应当从严把握。

"这是一份迟到的正义，尽管迟到了多年，但总归是回到了事实、法律和正义的层面，我非常感激。"

沈光朗

　　金融行业任职资格里有一条规定是不能有刑事处分。此前数年由于本案未得到平反，沈光朗的职业生涯和人生信誉受到了很大的负面影响，在近十年里无法在政府、事业单位、国企以及金融机构、上市公司任职或担任高管。现在，他终于可以挺胸做人，重拾专长，继续从事金融投资工作。

　　本案最终改判无罪，保障了金融从业人员维护合法经济利益的权利和无罪不受刑罚追究的基本人权，有利于激发金融从业人员的工作积极性和促进金融行业的健康发展。判决生效后不久，沈光朗被辽宁省人民政府聘为金融顾问。

枪炮作响法无声　维稳截访难正义

——河北唐山陈春藕诬告陷害案

2004 年 5 月起，担任中国农业银行唐山市丰润区新城支行会计的陈春藕开始向单位纪检部门及丰润区人民检察院实名举报她所在支行的行长崔会成、副行长侯秀英、清收保全部经理张某某等人涉嫌贪污、受贿和逃废银行债务，涉及金额 1.2 亿余元。

丰润区人民检察院组成专案组，对陈春藕举报的问题进行调查，在 2005 年 11 月 2 日出具的调查报告中，结论为"不能认定崔、侯涉嫌贪污罪，但在工作中存在违规问题，建议农行唐山市分行处理"。对这一结论，陈春藕不服，继续向唐山市人民检察院举报，唐山市人民检察院又组成专门人员调查，结论仍为"没有证据证明崔、侯有犯罪事实，但有违纪行为"。对于陈春藕所举报的张某问题，2007 年 9 月，唐山市人民检察院指定玉田县检察院调查，该院在 2007 年 9 月 28 日出具报告，调查结果为"未发现张涉嫌犯罪及国有资产流失等问题"。

陈春藕不认同调查结论，继续向唐山市、河北省和中央有关机关实名举报，举报的结果是她下了岗。失去生活来源的她，开始到河北、北京等有关部门继续告状。

2008 年 4 月，陈春薷在北京上访时，接受挂有"中央电视台"胸牌的记者采访（疑似假记者）。此后不久，她被唐山警方和驻京办人员带回当地公安局。警方要求写"息访罢诉保证书"，陈春薷不同意。2008 年 7 月，陈春薷被刑事拘留，十天后批准逮捕。同年 10 月 16 日，丰润区人民检察院以诬告陷害罪对陈春薷提起公诉。

2008 年 12 月 29 日，唐山市丰润区人民法院一审判决认定公诉机关指控的事实成立，但罪名不当，以诽谤罪判处陈春薷有期徒刑一年零六个月。陈春薷不服，提起上诉，经两次发回重审后，陈春薷以诬告陷害罪被判处一年零六个月有期徒刑。陈春薷再次上诉，唐山中院于 2009 年 11 月 16 日裁定驳回上诉、维持原判。

判决生效后，陈春薷于 2010 年 1 月 29 日刑满释放，开始为自己申诉。经过近两年的努力，2011 年底，唐山中院启动再审程序，并于 2012 年 2 月 2 日以"事实不清，证据不足"为由撤销原生效裁判，发回丰润区法院重审。

彼时，丰润区法院已经是第四次组成合议庭审理此案。2012 年 5 月 15 日，丰润区法院以"鉴于本案具体情节，可以认定被告人犯罪情节轻微"为由，判决陈春薷犯诬告陷害罪，免于刑事处罚。

对于这样一份"定罪免罚"的判决，陈春薷仍不服，第四次提出上诉。2012 年 10 月 24 日，唐山中院以"陈春薷举报他人涉嫌犯罪，要求追究被举报人的刑事责任，侵犯了被举报人的合法权益，妨害了司法机关的正常活动，但其主观恶性较小，犯罪情节显著轻微，社会危害性不大"为由，认定"原审法院认定上诉人陈春薷犯诬告陷害罪属适用法律错误"，改判陈春薷无罪。

申诉中的陈春薷

这样一份无罪判决，实属来之不易，但倔强的陈春薷依然不接受，她要的是"彻底"的无罪判决，遂再次向河北高院申诉。2014年，河北高院决定提审此案。

2016年10月17日，河北高院做出终审判决，撤销原生效裁判，认定"原判以犯罪情节轻微，社会危害性不大为由，宣告无罪，与诬告陷害罪要求的定罪情节相矛盾，适用法律不当，应予纠正"，宣告陈春薷无罪。

入狱一年半，河北省内三级法院八年间历经十次审理，先后对其做出十份不同罪名、不同结论的裁判，陈春薷饱受司法不公，十二年追寻正义。

■ 控　诉

唐山市丰润区人民检察院
起诉书

唐丰检刑诉字 ［2008］ 320 号

被告人陈春蕾，女，汉族，大专文化，中国农业银行唐山市新城支行职工，2008 年 7 月 30 日被唐山市公安局丰润区分局刑事拘留，因涉嫌诬告陷害罪，2008 年 8 月 9 日经本院审查批准，同日由唐山市公安局丰润区分局执行逮捕。

本案由唐山市公安局丰润区分局侦查终结，以被告人陈春蕾涉嫌诬告陷害罪，于 2008 年 9 月 4 日向本院移送审查起诉。本院受理后，于当日已告知被告人有权委托辩护人，依法讯问了被告人，审查了全部案件材料。

经依法审查查明：

被告人陈春蕾自 2004 年 5 月以来，多次向丰润区人民检察院举报本行行长崔会成、副行长侯秀英、清收保全部经理张立军等人贪污、受贿、逃废银行债务等经济问题。丰润区人民检察院先后两次组成专案组，对陈春蕾举报的问题逐一进行了大量的调查取证，结论为没有证据证明被举报人有犯罪事实，并于 2005 年 11 月 2 日将调查结果告知陈春蕾。

之后，被告人陈春蕾又多次向唐山市政法委和唐山市检察院举报同样的问题。唐山市人民检察院对陈春蕾举报的问题又组织专门人员进行了认真细致的审查核实，且邀请被告人陈春蕾参与了调查。调查结束后，结论仍为没有证据证明被举报人有犯罪事实。陈春蕾对两级检察机关的调查结果表示不满。

此后，被告人陈春蕾又开始向河此省、中央有关机关多次控告崔会成、侯秀英、张立军等人贪污、受贿、逃废银行债务 12 625 万元，要求追究被控告人的刑事责任，并在互联网上发布含该内容的视频。

认定上述事实的证据有：被告人供述、证人证言、书证等。

本院认为，被告人陈春蕾捏造事实，诬告陷害他人，意图使他人受刑事追究，情节严重，其行为触犯了《中华人民共和国刑法》第 243 条第 1 款之规定，犯罪事实清楚，证据确实充分，应当以诬告陷害罪追究其刑事责任。根据《中华人民共和国刑事诉讼法》第 141 条之规定，提起公诉，请依法判处。

此致

唐山市丰润区人民法院

检察员：吕　超

鲁云志

唐山市丰润区人民检察院

2008 年 10 月 15 日

2016 年，河北省高级人民法院依法组成合议庭，公开开庭对此案进行再审审理，河北省人民检察院指派检察员林金勋、代理检察员张磊出庭履行职务，并当庭发表如下检察意见：①本案事实清楚，证据确实、充分；②原判依照《中华人民共和国刑法》第 13 条的规定，判处原审被告人陈春蕾无罪，适用法律并无不当；③原判应予维持。

■ 辩　护

　　陈春蕾两年来一直坚持找我代理此案，架不住她的执着，我接受委托，为其提供法律帮助。

一、没有任何证据能证明陈春蕾侵犯了被举报人的合法权益

　　原审定案的证据，刚刚经过质证，没有任何证据证明陈春蕾"侵犯了被举报人的合法权益，妨害了司法机关的正常活动"。昨日庭前会议，辩方提交五份证据，亦证明陈春蕾举报属实。其中四份新证据，一份控方证据《唐山市丰润区人民检察院关于反映农行唐山新城道支行有关经济问题的调查报告》（下称丰润区检察院调查报告），都确凿地证明陈春蕾没有诬告。

　　1. 崔会成、孙立波报案的举报视频，作为定罪的核心证据，真实性、合法性、关联性均有严重问题，陈春蕾根本没有诬告陷害。

　　（1）记者高虹挂中央电视台胸牌采访，陈春蕾接受采访实属正常，采访内容是否利用和播放，记者、编辑、主审须严格把关，接受采访本身根本不是诬告陷害。至于记者是否提交编委，是否播放，以及记者之真假，是否上传网络，概与陈春蕾无关。

　　（2）陈春蕾所说的话是真实的，但传播却不真实。视频为记者所录，陈春蕾手头并无视频。没有视频，怎能上传网络？何况陈春蕾当时不会上网，更不懂如何上传视频。而没有陈春蕾本人的传播，怎能构成诬告？

　　（3）视频来源存疑。事后来看，高虹确有可能是假记者，陈春蕾被骗，是受害人，究竟是谁将视频传到网上，动机如何，需要调查。但案卷却无任何证据证明视频从哪个 IP 地址上传。视频从何处上传，IP 地址查询不难，很容易排除陈春蕾，侦查机关为何不

调查？

作为证据的视频，从哪里来，由谁提供？究竟是报案人崔会成、孙立波提供，还是公安从网上下载？提供者应出庭作证，证明视频是真实的，在网上客观存在的，而不是恶意陷害被告人。

字幕又是谁打的？何时制作？原始视频肯定没有字幕，作为证据的视频有了字幕，说明并非原始视频。先前九次审理、举证质证、定罪判刑难道不需要调取原始视频？应调取原始视频进行司法鉴定，并查出打字幕者以及视频上传者，找到真正的传播者。

（4）视频是否在网上传播，在哪些网站传播，无任何证据加以证明。没有依法定程序和技术标准的取证，没有截图，更没有经过公证。报案人孙立波提供的网站，目前无法打开。既然是境外网站，中国公安就无权要求删除，理论上现在亦应该存在。可不仅这两个网站无法打开，就是搜索整个网络，所谓陈春薷控告视频都毫无痕迹。是否有这两个网站，网站是否有过这些视频，控方须提供证据加以证明，更何况两位报案人的陈述矛盾百出。

（5）陈春薷4月底左右接受采访；5月初，公安就说陈春薷在网上散播视频；6月上旬，市农行领导告诉孙立波网上有视频；7月11日，崔、孙报案。由此时间表来看，是公安最早发现视频的。但侦查人员并未就视频所处网站以及存续时间予以说明。既然公安5月初就知道视频的存在并联系了陈春薷及其家人，为何此时没有告诉崔和孙？公安找农行要陈春薷及家人的电话，崔、孙二人怎会不知视频存在？还需要6月上旬市农行领导告诉他们网上有视频？崔、孙二人又为何晚到7月11日才去报案？

疑点重重，不排除有关机关恶意陷害陈春薷的可能性。

2. 孙立波、崔会成漏洞百出的报案，本身就证实陈春薷没有诬告陷害。

（1）关于孙立波询问笔录。

第一，陈春薷举报视频只说她是农行员工，没有提唐山农行，更没有提具体支行，没有提到任何一个人，孙立波为何觉得举报的就是他？

更令人拍案惊奇的是，陈春薷从来没有举报过孙，孙为何报案说侵犯其人身权利？孙笔录中说，"内容针对我和原行长崔会成和副行长侯秀英，纯属捏造"。视频中没有提到任何人名，孙立波依此视频证明陈春薷诬告陷害，明显说谎。他根本没有看过视频。

尽管陈春薷笔录中出现过要求追究孙立波责任的言辞，因为孙打击报复，让她下岗，但笔录初次出现孙立波姓名是侦查人员主动询问，明显是诱导性讯问，陈春薷从来没有举报过孙。

第二，孙提供的网站无法打开，该网站是否存在？网站上是否有过视频？至少案卷中没有任何证据证明。孙的笔录中明确写了两个网址，网址很长，很容易记错写错，该网址究竟是孙立波口述还是抄写的？若为口述，孙凭何能记住那些冗长、复杂、大小写字母及数字符号混合的网址？若为抄写，是否有原始文本或照片？侦查机关是否保留了原始文本或照片？是否当场打开了网站？是否留有任何证据证明当场打开网站？一概没有。初步判断，孙立波提供的网站，系被屏蔽的境外网站。当时丰润区公安局刑警队讯问室是否可以上网？是否可以上境外网站？由于中国的防火墙政策，国内无法访问这些网站，孙立波是否访问过？如何访问？难道是违法"翻墙"？这些都需要证据予以证实。

上述笔录无法证明孙立波看过视频，视频也不存在对孙立波的诬告陷害。因此，若传唤孙立波、崔会成出庭作证，不仅能够确定其证言是否真实，是否作伪证，还可能证明孙、崔对陈春蒿的诬告陷害。

（2）关于崔会成询问笔录。

举报视频只是说农行，没有提地点，没有提唐山农行，更没有提具体支行，没有提到任何一个人，支行行长崔会成为何觉得举报的就是他？崔会成说，因为看到了"唐山农行职工举报唐山农行行长贪污1亿多，遭报复"的信息标题。但这直接指向的仅仅是唐山农行行长，崔只是支行行长，为何会冒上级行长之名报案？

（3）笔录涉嫌造假。

两份报案笔录，字体完全一致，但记录人却不一样，分别是柴云翰和王健。笔录内容依标准制作，如关于哪些机关处理过陈春蒿的举报，崔、孙的回答几乎完全相同，故不能排除陈春蒿的怀疑：有人恶意串通，借维稳之名，制造案件，加害于她。枪炮作响法无声，维稳截访难正义。

从两份笔录与举报视频的对照来看，根本不存在陈春蒿对崔、孙二人的诬告陷害，陈春蒿没有侵犯其人身权利。陈春蒿从来没有举报过孙立波，对孙立波的诬告陷害何来？

3. 检察官崔凤桐的笔录不具可采性，且涉嫌违法。

（1）崔凤桐作为检察官，负责调查陈春蒿的举报，却凭举报案中获取的案件信息来指控举报人涉嫌犯罪，在另案即本案中以普通证人身份出具证言（侦查卷34），指控其对调查报告不满进而诬告陷害。举报调查者、犯罪指控者、法律监督者与证人的角色冲突激烈，与检察官的伦理相悖，直接违反举报工作原则和保护举报人的法定义务。这份证据不具有可采性，而且检察官涉嫌违法——违反《人民检察院举报工作规定》第5条关于举报工作原则，第58条、第59条、第61条关于举报人保护预案等相关规定，应当按照第77条的法律责任条款给予纪律处分或追究刑事责任。

（2）如果需要证明案件事实，完全可以调取与调查举报相关的18本案卷，以书证等确定陈春蕾是否涉嫌犯罪。多年来，陈春蕾多次强烈要求调取这18本案卷，法院皆置之不理。如果需要崔凤桐提供证言并作为违法、犯罪的定案证据，必须传唤其出庭作证，辩护人将通过交叉询问确定其涉嫌犯罪并当场举报。由此延伸，如果处理相关案件的检察官可以出具证言，那此案经过九次审理，多位法官、书记员皆了解案情，他们可否提供证言？律师能否向其调取证言？能否传唤其出庭作证？

显而易见，崔凤桐的证言不具有可采性。事实上，崔涉嫌打击报复，后来成为陈春蕾的控告对象。

4. 其他证据。

（1）《中国农业银行唐山分行关于新城道支行员工陈春蕾信访问题的答复》，该答复陈春蕾没有收到，也未被口头告知，涉嫌造假，不能证明陈春蕾违法。

（2）侯瑞英、刘福、董德明的证言是虚假陈述。农行调查组调查结果没有给陈春蕾书面回复，也未口头告知。三人只是口头告诉陈春蕾的哥、姐。询问笔录说口头告知包括陈春蕾在内的6人是谎言，分明只有5人，陈春蕾未在现场。

（3）单宝贵、曹国良证言与事实不符。单宝贵、曹国良皆说不认识陈春蕾，其实两人跟陈春蕾都很熟，有客观证据证实两人与陈春蕾有多次来往。若要采纳二人证言为定案根据，应传唤其二人出庭作证。

陈春蕾举报崔会成等滥用职权，造成国有资产损失大案，应由公安机关管辖。唐山市人民检察院对此调查，并得出结论《唐山市检察院对陈春蕾反映问题的处理经过》，因检察院没有管辖权，应予排除。辩方新证据《唐山政法委回访录音》中，玉田检察院反贪局局长明确说到,检察院对此案没有管辖权,应移交公安。

二、陈春蕾没有捏造事实,举报内容经检察机关调查属实

陈春蕾举报农行唐山新城道支行行长崔会成、副行长侯秀英、清收保全部经理张立军等贪污、受贿、逃废银行债务等六项经济问题,经检察院调查,除贪污房屋租金无法查明真伪外,其余事项检察机关均调查属实,不存在捏造行为。

1. 丰润区人民检察院调查报告确认,陈春蕾没有捏造事实。

(1)关于设立账外账(小金库)由赵某、陈某保管,检察机关未审查农行账目,以查明是否存在小金库,却让被举报人自证清白,此调查方式丧失了司法活动的公信力,调查结果不足为信。

(2)关于借修车虚开发票、贪污公款,确有部分修理费虚开用于该行招待费,陈举报虚开发票问题,没有捏造事实。

(3)关于贪污职工工资。

1999~2004年克扣陈春蕾工资,现没有可以证明陈春蕾领取工资的证据。

贪污代理保险费,检察院认定"发放过程中都有领取人签字",但无陈春蕾签字的领款证据。

贪污效益工资。因原行长崔某调走,所以没发放的解释不符合常识,而恰恰说明农行曾截留职工工资。

1.2万元工资没有发给专柜人员,检察机关对此没有调查结论。

2003年第二季度17 446元奖金没有发放,"吴某签字领取"不能证明陈春蕾领钱,并恰恰证明陈春蕾举报奖金被截留属实。

2003年6月1600元工资被克扣,陈春蕾举报属实。

被举报人做假账,检察机关调查方式错误,无法证明陈春蕾存在捏造行为。

（4）关于被举报人以职务之便，低价出售大楼，索要住房，调查结论是被举报人未获得住房或好处费，但检察机关只提供结论，未说明调查方法和过程，结论的真实性存疑。

（5）关于1000万元贷款无法追回问题，调查结论是该1000万元贷款确实没有收回，故陈春薷举报属实。

（6）关于贪污单位房屋租金，在案证据证实该行账面上确实没有1999年的租金，该租金去向不明，很可能被人贪污，陈春薷没有捏造。

（7）关于在以资抵债过程中造成国有资产流失，调查结论是：以资抵债确实没有得到上级机关的正式审批，也没有经过评估，故陈春薷的举报属实，不是捏造。

（8）关于农行分理处被盗，被举报人不报案，调查结论是确曾发生盗窃案件，被举报人也自认没有报案，陈春薷的举报属实。

（9）关于张立军、张立新、崔会成在内蒙古开铁矿投资，没有查证，不能认定陈春薷捏造事实。

2.《玉田县人民检察院关于农行唐山分行新城支行清收保全部原经理张立军有关问题的调查报告》确认12万元没有入账。

立案书认定12万元去向不明，且调查报告显示"12万元则直接交由时任新城支行副行长徐瑞平，用于归还前述借款"。拍卖所得为何不入账，而直接用于归还借款？是否真的归还了借款？不能排除违法甚至犯罪。这说明陈春薷没有捏造事实、诬告陷害。

三、陈春薷没有侵犯被举报人合法权益，没有主观恶性，更无社会危害性

原审认定陈春薷"侵犯了被举报人的合法权益，妨害了司法机关的正常活动，但其主观恶性较小，犯罪情节显著轻微，社会危害性不大"，根本不能成立。

第一，陈春蒿没有侵犯被举报人的合法权益。上述证据均能证明陈春蒿举报的情况经调查属实，有一些问题尚需查证，查证待定不是诬告。原定罪的核心证据举报视频，陈春蒿既没传播，亦未指名。陈春蒿亦无任何主观恶性，其举报行为是行使《宪法》第41条赋予公民的检举权，是反腐政策所倡导的行为。

第二，陈春蒿的行为完全没有社会危害性，其举报丝毫未对被举报人造成影响。被举报人崔会成、侯秀英、张立军等从县银行调到市银行，职位升迁，待遇更优，且因陈春蒿多年举报，唐山农行的领导更自律廉洁，领导作风有所改善。这对唐山农行而言，完全是积极作用和正能量，社会危害性何在？陈春蒿举报1000万元巨额贷款无法追回，更体现了对国有资产的维护，本应大力表彰。

四、陈春蒿没有妨害司法机关的正常活动，反遭司法打击陷害，无端入狱一年半

1. 陈不是恶意举报，并未妨害司法机关的正常活动，其连续举报皆事出有因。

原判认定陈春蒿妨碍司法机关的正常活动，主要是因其连续举报，在得出结论后仍在举报。陈春蒿连续举报，事出有因，有些问题没有查清楚，有些结论不公正，有些问题未处理，导致陈春蒿不得不连续举报。2005年丰润区检察院调查报告、2007年玉田县检察院调查报告、2008年唐山市检察院的处理经过，皆表明被举报人确实存在经济问题，应予追究。但检察机关以"确有问题没有查清，需要再做进一步的工作"而搪塞推诿、不作为，陈春蒿不服，才继续逐级举报。丰润区检察院调查报告最后明确指出"有违规的行为，建议农行进一步处理"，农行不处理，陈春蒿继续举报就是正确的。

2. 陈春薷为维护巨额国有资产的举报行为不仅未受表彰，反而遭受打击报复。

2008年8月1日，检察机关依旧认为"将职工集资的福利房高价出售后所得款去向不明的问题还需做一些工作"，但陈春薷却在7月30日被刑拘。这意味着在举报内容未调查核实的前提下，丰润警方已认定陈春薷诬告陷害，并以司法强制手段强行禁止陈春薷举报，剥夺宪法赋予公民的检举权。

陈春薷的一项举报，涉及无法追回的千万巨额贷款，并且丰润区检察院调查报告已确认国有资产流失、银行领导负有责任。陈春薷对国有资产的维护，不但未获表彰，反而被维稳，在截访过程中被打伤。

在这个神圣的法庭，陈春薷一改平时的能言会道，有时甚至语无伦次。实名举报连遭构陷，维权之路最后一搏，她争取到今天的提审，站在这样的平台，多么不易，多么艰辛，甚至是以命相换。耶林说："法的目标是和平，而实现和平的手段是斗争……为权利而斗争是权利人对自己的义务。"她为权利而斗争的决心，恰是公民精神之典范；她的实名举报，恰是爱国主义之体现。

河北高院，两次再审，勇于纠错，难能可贵。恳请河北高院，依法认定陈春薷没有侵犯被举报人的合法权益，没有妨害司法机关的正常活动，判决陈春薷绝对无罪。

此致

河北省高级人民法院

辩护人：徐昕

■ 审　判

河北省高级人民法院
刑事判决书

（2014）冀刑再终字第 11 号

原公诉机关唐山市丰润区人民检察院。

原审被告人陈春蒿，女，汉族，大专文化，原中国农业银行唐山分行新城支行职工。2008 年 7 月 30 日因涉嫌犯诬告陷害罪，被唐山市丰润区公安分局刑事拘留。同年 8 月 9 日被逮捕。2009 年 9 月 26 日以犯诬告陷害罪被唐山市丰润区人民法院判处有期徒刑一年六个月。2010 年 1 月 29 日刑满释放。

辩护人徐昕，北京圣运律师事务所律师。

辩护人陈春香，唐山市丰润区人，系陈春蒿之姐。

唐山市丰润区人民检察院指控原审被告人陈春蒿犯诬告陷害罪一案，丰润区人民法院于 2008 年 12 月 29 日作出一审判决。陈春蒿不服，提出上诉。唐山市中级人民法院两次作出裁定，撤销原判、发回重审，陈春蒿仍不服，提出上诉。唐山市中级人民法院于 2009 年 11 月 16 日作出终审裁定，驳回上诉，维持原判。原裁判发生法律效力后，陈春蒿向唐山市中级人民法院申诉，经再次撤销原生效裁判发回丰润区人民法院重新审判，陈春蒿仍不服，提出上诉。唐山市中级人民法院作出终审判决并发生法律效力后，陈春蒿不服，向本院申诉，本院决定对本案提审。本院依法组成合议庭，公开开庭审理了本案，河北省人民检察院指派检察员林金勋、代理检察员张磊出庭履行职务，原审被告人陈春蒿及其辩护人徐昕、陈春香到庭参加诉讼，现已审理终结。

丰润区人民法院再审查明，被告人陈春蒿原系中国农业银行唐山分行新城支行职工，自 2004 年 5 月以来，多次向唐山市丰润区人民检察院举报本行行长崔会成、副行长侯秀英、清收保全部经理张某某等人贪污公款 1764 万元，贪污职工工资 782 万元、受贿 518 万元、与债务人勾结逃废银行债务 1335 万元，造成国有资产遗失 8126 万元，涉及金额 1.262 5 亿元（陈春蒿多次反映材料均如上叙述，经累加计算结果为 1.252 5 亿元）。唐山市丰润区人民检察院组成专案组对被告人陈春蒿举报的问题逐一进行了调查取证，2005 年 11 月 2 日出具了调查报告，结论为"不能认定崔会成、侯秀英涉嫌贪污罪，但在工作中存在违规问题，建议农行唐山市分行处理"。被告人陈春蒿收到唐山市丰润区人民检察院的调查报告后仍不服，于 2005 年又向唐山市人民检察院举报同样的问题。唐山市人民检察院对陈春蒿举报的问题又组织专门人员进行了核实，结论为"没有证据证明崔会成、侯秀英有犯罪事实，但有违纪行为"。2005 年 6 月 3 日，中国农业银行唐山分行对陈春蒿所反映的房屋租金去向，代理保险、基金等中间业务收入，崔会成、侯秀英贪污储蓄代办员工资等问题经调查后向被告人陈春蒿进行答复，未发现崔会成、侯秀英有贪污、挪用上述款项行为。2007 年 9 月 14 日，唐山市人民检察院又指定玉田县人民检察院对陈春蒿所反映张立军的有关问题进行调查，玉田县人民检察院于 2007 年 9 月 28 日出具调查报告，调查结果为，"未发现被反映人张立军涉嫌犯罪及国有资产流失等问题"。陈春蒿对两级检察院的调查结果及中国农业银行唐山分行的答复仍不满。此后，被告人陈春蒿又多次向河北省、中央及国家有关机关控告崔会成、侯秀英、张立军等人贪污、受贿、逃废银行债务问题，要求追究被控告人的刑事责任，并于2008年4月在北京上访期间接受了他人的视频采访，控告其所在银行行长等人贪污、受贿……2008年4月、5月，在多家网站上出现了被告人陈春蒿控告上述内容的视频。

上述事实，有公诉机关提交并经庭审质证、认证的下列证据予以证实：

1. 被告人陈春蒿的供述；

2. 被害人崔会成的陈述笔录；

3. 证人孙立波的报案笔录；

4. 《唐山市丰润区人民检察院关于反映农行唐山新城道支行有关经济问题的调查报告》《玉田县人民检察院关于农行唐山分行新城支行清收保全部原经理张立军有关问题的调查报告》《唐山市人民检察院对陈春蒿所反映问题的处理经过》《中国农业银行唐山分行关于新城道支行员工陈春蒿信访问题的答复》等书证；

5. 中国农业银行唐山分行职工侯瑞英、刘福、董德明，唐山市人民检察院张立民，唐山市丰润区人民检察院崔凤桐，中国农业银行总行信访接待室魏沛明的证言，证人单宝贵、曹国良的证言；

6. 视频资料光盘一张。

丰润区人民法院再审认为，被告人陈春蒿在举报他人涉嫌犯罪，所举报内容经侦查机关调查后，已明确告知其被举报人不构成犯罪的情况下，仍继续采取各种手段以同一内容、同一理由向各级有关部门举报，要求追究被举报人的刑事责任，以致在互联网多家网站上出现以被告人陈春蒿为控告人的视频资料，严重侵犯了被举报人的合法权益，妨害了司法机关的正常活动，应认定被告人陈春蒿捏造事实诬告陷害他人，意图使他人受到刑事追究，情节严重，其行为已构成诬告陷害罪。公诉机关指控罪名成立。被告人陈春蒿的辩解意见及二辩护人的辩护意见理据不足，不予采信。鉴于本案具体情节，可以认定被告人陈春薷犯罪情节轻微。依照《中华人民共和国刑法》第243条第1款、第61条、第37条之规定，判决被告人陈春薷犯诬告陷害罪，免于刑事处罚。

陈春薷不服，以其行为不构成诬告陷害罪为由提出上诉。

唐山市中级人民法院再审认定事实与丰润区人民法院再审认定事实一致。

唐山市中级人民法院认为，上诉人陈春薷举报他们涉嫌犯罪，要求追究被举报人的刑事责任，侵犯了被举报人的合法权益，妨害了司法机关的正常活动，但其主观恶性较小，犯罪情节显著轻微，社会危害不大，故上诉人陈春薷所提其不构成诬告陷害罪的理由，予以支持。原审法院认定上诉人陈春薷犯诬告陷害罪属适用法律不当，依照《中华人民共和国刑事诉讼法》第189条第2项、《中华人民共和国刑法》第13条之规定，判决如下：撤销河北省唐山市丰润区人民法院（2012）丰刑重字第3号刑事判决；上诉人陈春薷无罪。

……

本院经开庭审理查明的事实与原再审认定事实一致，上述证据，经庭审举证质证，本院予以确认。

本院认为，原审被告人陈春薷举报他人涉嫌犯罪，检察机关的调查结论为，没有证据证实被举报人有犯罪事实，但存在一定的违纪违规行为，陈春薷多次举报的意图是使被举报人受到刑事追究。根据检察机关的调查结论，其举报属检举失实，依法不应按照犯罪处理。原判以犯罪情节显著轻微，社会危害性不大为由，宣告无罪，与诬告陷害罪定罪标准要求的情节相矛盾，适用法律不当，应予纠正。对于陈春薷及其辩护人要求宣告无罪的辩解、辩护意见，本院予以采纳，陈春薷的其它意见不属本院审理的范围。经本院审判委员会讨论决定，依照《中华人民共和国刑法》第 243 条第 3 款，《中华人民共和国刑事诉讼法》第 245 条、第 233 条和《最高人民法院关于适用〈中华人民共和国刑事诉讼法〉的解释》第 389 条第 1 款第 3 项之规定，判决如下：

一、撤销河北省唐山市中级人民法院（2012）唐刑终字第 248 号刑事判决和河北省唐山市丰润区人民法院（2012）丰刑重字第 3 号刑事判决；

二、原审被告人陈春薷无罪。

本判决为终审判决。

审　判　长　　张永平

代理审判员　　周继文

代理审判员　　王建英

河北省高级人民法院

二〇一六年十月十七日

书　记　员　　张朋磊

■ 律师手记

庭前准备

2016 年 1 月 19 日，武汉到唐山。

我总担心出什么差错，一晚上没怎么睡着，早晨五点半起床。参加第一次庭审，不知道自己的心态，打车赶到武汉洪山广场，转坐地铁，太早，人少，地铁座位很多。我拿出打印的案卷材料、申诉材料，看能有什么新的辩护思路。上了火车也是一直在看。坐在我旁边的人一直在换，我并没有看他们，一路看着自己的材料，闻着酒肉香，吃着自己的奥利奥就到了唐山。

陈春薷，52 岁，头发花白，略有驼背，上身灰衣，黑色裤子，背着个单肩运动款学生包，一眼看得出是个强势的人。她一口唐山话，拉过我的手说辛苦了，问冷不冷。简单聊了后天开庭的事，她说有很多人想去旁听，担心法院不许太多人去，也不许有媒体等等。

接到师父，到了酒店，就开始讨论第二天庭前会议、后天开庭的事项。师父让陈春薷在庭前会议上提出所有的要求，说我是律助，可能上不了庭，只能旁听。陈春薷居然说：肖律要是上不了庭，后天我就不开了。吃晚饭时，还是一直聊案子，听陈春薷的想法。陈春薷说，若是此次还是不给她彻底无罪的判决，就跟主审法官同归于尽。师父力劝让她开始新生活，此案结束，才是新生活的起点。

本次再审的（2012）唐刑终字 248 号刑事判决，采信了陈的供述，崔的报案笔录，孙的报案笔录，调查报告，报告答复，侯、刘、董的证言，张、崔、魏的证言，单、曹的证言，控告视频这九项证据，证明陈举报他人涉嫌犯罪。又因网上出现举报视频，严重侵犯了被举报人的合法权益，妨害了司法机关的正常活动，认定陈捏造事实诬告陷害他人，意图使他人受到刑事追究，情节严重，其行为已构成诬告陷害罪。鉴于本案具体情节，认定被告人陈春薷犯罪情节轻微，免于刑事处罚。师父阅过卷了，我加入之后再阅，看是否还有其他关键点。

此案历经十次审理：

2008 年 7 月 30 日，丰润区检察院以陈春薷涉嫌诬告陷害罪提起公诉。

2008 年 12 月 29 日，丰润区法院以诽谤罪判处陈春薷有期徒刑一年半。陈春薷不服上诉。

2009 年 3 月 7 日，唐山中院认为事实不清，发回重审。

2009 年 5 月 31 日，丰润区法院以诽谤罪判处陈春薷有期徒刑一年半。陈春薷再次上诉。

2009 年 8 月 25 日，唐山中院再次以事实不清发回重审。

2009 年 9 月 26 日，丰润区法院以诬告陷害罪判处陈春薷有期徒刑一年半。陈春薷再次上诉。

2009 年 11 月 16 日，唐山中院裁定驳回上诉，维持原判。

陈春薷服刑至 2010 年 1 月 29 日，刑满释放。

2011 年 11 月，河北省政法委责成唐山中院立案再审。2011 年 12 月 7 日，唐山中院决定再审。

2012 年 2 月 2 日，唐山中院以原判认定事实不清，证据不足，发回丰润区法院重审。

2012 年 5 月 15 日，丰润区法院以诬告陷害罪对陈春薷作出有罪判决，免于刑事处罚。陈春薷第四次上诉至唐山中院。

2012 年 10 月 24 日，唐山中院依据《刑事诉讼法》第 189 条第 2 项、《刑法》第 13 条，判决陈春薷无罪。

2014 年 8 月 22 日，河北高院以原审依据不足，适用法律不当，决定提审。

2016 年 1 月 21 日，河北高院在唐山中院开庭审理。2016 年 10 月 28 日，河北高院判决陈春薷无罪。

这个案子本身不难，只是特殊，历尽了刑事诉讼的程序，政法委又两次督办，河北高院提审，各方面都极为重视。尤其陈春薷，视这次提审为自己的最后一次司法救济。

做好庭前会议的准备工作后，我和师父针对原审判决书认定的每一个证据，重新逐一寻找突破点。认真再看举报视频，我们发现视频上并未提及具体的银行以及具体的人名，且对于视频从何而来，从何处上传，由谁上传，后期字幕由谁添加等与视频相关的如此重要的问题，原审在没有查明的情况下就直接将该举报视频作为了定案依据。由此翻阅侦查卷，我们发现崔、孙二人的报案笔录漏洞百出，视频没有提到过他们，他们却去报案，并称视频侵犯了自己的人身权益。

陈是经侦查人员诱导，才供述说要追究孙的刑事责任。关于对举报问题的一些调查结论，多项于我方有利，能证明陈所举报问题并非捏造，部分检举失实，也不是诬告陷害。

其他证人证言经与陈核实，也与事实不符。举报调查人员崔的证言很值得研究，师父觉得调查人员了解事实，又出具证言指控陈犯罪，有违检察官伦理。

今天再次详细阅卷，发现了以前没有发现的问题，师父甚是开心，新的质证意见也基本形成。我自己看卷，总是觉得发现不了问题，看不到问题的关键所在。师父总是一眼能看出问题所在，心思缜密至极。他给了我很好的思路，认真研究判决书，从判决采信的证据、认定的事实出发，逐一推敲。发现问题随时记下来，思路要快，手要快。有些问题是凭法律人的感觉延伸出来的，像调查人员作证的问题，如此，法官、检察官、书记员是否也能作证？

我第一次来唐山，这里曾经毁于大地震。师父说我们所在的地方就是震后重建的，看起来有些萧条，加上北方严冬，万物沉睡，更觉凄清。撩开窗帘看一眼夜景，除了近处的灯，就是远处看起来是雾霾的白。相比拿到彻底无罪判决之前的所有日夜，对陈春蒿及家人来说，今晚只是个开始。

庭前会议

2016年1月20日，我依旧早早起来。实习一个月，已经形成了新的生物钟。还是看侦查卷，继续发现问题，补充昨天形成的新的质证意见。有个东北的当事人追到唐山来要见师父，为节约时间，约在了早餐时间。一个强奸案，男生母亲为儿子申诉。师父给了一些建议，因忙于陈案，留下材料之后再细致研究。

陈案关于举报调查人员崔凤桐的证言，昨天我们只是觉得有问题，今天找到了依据。第一，崔负责调查陈的举报，作为检察官在举报案中获取了案件信息，在指控举报人诬告陷害犯罪的另案中，以普通证人身份出具证言，指控其对调查报告不满进而证明诬告陷害。举报调查者、犯罪指控者、法律监督者与证人的角色有冲突，与检察官的伦理相悖，完全违反举报工作原则和保护举报人的法定义务，其证言不仅不具可采性，而且违反《人民检察院举报工作规定》，涉嫌违法甚至犯罪。第二，如果认为需要证明，可调取调查举报的18本案卷材料，以书证和其他证据确定陈春蒿是否涉嫌犯罪。如果需要其提供证言并作为定罪证据，必须传唤其出庭作证。

在分析崔凤桐证言的过程中，我发现，法律人有法律人的直觉，感觉有问题应当是一种潜意识，然后寻找依据，有的有现有法律支持，有的没有现有法律支持，可能需要从法理、道德、伦理上找依据。但无论如何，这些都是发现、思考、论证、说服的过程。看卷时，发现可能存在的问题，要记下来，与当事人核实，尤其是证人证言，可突破的问题很多。陈案中，单、曹、侯等的证言均有能驳斥之处。

下午2点开庭前会议，我们早到了，坐在大厅等。在这短暂的十几分钟时间里，有陈的朋友随她一起进来，均有案件，要师父代理申诉。两个最为严重，一个是 73 岁强奸杀人，一审判死刑，二审期间死亡，终止审理。另一个是打架斗殴致死，被告人父母申诉，有一份关键的鉴定意见可证明凶手另有其人，但被隐匿了（此案就是后来师父提供法律援助、代理申诉的河北郭占玲死刑案）。找来的这些冤案，我们能做几个呢？一个案子于我们是一个案子、一个研究的案例、一个成果，于当事人是整个家庭、整个人生。有说人生而平等，并非如此；有说可怜之人必有可怜之处，也并非如此。有时候，你不知道为何生活会如此，为何生命会如此。人人有所不同，不同有所幸，有所不幸。很沉重！

法官只是通知了庭前会议的时间，并没有通知在哪个庭，让我们上五楼。到了五楼，不见王法官。陈情绪激动，越接近自己这么多年期待的结果，越难以把持。陈喊王法官的大名，声音并不大，但有回音。师父劝其稳定情绪，尊重法官。

法庭大概很久没用，落满灰尘，地上有一些烟头、纸张等。检察官还没来，王法官跟师父和陈聊，担心明天开庭不顺利，怕有访民闹事，问陈的近况、身体状况等等。法官对陈很客气，极力安抚情绪。陈是老访民，此案又是提审，法院特别在意旁听的人员。王法官多次问有多少人来旁听，要求带身份证，写名单，要按名单制作旁听证，明天开庭凭旁听证旁听。

主审张法官，河北高院审监庭庭长，瘦高，眼线很明显，使得眼睛格外突出，一件黑色中款羽绒服，配大概 8 厘米高的长筒靴。她也是问陈的近况，身体如何，极为客气，说本案最坏也是现在的无罪判决，最好就是彻底无罪，让陈放轻松，调整好心态，明天能否开好庭，全在陈。陈不这么觉得。在陈看来，明天开庭成功与否，在于法官是否依法办事，是否依法审理，是否保障陈的诉讼权利。

检察官到了，两位全身黑衣的男检察官。整个庭前会议没什么争议。陈要求调卷，要求证人出庭，要求保证她说话的权利，要求书证的制作者出庭，要求不限制旁听人数等，提了很多要求。法官表示，证人均出庭，明天的庭肯定开不了。师父说，证人出庭，取决于控方是否将证人证言作为指控违法犯罪的证据，法院是否将其作为定罪证据。证人出庭要提前三天通知，否则会影响到开庭。考虑到本案的特殊情况，开庭后如果确有必要，可以再申请，也可以再次安排开庭。最终要不要证人出庭，还是尊重合议庭的决定。陈想尽早开庭拿到判决，也相信师父，听了师父的建议。

陈一直想说明自己举报属实，审判长张法官数次告知陈，明天只审理与陈诬告陷害有关的事实、证据、适用法律是否正确的问题，其他问题不审理，也即明确焦点在于诬告陷害罪本身，不在陈举报的事情。陈不乐意，认为证明举报是真实的就是为了证明没有诬告陷害。有几次陈情绪激动，主审法官眼巴巴地看着师父，等着救场。

陈申请排除非法证据，原因是调取证据的检察院并没有管辖权。检察员说只有刑讯逼供的非法证据才需要排除，陈提出排除的证据没有排除的条件，认为不能排除。陈姐因为陈的案子，对刑事诉讼法极为熟悉，她以《刑事诉讼法》和最高人民法院、最高人民检察院等六机关《关于刑事诉讼法实施中若干问题的规定》，说明违反法定程序调取的证据是不合法的证据，不符合证据的三性，应当排除。检察院调查应当由公安主管的案件是违法的，由此所得的证据当然要排除。检察官并不多争辩。检察官在这次提审中既是公诉人又是法律监督者，他们到底应该说陈有罪还是说陈无罪呢？

陈说自己最担心的是法院没有证据证明她无罪，而用非法证据证明她有罪。她很激动、紧张，说话的欲望极其强烈，法官一旦阻止其表达，她就有种火山要喷发，被压下去但又冲上来的感觉，还是压不下去，法官就先让她说，实在难忍先打断，再看师父，等师父缓和。

庭前会议最后讨论的还是旁听的事情。法院怕出事，要陈写一个旁听的名单，要求明天来旁听的人带身份证。待陈写好了名单，王法官看了一眼，发现有几个老访民，又问陈还有哪几个是访民，跟陈是什么关系。王法官一再嘱咐陈，要其保证旁听的人遵守法庭秩序，不能出现任何问题。本案提审，上级重视，唐山中院也是各种担心。

开庭审理

2016 年 1 月 21 日，开庭审理。

陈抱了一堆资料，厚度赶上了师父的案卷，还有一个算盘。她原本是农行员工，抱个算盘来，可能是要当庭计算农行领导到底贪污、帮助逃废银行债务、非法以资抵债了多少。

要下雪的天，极冷。到了唐山中院门口，被阵势吓了一跳，有人拉了很长的白色的鸣冤横幅，安检处聚集了百人有余。法警说今天情况特殊，一切严查，我作为助理，进法院受阻，几经沟通，又因昨天庭前会议已经进去过，见过法官，我才得以随师父进去。师父和我还是坐在昨天大厅的位置等，期间貌似是院领导经过，说要调武警来。大玻璃门外，列队的已经有十几个法警，法院外面排着长长的队。能否开庭已成问号。王法官在法院大楼内外穿梭，打电话、与师父沟通，进来出去好几次，后来师父也出大楼去做访民工作。师父再回来，带着一批旁听的人，大家一同上楼准备开庭。

师父坐第一辩护席，我被安排在第二辩护席翻卷，陈姐坐第三辩护席。所有旁听的人听从法警的指挥从第二排开始就座。陈正对着法官而坐，陈述申诉理由，多是自己举报的是事实，没有诬告陷害。法官提示陈述对本案不服的申诉理由，其他问题可以在法庭调查、辩论的时候再说。陈抗议法官打断她说话，场面僵持。师父缓和气氛，代替陈说明了申诉状的十五项申诉理由。检察官没有发表意见，法庭调查、辩论阶段一并发表。

法庭调查阶段，检察官向陈发问两个问题：一是，是否收到过各级对举报的处理结果。陈答只收到唐山市的。二是，是否向其他机关举报过。陈答只向检察院举报过。这两个问题有一定的意义，却也是象征性的。后师父发问陈，证言、视频均有发问，极具针对性。与诬告陷害最相关的证据是视频，问了一系列关于视频的问题：视频何时录，谁给录，是否由陈上传，陈何时知道、何时看到视频等。还问陈继续举报的原因。陈回答其继续举报是因没收到书面的调查结果，且其反映的问题也没有解决。

质证阶段，检察官分组出示证据，只念了证据的名字，没有说明证明的内容。陈全有异议，从头开始说其举报的所有内容均属实，说农行小金库、贪污、非法以资抵债、截留保险手续费等问题。她的一堆材料，时不时从她放材料的小桌子上飘下来。庭审期间，庭下有传纸条给法官，不一会儿，法官会打断陈，要求其说明与案件有关的异议，并且不要重复说。师父对检察官出示的证据逐一质证，对举报视频，崔、孙的报案笔录，调查员崔的证言、调查报告均提出有力的质证意见，也指出了控方证据中对陈有利的内容。

检察官没带案卷，桌上也没有多少文件，对师父提出的质证意见也不反驳，整个质证、辩论阶段，检察官都很少发言，辩论也没有反驳。最后检察官发表意见称，本案依据《刑法》第 13 条适用法律不当，建议依法判决。

庭审持续到下午一点半，虽有僵持，但顺利结束，秩序未乱。

检察官温柔指控，陈说话的权利得到了保证，师父辩护有理有据，整理出来绝对是一篇经典的辩护词。

下雪了，唐山北站雪后的太阳，那不似鲜红、不似酒红的不知道什么红，很漂亮，不刺眼。

肖哲律师（本案辩护人徐昕律师助理）

2016年1月于北京

■ 评 议

我国《刑法》第243条规定，诬告陷害罪是指捏造事实诬告陷害他人，意图使他人受刑事追究、情节严重的行为。在本案中，申诉人陈春蕾作为一名银行会计职员，多次实名举报所在支行的行长、副行长和部门经理涉嫌贪污、受贿以及逃废银行债务等违法行为，希望有关部门调查核实，对违法犯罪行为予以制裁。但是，被举报的银行领导因此将陈春蕾以诬告陷害控告至公安机关。2008年，丰润区法院以诽谤罪判处陈春蕾有期徒刑一年零六个月后，陈春蕾四次上诉、多次申诉，三级法院历经十次审理，认定的罪名从诽谤罪变为最初的诬告陷害罪，刑罚从一年六个月有期徒刑到后来的定罪免刑，直到2016年才获得彻底的无罪判决。

案件审理期间，陈春蕾及其辩护人多次强调陈春蕾一直都是实名举报，举报的大部分问题都基本存在，也有检察机关的调查报告予以证明。作为普通职工，部分问题检举不实在所难免，但不构成诬告陷害。综合全案证据，认定陈春蕾"诬告陷害"最重要的证据是她接受采访的一段视频。控方指认这份证据是2008年陈春蕾在北京接受采访后发到网上的，以此认定她"在网上做节目、演讲，诬告陷害被举报人"。这段视频在此前的裁判中被法院采纳。但事实上，这段视频并非陈春薷上传至网络，视频经过剪辑后加上了字幕，陈春薷对此一无所知，且证明视频存在的存储介质是一张刻录光盘，无法证明其原始来源，而报案人所提供的链接地址也已经无法打开。

2012年10月24日，唐山中院以"陈春薷举报他人涉嫌犯罪，要求追究被举报人的刑事责任，侵犯了被举报人的合法权益，妨害了司法机关的正常活动，但其主观恶性较小，犯罪情节显著轻微，社会危害性不大"为由，认定"原审法院认定上诉人陈春薷犯诬告陷害罪属适用法律错误"，改判陈春薷无罪。可以说，这样一份经过陈春薷不断抗争换取的"无罪判决"非常值得考量——我国《刑事诉讼法》第15条规定，"情节显著轻微，危害不大，不认为是犯罪"是法定不追究刑事责任的情形之一，在审查起诉阶段检察院应当直接作出不起诉决定，在审判阶段法院应当直接宣告无罪。因此，唐山中院依据《刑事诉讼法（1996年）》第189条（即现行《刑事诉讼法》第225条）第2项之规定，认定"原判决认定事实没有错误，但适用法律有错误或量刑不当"，从而改判陈春薷无罪。

这份"无罪"判决作出的前提在于，仍认定陈春薷的举报行为达到犯罪程度，只是因为符合"情节显著轻微，危害不大"，从而不认为是犯罪。但我们再回看《刑法》对诬告陷害罪的规定——"捏造事实诬告陷害他人，意图使他人受刑事追究，情节严重的"，试问对涉案行为的认定是"犯罪情节显著轻微，社会危害性不大"，又如何能符合"情节严重"的犯罪构成要件呢？

因此，可以说原判认定陈春薷"侵犯了被举报人的合法权益，妨害了司法机关的正常活动，但其主观恶性较小，犯罪情节显著轻微，社会危害性不大"根本不能成立。陈春薷再次踏上为自己申诉的路途，2014年河北高院再次启动再审程序，并决定提审此案。2016年10月17日，河北高院做出终审判决，撤销原生效裁判，认定"原判以犯罪情节轻微，社会危害性不大为由，宣告无罪，与诬告陷害罪要求的定罪情节相矛盾，适用法律不当，应予纠正"，宣告陈春蒿无罪。

陈春蒿回忆，在唐山市丰润区看守所期间，她和雇凶杀原配的"小三"、抢劫犯、卖淫女关押在一起。同号里一个犯人让她给自己洗脚，她不同意，就被蒙上棉被拖到厕所，用笤帚死命地抽打，陈春蒿的腰从此落下了毛病。

检举不成，自己先进了监狱，陈春蒿从此不敢再见自己的女儿。由体面的银行职员沦为阶下囚，她在心理上难以接受，更不知道该怎么向年幼的女儿解释。"妈妈是个犯人！我女儿能理解吗？要是拿不到河北高院给我的彻底无罪判决，我不想见女儿！"

入狱前的陈春蒿与女儿

现如今，这份"彻底无罪"的判决距离陈春薷以诬告陷害罪入狱已经过去了 8 年零 3 个月，距离陈春薷最初开始实名举报银行领导已经过去了 12 年。

多年未在身边照顾，陈春薷对女儿抱有深深的愧疚。拿到无罪判决之后，她最大的愿望是尽快见到自己的女儿。"我因为举报被判刑，失去了抚养女儿的时光，这对我来说是一种悲哀。可是，为了以后司法机关不再枉法判决举报人，我愿意做一个推进法制进程的铺路石。"

实名举报连遭构陷，维权之路最后一搏，陈春薷争取到河北高院的提审，最终获得一个彻底的无罪判决，多么不易、多么艰辛，几乎是以命相换。耶林说："法的目标是和平，而实现和平的手段是斗争……为权利而斗争是权利人对自己的义务。"她为权利而斗争的决心，恰是公民精神之典范；她的实名举报，恰是爱国主义之体现。漫漫十二年，人生大轮回，风餐露宿，艰难度日，担惊受怕，绝处求生。

为了一个彻底无罪的判决，对"本院认定部分"申请再审成功，这是目前中国法治史上的首例。河北高院，两次再审，勇于纠错，难能可贵。法律保卫和平，公正达致安宁，愿陈春薷由此开始新的生活。

合同的背后：纠纷还是诈骗

——辽宁沈阳孙长松合同诈骗案

■ 回　顾

　　1996 年，孙长松经营辽阳沃野企业集团、玻璃钢研究所、玻璃钢工业厂等企业，同年转产游乐设备。1997 年，沈阳市政府招商引资，5 月，沃野集团与沈阳铁西滑翔公园签订《滑翔公园"儿童乐园""水上乐园"建设项目合同书》，取得滑翔公园 1.5 万平方米场地的建设经营权益。游乐园项目得到沈阳市政府重视，列为重点项目，鼓励引进外资，建设国际水平的游乐园。项目开发建设期间成立的滑翔旅游餐饮公司、沈阳神羊游乐园有限公司、滑翔游乐园公司、沃野公司均系关联公司，几个牌子一套人马，实际控制人均系被告人孙长松。

　　1998 年初，被告人与外商开始谈判，外商提出改建游乐园的合作条件。因建设资金不足，滑翔游乐园公司、滑翔旅游餐饮公司先后从中国建设银行铁西支行、中国银行铁西支行贷款、承兑 2200 万元。

　　1998 年 6 月，滑翔游乐园公司从中国建设银行铁西支行贷款

600万元，以沃野公司作为保证人，以该公司游乐设备经营权设定抵押。1999年2月，滑翔游乐园公司从中国建设银行铁西支行贷款400万元，以沃野公司作为保证人，以游乐园设备经营权及高估资产价值的该公司过山车设备设定抵押。以上贷款申请过程中，滑翔游乐园公司以虚假材料申请贷款，中国建设银行铁西支行知情并指导其修改材料通过审批。

1999年1月，滑翔游乐园公司与中国建设银行铁西支行签订承兑协议，担保单位沃野公司，约定银行出具面额400万元的承兑汇票，被告人提供保证金200万元，承兑事由是履行与华北冶金制造厂1400万元加工订货合同（伪造）。滑翔游乐园公司以虚假加工订货合同申请承兑，中国建设银行铁西支行知情。1月22日，汇票贴现。承兑到期后，该行垫付200万元。

2000年6月，滑翔游乐园公司与中国建设银行铁西支行签订借款合同，前述600万元、400万元合计1000万元贷款以借新还旧方式转贷。

2003年，中国建设银行铁西支行以滑翔游乐园公司于2000年6月29日欠款1000万元及1999年1月11日承兑票据借款本金200万元为由向沈阳市中级人民法院提起诉讼。2003年9月，沈阳市中级人民法院判决滑翔游乐园公司还本付息，沃野公司承担连带责任。2004年6月28日，中国建设银行铁西支行将借款人滑翔游乐园公司共计1200万元债权转让给中国信达资产管理公司沈阳办事处。

2008年11月，滑翔游乐园公司因不按规定年检被吊销营业执照。

案发前，滑翔游乐园公司归还贷款利息2 159 879.88元、承兑利息441 506.24元。

2011 年 10 月 5 日，被告人孙长松涉嫌合同诈骗罪被刑事拘留，同年 11 月 11 日被逮捕。沈阳市人民检察院经两次延长期限、两次退回补充侦查，于 2012 年 12 月 3 日向沈阳市中级人民法院提起公诉。

2013 年 10 月 12 日，沈阳市中级人民法院判决孙长松犯合同诈骗罪，判处有期徒刑 10 年，并处罚金人民币 100 万元。宣判后，孙长松不服，提出上诉。

2014 年 12 月 8 日，辽宁省高级人民法院裁定发回重审。2015 年，沈阳市中级人民法院仍判决孙长松犯合同诈骗罪，判处有期徒刑 10 年，并处罚金人民币 100 万元。孙长松再次提出上诉。

辽宁省高级人民法院经审理认为，现有证据无法证实孙长松作为滑翔游乐园公司直接负责的主管人员构成合同诈骗罪，原审判决认定上诉人孙长松犯合同诈骗罪事实不清，证据不足。2016 年 6 月 6 日，改判孙长松无罪。

■ 控　诉

辽宁省沈阳市人民检察院
起诉书

沈检刑诉 ［2012］285 号

被告单位沈阳滑翔中马庆典服务有限公司（原名称沈阳市滑翔游乐园旅游餐饮有限公司），住所地沈阳市铁西区凌空二街 18 号，法定代表人刘宝岩，无职务。

诉讼代表人孙长礼，男，61 岁，系沈阳滑翔中马庆典服务有限公司副总经理。

被告人孙长松,男,汉族,初中文化,原系沈阳市滑翔游乐园有限公司总经理,现系沈阳滑翔中马庆典服务有限公司实际负责人。被告人孙长松曾因犯诈骗罪,于1975年8月被齐齐哈尔市铁峰区人民法院判处有期徒刑7年,1978年7月15日从监狱逃脱,1979年9月因犯脱逃罪、诈骗罪被扎赉特旗人民法院判处有期徒刑5年。被告人孙长松因涉嫌职务侵占,于2011年8月7日被沈阳市公安局刑事拘留,同年9月5日被沈阳市公安局变更为监视居住;因涉嫌伪造公司、企业印章,于2011年9月5日被沈阳市公安局刑事拘留,同年10月5日被沈阳市公安局变更为监视居住;因涉嫌合同诈骗,于2011年10月5日被沈阳市公安局刑事拘留,同年11月11日经沈阳市人民检察院批准逮捕,当日被沈阳市公安局执行逮捕。

本案由沈阳市公安局侦查终结,以被告单位沈阳滑翔中马庆典服务有限公司、被告人孙长松涉嫌合同诈骗罪,于2012年6月11日向本院移送审查起诉。

经依法审查查明:

1. 1998年2月,被告人孙长松在沈阳市工商局注册成立了沈阳市滑翔游乐园有限公司(2008年因不按规定接受年度检验被吊销营业执照)。1998年6月26日,被告人孙长松明知沈阳市滑翔游乐园有限公司没有归还能力,指使公司财务人员私自制作虚假的资产负债表、损益表,并以其注册成立的不具备担保能力的辽阳沃野有限公司作为保证人,以沈阳市滑翔游乐园有限公司名义与中国建设银行沈阳铁西支行签订借款合同,骗取贷款600万元。

1999年2月1日,被告人孙长松明知沈阳市滑翔游乐园有限公司没有归还能力,指使公司财务人员私自制作虚假的资产负债表、损益表，并以其注册成立的不具备担保能力的辽阳沃野有限公司作为保证人和高估资产价值的沈阳市滑翔游乐园有限公司过山车设备作为担保，以沈阳市滑翔游乐园有限公司名义与中国建设银行沈阳铁西支行签订借款合同，再次骗取贷款400万元。

2000年6月29日，被告人孙长松以沈阳市滑翔游乐园有限公司名义与中国建设银行沈阳铁西支行签订借款合同，将上述1000万元贷款以借新还旧的方式转贷。案发前，沈阳市滑翔游乐园有限公司以归还利息的名义返还2 159 879.88元，其余款项被该公司非法占有。

认定上述事实的证据如下：

证人田德会、李志强、巴德山、张霞东、何海啸、薛强、李上淑、王颖、鲁平、刘宝生、安明成、赵锡纯、李梅花证言；书证：流动资金借款申请书、贷款申请报告、中国建设银行（贷款）保证合同、滑翔游乐园设备经营权质押协议书、中国建设银行人民币资金借款合同等；司法鉴定意见书，被告人孙长松供述与辩解等证据。

2. 1999年1月初，被告人孙长松伪造一份沈阳市滑翔游乐园有限公司与华北冶金制造厂签订的价值1400万元的加工订货合同。随后，被告人孙长松以其履行该合同为由向中国建设银行沈阳铁西支行申请办理承兑汇票，并提供了上述虚假订货合同和沈阳市滑翔游乐园有限公司的虚假负债表及损益表等资料。同时，被告人孙长松以其注册成立的不具有担保能力的辽阳沃野有限公司作为担保单位并提供了该公司虚假的资产负债表及损益表。1999年1月5日，被告人孙长松以沈阳市滑翔游乐园有限公司名义与中国建设银行沈阳铁西支行签订了承兑协议。协议约定：被告人孙长松向中国建设银行提供200万元的保证金，银行给被告人孙长松的沈阳市滑翔游乐园有限公司出具面额为 400 万元的承兑汇票。1999 年 1 月 22 日，被告人孙长松得到 400 万元承兑汇票后利用虚假的工矿产品购销合同以及伪造的华北冶金制造厂财务专用章及该公司法定代表人孙刚印章背书后贴现。承兑到期后，中国建设银行沈阳铁西支行垫付 200 万元。案发前，沈阳市滑翔游乐园有限公司以归还利息的名义返还中国建设银行沈阳铁西支行 441 506.24 元，其余款项被该公司非法占有。

认定上述事实的证据如下：

证人李志强、何海啸、薛强、赵锡纯、李梅花证言；书证：商业汇票承兑申请书、商品购销合同、银行承兑契约、中国建设银行（票据承兑）保证合同、中国建设银行乙类转账支票、银行承兑汇票、资产负债表、损益表、《工矿产品购销合同》等；司法鉴定意见书，被告人孙长松供述与辩解等证据。

3. 1998 年 8 月，被告人孙长松在沈阳市工商局注册成立了沈阳市滑翔游乐园旅游餐饮有限公司（2009 年更名为沈阳滑翔中马庆典服务有限公司）。1998 年 11 月 11 日，被告人孙长松明知沈阳市滑翔游乐园旅游餐饮有限公司没有归还能力，指使公司财务人员私自制作虚假的资产负债表、损益表，并以其注册成立的不具备担保能力的辽阳沃野有限公司作为保证人，以沈阳市滑翔游乐园旅游餐饮有限公司名义与中国银行沈阳铁西支行签订借款合同，骗取贷款人民币 400 万元。贷款到期后，被告人孙长松以沈阳市滑翔游乐园旅游餐饮有限公司名义分别于 1999 年 10 月、2000 年 12 月与中国银行沈阳铁西支行签订借款合同，将上述 400 万元贷款两次以借新还旧的方式转贷，并隐瞒过山车设备已抵押给中国建设银行沈阳铁西支行的事实重复设定抵押。

1999 年 8 月 12 日，被告人孙长松明知沈阳市滑翔游乐园旅游餐饮有限公司没有归还能力，指使公司财务人员私自制作虚假的资产负债表、损益表，并以其注册成立的不具备担保能力的辽阳沃野有限公司作为保证人，以沈阳市滑翔游乐园旅游餐饮有限公司经营权质押作为担保，以沈阳市滑翔游乐园旅游餐饮有限公司名义与中国银行沈阳铁西支行签订借款合同，再次骗取贷款人民币 600 万元。贷款到期后，被告人孙长松以沈阳市滑翔游乐园旅游餐饮有限公司名义于 2000 年 12 月与中国银行沈阳铁西支行签订借款合同，将上述 600 万元贷款以借新还旧的方式转贷。

案发前沈阳市滑翔游乐园旅游餐饮有限公司以利息名义返还中国银行沈阳铁西支行 1 624 626.62 元，其余款项被该公司非法占有。

认定上述事实的证据如下：

证人殷志杰、吴东江、王继昌、刘春玲、赵锡纯、李梅花、刘波证言；书证：贷款申请、借款合同、抵押担保协议、票据复印件、资产负债表、损益表等；司法鉴定意见书，被告人孙长松供述与辩解等证据。

2011 年 8 月 6 日，被告人孙长松被公安机关抓获。

本院认为，被告单位沈阳滑翔中马庆典服务有限公司以非法占有为目的，在签订、履行合同的过程中，由该公司直接负责的主管人员被告人孙长松决定并指使公司工作人员以提供虚假财务报表和虚假担保的方式，骗取银行贷款；沈阳市滑翔游乐园有限公司以非法占有为目的，在签订、履行合同过程中，由该公司直接负责的主管人员被告人孙长松决定并指使公司工作人员以提供虚假财务报表和虚假担保的方式，骗取银行贷款，同时使用伪造的加工订货合同，骗取银行承兑汇票贴现后挪作他用，被告单位沈阳滑翔中马庆典服务有限公司、被告人孙长松的行为均触犯了《中华人民共和国刑法》第 30 条、第 31 条、第 224 条的规定，犯罪事实清楚，证据确实充分，均应以合同诈骗罪追究其刑事责任。根据《中华人民共和国刑事诉讼法》第 141 条的规定，提起公诉，请依法判处。

此致

辽宁省沈阳市中级人民法院

检 察 员：张啸天

辽宁省沈阳市人民检察院

二〇一二年十二月三日

孙长松再次提出上诉后，辽宁省高级人民法院依法组成合议庭，公开开庭审理了本案，辽宁省人民检察院检察员李伟作、汪明宇出庭履行职务，检察员当庭发表如下意见：①沃野公司是否具有担保能力事实不清；②抵押物（三环）过山车价值不清；③贷款去向未能查清；④滑翔游乐园公司的贷款偿还能力未能查清；⑤建设银行的损失情况不清。

鉴于本案存在上述问题，建议法院依法裁判。

■ 辩 护

受上诉人孙长松的委托和北京市君永律师事务所的指派，我担任上诉人孙长松的辩护人，参与二审的审理，为其进行辩护。辩护人认为，上诉人孙长松不构成合同诈骗罪，法庭应依法撤销一审错误判决，宣告上诉人孙长松无罪。

具体辩护意见有如下六点：

一、本案证据达不到刑事案件的证明标准

从证据角度分析，现有证据不仅不能证明上诉人孙长松和被告单位有非法占有贷款的主观目的和实施合同诈骗犯罪的客观行为，反而能够证明上诉人孙长松贷款的目的是为了滑翔游乐园建设，即使贷款申请资料有虚假或者担保有瑕疵以及没有完全按照贷款合同约定的用途使用贷款，上诉人孙长松也不具有非法占有的目的。

专项审计报告已经明确证明部分贷款用于滑翔游乐园的建设，还证明滑翔游乐园建设确实投入了大量资金用于设备购置和人工成本。判决书指控上诉人孙长松犯合同诈骗罪，经过法定程序查证属实的证据，必须证明上诉人孙长松使用贷款资料有虚假和担保有瑕疵以及没有完全按照贷款合同约定用途使用贷款的目的就是非法占有贷款，并且，必须合理排除上诉人孙长松贷款是为了投入资金建设滑翔游乐园以及通过经营归还贷款的可能性。通过上述分析可知，现有证据根本没有达到刑事诉讼法规定的证据确实充分的程度。

以下事实没有确实、充分的证据证明：①被告人和被告单位有非法占有银行贷款的目的；②被告人和被告单位有诈骗行为；③银行发放贷款和被告单位、滑翔游乐园公司提交虚假贷款申请材料有因果关系；④被告单位、滑翔游乐园公司及担保单位没有归还、担保能力。

尊敬的审判长、审判员，刑事案件涉及公民的自由、财产等最为基本、重大的权益，刑事案件的证明标准是最高的，只有证据达到了确实充分的程度并合理排除无罪的可能性，才能够对上诉人孙长松定罪量刑。本案上诉人孙长松将贷款用于滑翔游乐园建设，并通过合作获取了6000万美元的贷款用于滑翔游乐园建设，滑翔游乐园在建工程的价值已经高达数十亿元，上诉人孙长松一直没有逃

避或者拒绝归还贷款，反而一直积极配合银行对贷款的追要和司法机关采取的财产保全措施和查封，这些事实都能够充分证明上诉人孙长松根本没有非法占有贷款的目的。上诉人孙长松在诉讼时效之后主动偿还沈阳商业银行400万元贷款和华夏银行2000万元的客观事实，也充分证明上诉人孙长松诚信经营、有社会责任感。时至今天，上诉人孙长松已经被采取强制措施将近五年，滑翔游乐园这一重大项目也因为孙长松被追究刑事责任而无法融资，导致数十亿元的在建工程被迫停工，造成了社会资源的巨大浪费。辩护人恳请合议庭严格审查证据，准确认定案件事实，正确适用法律，作出公正、能够经得起历史和法律检验的无罪判决！

在2014年11月25日本案的二审庭审中，出庭检察员也认为一审判决事实不清，并列举出五点事实不清之处。辽宁省高级人民法院发回重审裁定书也列举了出庭检察员的意见。今天的法庭上，出庭检察员的意见仍然是事实不清，请法院依法裁判。鉴于本案严重事实不清，证据不足，辩护人建议，二审法院依法撤销一审的错误判决，宣告上诉人孙长松无罪！

二、孙长松的有罪供述是非法证据，应当予以排除

上诉人孙长松陈述了他被刑讯逼供和诱供的具体过程，对其非法讯问的时间、地点、人员、方式等具体事实细节，孙长松均有陈述。比如，办案人员按照"刘师爷"起草的提纲对其刑讯逼供并多次修改笔录的事实，在公安局驯犬基地连夜审讯的事实，在沈阳市看守所被关押在一个单独房间刑讯逼供的事实，在沈阳市看守所最后一排楼二楼最东头一个套间被刑讯逼供的事实，2011年12月14日被转回看守所一人一个单间关押的事实，等等，都有调查核实的条件。

根据我国刑事诉讼法关于非法证据排除的相关规定，只要上诉人孙长松或者辩护人提供了非法证据的相关线索或者材料，控方对证据收集的合法性就负有证明责任。非法证据排除的证明标准是不能排除存在《刑事诉讼法》第 54 条规定的以非法方法收集证据的情形。本案中，控方显然没有合理排除对上诉人孙长松的讯问不存在《刑事诉讼法》第 54 条规定的以非法方法收集证据的情形。辩护人认为，孙长松的有罪供述应当被认定为非法证据予以排除，不得作为定案根据。

三、本案不具备合同诈骗罪的构成要件

1. 上诉人孙长松、沈阳滑翔中马庆典服务有限公司没有非法占有银行贷款的目的，不具备合同诈骗罪的主观故意。

根据《刑法》第 224 条的规定，以非法占有为目的，在签订、履行合同过程中，以虚构事实或隐瞒真相的方法，骗取对方当事人财物，数额较大的行为，是合同诈骗罪。根据该规定，非法占有目的是构成合同诈骗罪的构成要件事实，上诉人孙长松以非法占有为目的，骗取对方当事人财物的，才有可能构成合同诈骗罪。

辩护人认为，上诉人孙长松没有非法占有银行贷款的目的，不具备合同诈骗罪的主观故意。主要理由是：

（1）上诉人孙长松和被告单位贷款的目的是为了建设滑翔游乐园，贷款资金主要用于滑翔游乐园工程建设，没有证据证明贷款用于滑翔游乐园建设以外的用途。

第一，有证据证明贷款资金主要用于滑翔游乐园工程建设：①专项审计报告证明部分贷款资金用于滑翔游乐园工程建设；②专项审计报告证明有大量资金投入该工程建设；③证据表明贷款资金没有用于挥霍、高风险投资经营、违法犯罪活动等用途；④没有证据证

明其余贷款资金用于滑翔游乐园工程建设以外的用途；⑤以上与被告人的陈述可以印证，贷款资金主要用于滑翔游乐园工程建设。

第二，被告人和被告单位持续投资建设滑翔游乐园，系合法经营：①向中国建设银行铁西支行、中国银行铁西支行贷款前，滑翔游乐园已经营业；②多次与日本、马来西亚外商合作，所获融资均用于滑翔游乐园工程建设。从孙长松辩解的上述与他人合作、滑翔游乐园改建的过程分析，孙长松融资的目的就是改建滑翔游乐园进行经营，该目的真实。在改建过程中，在建工程的价值不断增加，目前，虽然上诉人孙长松尚未偿还涉案贷款，但滑翔游乐园的资产远远超过贷款，滑翔游乐园的相关资产以及经营权、股权已经被采取保全措施或查封，贷款债权不可能受到任何损失。

（2）签订借款合同时，滑翔游乐园公司和被告单位有归还能力，沃野公司有保证能力。滑翔游乐园正常营业，其基础及附属设施价值高于贷款数额，有归还能力；沃野公司拥有大量资产和滑翔游乐园土地使用权，有保证能力。

（3）不存在转移企业资产以逃避返还贷款的行为。被告单位、滑翔游乐园公司和沈阳神羊游乐园有限公司系关联公司，实际控制人均为被告人，被告单位、沈阳神羊游乐园有限公司出资财产均为游乐园基础及附属设施部分，以上关联公司资产混同，实际上是几个牌子一套人马，其设立目的均为游乐园项目融资。以相同固定资产出资设立关联公司的行为不应认定为抽逃、转移资金以逃避返还资金。

（4）被告人持续还款，已付清贷款利息，积极配合司法机关的保全、执行措施。

认定是否以非法占有为目的，应当坚持主客观相一致的原则，即客观上尚未归还资金与主观上有非法占有目的应同时具有。《全国法院审理金融犯罪案件工作座谈会纪要》规定："对于行为人通过诈骗的方法非法获取资金，造成数额较大资金不能归还，并具有下列情形之一的，可以认定为具有非法占有的目的：①明知没有归还能力而大量骗取资金的；②非法获取资金后逃跑的；③肆意挥霍骗取资金的；④使用骗取的资金进行违法犯罪活动的；⑤抽逃、转移资金、隐匿财产，以逃避返还资金的；⑥隐匿、销毁账目，或者搞假破产、假倒闭，以逃避返还资金的；⑦其他非法占有资金、拒不返还的行为。"根据以上规定，被告人和被告单位没有非法占有银行贷款的目的，不具备合同诈骗罪的主观故意。

2. 被告人及被告单位没有贷款诈骗行为。

（1）虚假的资产负债表、损益表系财会资料空白的变通措施。被告单位、滑翔游乐园公司及沃野公司系关联公司，滑翔游乐园游乐设备主要由沃野公司生产，以上关联公司财会制度不规范，关联公司内交易活动不入账、不开发票，相关财会资料空白，为申请贷款，只能制作无财会凭证依据的财会报表。报表上的费用是实际发生过的。

被告单位提供的贷款资料有不实之处，但是贷款资料不实并不必然是诈骗。孙长松是农民企业家，对财务知识了解较少，创业之初公司财务制度不健全。为了降低游乐园建设的成本，游乐园的绝大多数游乐设备都是沃野公司生产并安装的，这些投资都没有在财务账目上体现。还有许多其他投资以实物的形式存在于滑翔游乐园中，但在财务账目中没有体现。当向银行贷款时，只能用假票据完善财务资料。因此，被告单位申请贷款的资料即使存在不实之处，也不是为了非法占有贷款。

（2）不存在虚假担保，沃野公司有保证能力。辽阳沃野有限公司、游乐园公司、旅游餐饮公司都是上诉人孙长松实际控制的公司。辽阳沃野有限公司是最初拥有游乐园土地使用权的公司，因此，无论辽阳沃野有限公司是否停产，该公司拥有的游乐园土地使用权都客观存在。债权人可以通过对辽阳沃野有限公司行使权利，从而影响游乐园的正常经营。因此，只要滑翔游乐园想正常经营，就必须保障能够承担辽阳沃野有限公司可能发生的担保责任。

本案并没有任何证据证明旅游餐饮公司的资产无偿转让给了其他公司，因此，不管旅游餐饮公司是否将其资产转移到神羊公司，从法律上都可以保障旅游餐饮公司应有的权利，旅游餐饮公司的经营权质押同样可以得到保证。

3. 银行提供贷款与贷款申请资料虚假没有因果关系，不符合诈骗犯罪的基本构造。

（1）银行对被告单位、滑翔游乐园公司提交虚假贷款申请资料知情，系基于其他原因发放贷款。银行知道被告单位、滑翔游乐园公司提交虚假贷款申请资料，并指导修改申请资料以符合贷款规定，银行知道被告单位、滑翔游乐园公司及担保单位资产状况。银行向被告单位、滑翔游乐园公司发放贷款系基于其他原因，银行没有因虚假贷款申请资料产生错误认识，没有基于错误认识发放贷款，银行提供贷款与贷款申请资料有虚假没有因果关系。

本案中，证人李梅花（原孙长松所经营公司的出纳员）、安明成（原孙长松所经营公司的财务人员）、薛强（原中国建设银行铁西支行信贷员）、李志强（原中国建设银行铁西支行副行长）、鲁平（原中国建设银行铁西支行行长）等证言相互印证，充分证明了在向被告单位发放贷款上，银行并不是因为被被告单位欺骗而发放的贷款，而是银行在发现问题的情况下出于其他原因而发放的贷款。银行根本就没有被申请贷款资料欺骗，甚至帮助被告单位修改贷款资料以达到形式上的放贷要求。银行根本就没有被骗，本案中根本就不存在被骗一方，合同诈骗罪根本就不能成立。

（2）本案涉及借款合同均经过民事判决确认，借款合同合法有效，不是以欺诈手段订立的。

4. 被告单位、滑翔游乐园公司未按时归还贷款系因缺乏流动资金，有归还能力。

滑翔游乐园自身的价值就达数十亿，就矗立在沈阳的大地上，即使只是通过民事程序，建行、中行也完全能够实现债权。在债权方起诉被告单位以及胜诉后申请强制执行被告单位财产的过程中，被告单位及孙长松从来没有否认过债权的存在，始终积极配合债权方及执行法院，该查封的查封，该冻结的冻结。游乐园项目规模庞大，孙长松在被羁押前还在商谈融资事项，接受被害单位债权的资产管理公司也看好滑翔游乐园的发展前景，所以没有申请法院强制执行。如果申请法院强制执行，孙长松及其公司完全有能力清偿债务。

（1）游乐园工程建设持续进行，改建工程未完工，被告单位、滑翔游乐园公司缺乏流动资金。

（2）游乐园已完成工程、在建工程价值远高于贷款数额，有还款能力。

（3）中国建设银行铁西支行、中国银行铁西支行转移债权与被告单位、滑翔游乐园公司未按时归还贷款没有因果关系，转移债权系中国银行、中国建设银行上市需要。

四、本案已由生效民事判决认定为民事纠纷，不是合同诈骗犯罪

从主观方面分析，上诉人孙长松以及被告单位贷款的目的是获取建设滑翔游乐园的资金；从客观方面分析，贷款确实用于了滑翔游乐园的建设。此外，滑翔游乐园的建设投入了大量资金，虽然现

在停工，但游乐项目、基础设施、商业店铺和土地使用权等都是真实存在的，在建工程价值也已经高达数十亿元。上诉人孙长松和被告单位没有非法占有贷款的目的，贷款资料有一定虚假或者担保有一定瑕疵以及贷款没有归还，属于典型的民事纠纷，应该通过民事程序解决。况且，接受贷款债权的资产管理公司在贷款债权已经生效判决确认的情况下，因相信滑翔游乐园的经营前景甚至没有申请法院强制执行，更说明本案根本不是一个合同诈骗的刑事案件。

本案的数份民事判决书，也能够证明本案本质上就是经济纠纷，而不是合同诈骗刑事案件。

被告人和被告单位不构成合同诈骗罪。以上辩护意见，恳请合议庭给予充分考虑并采纳！

此致

辽宁省高级人民法院

辩护人：许兰亭律师

■ 审 判

辽宁省高级人民法院
刑事判决书

（2015）辽刑二终字第 00122 号

原公诉机关辽宁省沈阳市人民检察院。

上诉人（原审被告人）孙长松，男，汉族，初中文化，原系沈阳市滑翔游乐园有限公司（以下简称滑翔游乐园公司）总经理、沈阳滑翔中马庆典服务有限公司实际负责人。1975 年因犯诈骗罪被判处有期徒刑 7 年，1979 年因脱逃罪被加刑 5 年。因涉嫌职务侵占犯罪于 2011 年 8 月 7 日被刑事拘留，同年 9 月 5 日被监视居住，当日以伪造公司、企业印章犯罪被刑事拘留，同年 10 月 5 日被监视居住，当日以合同诈骗犯罪被刑事拘留，同年 11 月 11 日被逮捕。现羁押于沈阳军区政治部看守所。

辩护人于元正，辽宁三择律师事务所律师。

辩护人许兰亭，北京市君永律师事务所律师。

原审被告单位沈阳滑翔中马庆典服务有限公司（原名沈阳市滑翔游乐园旅游餐饮有限公司），住所地沈阳市铁西区凌空二街 18 号。

法定代表人刘宝岩（已故），系经理。

诉讼代表人孙长礼，男，系该公司副总经理。

辽宁省沈阳市中级人民法院审理沈阳市人民检察院指控被告单位沈阳滑翔中马庆典服务有限公司、被告人孙长松犯合同诈骗罪一案，于 2013 年 10 月 12 日作出一审判决，认定被告单位沈阳滑翔中马庆典服务有限公司无罪；被告人孙长松犯合同诈骗罪，判处有期徒刑 10 年，并处罚金人民币 100 万元。宣判后，被告人孙长松不服，提出上诉。本院于 2014 年 12 月 8 日裁定撤销原判，发回重审。沈阳市中级人民法院经重审于 2015 年 9 月 14 日判决。宣判后，被告人孙长松仍不服，上诉至本院。本院依法组成合议庭公开开庭审理了本案，辽宁省人民检察院检察员李伟作、汪明宇出庭履行职务。上诉人孙长松及辩护人于元正、许兰亭，原始被告单位诉讼代表人孙长礼到庭参加诉讼。本案现已审理终结。

原审判决认定：

1. 沈阳市滑翔游乐园有限公司于 1997 年在沈阳市工商局注册

成立，法定代表人为李梅花，1998年2月8日变更法定代表人为被告人孙长松。1998年5月，被告人孙长松以滑翔游乐园公司的名义向建行铁西支行申请贷款600万元用于临时周转，为了获得贷款，孙长松以滑翔游乐园公司的游乐设备经营权作为抵押，并以其经营的无实际担保能力的沃野公司作为该笔借款的保证人。1998年6月26日，滑翔游乐园公司与建行铁西支行签订贷款合同，贷款期限一年。6月30日，该笔贷款600万元发放至滑翔游乐园公司账户。1999年1月末，孙长松又以滑翔游乐园公司的名义向建行铁西支行申请贷款400万元用于购进过山车，并以尚未到货的过山车作为抵押，仍以沃野公司作为该笔借款的保证人。1999年2月1日，双方签订借款合同，借款期限一年。2月8日，该笔贷款发放至滑翔游乐园公司账户。案发前，滑翔游乐园公司归还上述两笔贷款利息共计2 159 879.88元。

2000年6月28日，被告人孙长松以滑翔游乐园公司名义向建行铁西支行申请贷款1000万元，为了获得贷款，孙长松提供了过山车作为抵押物，并通过伪造《工矿产品购销合同》抬高该过山车的价格，同时提供了无实际担保能力的沃野公司作为保证人，建行铁西支行将1000万元贷款发放至滑翔游乐园公司账户。2000年6月30日，滑翔游乐园公司以上述款项偿还前述两笔贷款600万元和400万元。

2. 1999年1月初，被告人孙长松伪造一份滑翔游乐园公司订购过山车的合同，并以此为由向建行铁西支行申请400万元的银行承兑汇票。被告人孙长松以其经营的无担保能力的沃野公司作为保证人，并于1999年1月6日转账给建行铁西支行200万元作为保证金，双方签订了承兑协议后，建行铁西支行于1999年1月11日出具银行承兑汇票，该汇票的到期日为1999年7月11日，收款人为孙长松虚构的"华北冶金制造厂"。1999 年 1 月 22 日，孙长松利用伪造的"华北冶金制造厂"财务专用章及该公司法定代表人孙刚印章背书后贴现。承兑到期后，建行铁西支行垫付 200 万元。案发前，滑翔游乐园公司归还利息 441 506.24 元。

2008 年 11 月，滑翔游乐园公司因不按规定年检被吊销营业执照。

原审判决认定上述事实的证据有：

1. 关于滑翔游乐园公司向建行铁西支行贷款及还款情况的书证；

2. 关于中国建设银行对滑翔游乐园公司欠款处理情况的书证；

3. 关于被告人孙长松通过伪造合同等方式抬高抵押物过山车价格的相关证据；

4. 关于沃野公司无担保能力的相关证据；

5. 相关证人证言；

6. 相关司法鉴定意见；

7. 被告人孙长松在侦查阶段的供述；

8. 孙长松实际控制经营的其他公司的贷款情况；

9. 其他综合证据。

原审法院认为，滑翔游乐园公司在向银行贷款的过程中通过提供无实际担保能力的公司作为保证人或伪造合同抬高抵押物价值等手段骗取银行贷款，数额特别巨大，被告人孙长松作为该公司直接负责的主管人员，其行为已构成合同诈骗罪。公诉机关指控的此项罪名成立，本院予以支持。根据被告人犯罪的事实、性质、情节和对社会的危害程度，依照《中华人民共和国刑法》第 224 条、第 231 条、第 31 条，《中华人民共和国刑事诉讼法》第 195 条第 1 款第 3 项之规定，判决如下：被告单位沈阳滑翔中马庆典服务有限公司（原名沈阳市滑翔游乐园旅游餐饮有限公司）无罪；被告人孙长松犯合同诈骗罪，判处有期徒刑 10 年，并处罚金人民币 100 万元。

上诉人孙长松上诉称：滑翔游乐园公司主观上无非法占有贷款的目的，其行为不构成犯罪。其辩护人除提出与上诉人孙长松相同的辩护意见外，还提出建行铁西支行对滑翔游乐园公司及担保人沃野公司的实际情况明知，没有陷入认识错误，上诉人孙长松无罪。

……

经审理查明：

1. 滑翔游乐园公司于 1997 年在沈阳市工商局注册成立，法定代表人李梅花，1998 年 2 月 8 日变更为被告人孙长松。1998 年 5 月，被告人孙长松以滑翔游乐园公司的名义向建行铁西支行申请贷款 600 万元用于临时周转，孙长松以滑翔游乐园的游乐设备经营权作为抵押，并以其经营的沃野公司作为该笔借款的保证人。1998 年 6 月 26 日，滑翔游乐园公司与建行铁西支行签订贷款合同，贷款期限一年。6 月 30 日，该笔贷款 600 万元发放至滑翔游乐园公司账户。

1999 年 1 月末，孙长松又以滑翔游乐园公司的名义向建行铁西支行申请贷款 400 万元用于购进过山车，并以尚未到货的过山车作为抵押，以孙长松经营的沃野公司作为该笔借款的保证人。1999 年 2 月 1 日，双方签订借款合同，借款期限一年。滑翔游乐园公司 2 月 8 日收到该笔贷款后，未完全按合同约定用途使用，首笔贷款资金 600 万元用于开园的流动资金周转，第二笔贷款资金 400 万元用于支付过山车的费用。上述 1000 万元贷款用于开园的流动资金周转及购买过山车为 304.29 万元，占贷款资金的 30.34%。案发前，滑翔游乐园公司归还上述两笔贷款利息共计 2 159 879.88 元。

2000 年 6 月 28 日，被告人孙长松以滑翔游乐园公司名义向建行铁西支行申请贷款 1000 万元，孙长松提供了过山车作为抵押物，并通过伪造《工矿产品购销合同》抬高该过山车的价格，同时提供了沃野公司作为保证人，2000 年 6 月 30 日滑翔游乐园公司收到建行铁西支行 1000 万元贷款后，偿还前述两笔贷款 600 万元和 400 万元。

2. 1999 年 1 月初，被告人孙长松伪造一份滑翔游乐园公司订购过山车的合同，并以此为由向建行铁西支行申请 400 万元的银行承兑汇票。被告人孙长松以其经营的沃野公司作为保证人，并于 1999 年 1 月 6 日转账给建行铁西支行 200 万元作为保证金，双方签订了承兑协议后，建行铁西支行于 1999 年 1 月 11 日出具银行承兑汇票，该汇票的到期日为 1999 年 7 月 11 日，收款人为孙长松虚构的"华北冶金制造厂"。1999 年 1 月 22 日，孙长松利用伪造的"华北冶金制造厂"财务专用章及该公司法定代表人孙刚印章背书后贴现。承兑到期后，建行铁西支行垫付 200 万元。案发前，滑翔游乐园公司归还利息 441 506.24 元。

2003 年 4 月，建行铁西支行向沈阳市中级人民法院起诉滑翔游乐园公司和沃野公司，沈阳市中级人民法院以〔2003〕沈中民（3）合初字第 327 号、328 号判决滑翔游乐园公司归还本息，如逾期还款，则以抵押物折价或者以拍卖、变卖该抵押物所得的价款优先偿还，沃野公司承担连带偿还责任。

2004 年 6 月 28 日，建行铁西支行与中国信达资产管理公司沈阳办事处签署第 10 号协议，将借款人滑翔游乐园公司二笔借款的债权（分别为 1000 万元和 200 万元本金及利息债权）转让给信达资产管理公司沈阳办事处。2004 年 6 月 30 日，建行铁西支行按照规定将该笔债权本息，作平账处理。2007 年 12 月 7 日，信达资产管理公司沈阳办事处将债权转让给新韩银行。2008 年 11 月，沈阳市滑翔游乐园公司因不按规定年检被吊销营业执照。

上述事实有滑翔游乐园向中国建设银行铁西支行贷款及还款情况的书证、中国建设银行对滑翔游乐园公司欠款处理情况的书证、孙长松通过伪造合同等方式抬高抵押物过山车价格的相关证据，证人刘宝生、安明成、赵锡纯、李梅花、田德会、李志强、巴德山、张霞东、何海啸、薛强、李上淑、王颖、鲁平的证言及沈公〔2012〕会计鉴字第2、3、4号司法鉴定意见书等证据在卷证实。上诉人孙长松亦予供认。本院予以确认。

经审理认为，沈阳公信司法鉴定中心对滑翔游乐园公司、沃野公司财务状况及现有资产等情况，以沈公〔2012〕会计鉴字第4号的鉴定说明沃野公司无财务资料可查，无法确认为滑翔游乐园公司向中国建设银行铁西支行申请600万元和400万元贷款担保时的财务状况、投资、购置设备、经营收入等情况。沃野公司在提供上述担保时，土地使用权、机械设备已被抵押，尚欠银行大额贷款未偿还。因此，沃野公司为滑翔游乐园公司向中国建设银行铁西支行申请600万元和400万元贷款提供担保时不具备担保能力。该鉴定意见一方面说明无法确认沃野公司担保期间的资产情况，另一方面作出该公司不具有担保能力的鉴定，前后矛盾。沃野公司是否具有担保能力，事实不清。

沈阳公信司法鉴定中心以沈公〔2012〕会计鉴字第4号的鉴定说明，对滑翔游乐园公司1000万元贷款、400万元承兑汇票，依据送鉴材料，至案发前，对于该公司的财务状况、现有资产情况，无法得出鉴定意见；对滑翔游乐园公司1000万元贷款、400万元承兑汇票的最终流向，依据现有送检材料无法得出鉴定意见。现有证据既不能证实滑翔游乐园公司贷款时的资产及经营状况如何，也不足以证实滑翔游乐园公司具有非法占有该借款的行为。

此外，现有证据证实，部分借款确实用于滑翔游乐园的建设工程，借款的最终流向事实不清。故对出庭检察员所提沃野公司是否具有担保能力不清，借款去向未能查清的出庭意见，本院予以采纳。本案现有证据不能证明贷款用于滑翔游乐园建设以外的用途，且事后建行铁西支行通过民事途径已经在法院诉讼，滑翔游乐园公司亦给予了配合。现有证据不能充分证实滑翔游乐园公司对该贷款具有非法占有的故意。故对上诉人孙长松及其辩护人提出，滑翔游乐园公司主观上无非法占有贷款目的的上诉理由和辩护意见，本院予以采纳。

关于上诉人孙长松的辩护人所提建行铁西支行对滑翔游乐园公司及担保人沃野公司的实际情况明知，没有陷入认识错误的辩护意见，经查，证人李梅花、安明成、何海啸、薛强、李志强、鲁平的证言均证实建行铁西支行工作人员明知滑翔游乐园公司提供的资料不符合取得贷款的条件，而在上级领导交办后予以放贷。对于滑翔游乐园公司而言，由于贷款不是通过欺骗手段而取得，建行铁西支行工作人员并未因为滑翔游乐园公司提供的材料而产生错误认识。负责贷款的各环节银行工作人员明知借款人提供了不实贷款资料，为了本单位利益，以本单位的名义向借款人发放贷款，由于他们代表了银行的意思和行为，发放贷款也不是基于错误的认识，滑翔游乐园公司的行为并未导致建行铁西支行产生错误的认识，银行部门没有基于错误认识而批准对滑翔游乐园公司的贷款。故对该辩护意见，本院予以采纳。

本院认为，滑翔游乐园公司与建行铁西支行签订的合同是双方真实的意思表示。在借款过程中，滑翔游乐园公司在贷款条件和担保方式上有一定程度夸大，贷款没有完全按照贷款合同约定的具体用途使用，但从现有证据看，不能证明其主要目的是为了个人或者单位非法占有，建行铁西支行对滑翔游乐园公司贷款条件和担保方式亦是明知。建行铁西支行工作人员明知滑翔游乐园公司不符合取得贷款的条件，而在上级领导交办后予以放贷，建行铁西支行工作人员并未因滑翔游乐园公司提供的材料而产生错误认识。且债务纠纷已经民事诉讼程序作出裁决，因此，现有证据无法证实孙长松作为滑翔游乐园公司直接负责的主管人员构成合同诈骗罪。原审判决认定上诉人孙长松犯合同诈骗罪事实不清，证据不足。故对孙长松所提其行为不构成犯罪的上诉理由及其辩护人提出孙长松无罪的辩护意见，本院予以采纳。经本院审判委员会讨论决定，依照《中华人民共和国刑事诉讼法》第225条第3项、第195条第3项之规定，判决如下：

一、维持沈阳市中级人民法院［2015］沈刑三初字第8号刑事判决第一项，即被告单位沈阳滑翔中马庆典服务有限公司（原名沈阳市滑翔游乐园旅游餐饮有限公司）无罪；

二、撤销沈阳市中级人民法院［2015］沈刑三初字第8号刑事判决第二项，即被告人孙长松犯合同诈骗罪，判处有期徒刑10年，并处罚金人民币100万元；

三、上诉人孙长松无罪。

本判决为终审判决。

审　判　长　刘娜娜

审　判　员　秦铁友

代理审判员　林涌人

辽宁省高级人民法院

二〇一六年六月六日

书　记　员　姜　楠

改判无罪后走出看守所的孙长松

■ 律师手记

直到今天我依旧能记得那个日子，2012 年 12 月 18 日，接受孙长松家人委托的日子。从那天以后，我与本案结下了不解之缘！

本案经历了漫长的日子，诉讼时间长达五年，远远超过一般的刑事案件。我跟随本案经历了一审、二审，发回重审后又是一审、二审。两次一审都是判有期徒刑十年，最后一次二审宣告无罪，孙长松终于离开了被关押近五年的看守所，重见阳光，重获自由。

本案程序繁多，旷日持久，有单位被告，也有个人被告。前后参与本案的律师很多，大家都为此案的最后胜利贡献了自己的力量。参与本案的于律师最早介入本案，后来由于某种原因退出了一段时间，在第一次二审、发回重审后的一审及第二次二审中，于律师又参与进来，发挥了很大的作用。于律师自己说，他会见孙长松不下三百次，应该是创纪录了。

几年来我多次赴沈阳会见孙长松。通过会见、阅卷，参加多次庭审，我对本案有了深刻、全面的了解和认识。

刑法讲求透过现象看本质，我始终认为孙长松不构成合同诈骗罪。我之所以坚信本案不构成合同诈骗罪，最主要、最朴素的理由就是：孙长松从银行贷款后没有还贷，责任不在孙长松，是债权人没有积极履行职责，致使此笔贷款没有归还。此笔贷款是有抵押的，债权人也向法院提起民事诉讼，法院也做出了判决，但债权人没有申请法院强制执行，所以此笔贷款没有归还。另外，孙长松的贷款都用在了游乐园项目建设上，游乐园项目已经建成，价值巨大，远远超过了孙长松所欠的所有债务（包括这一笔）的总和。孙长松从来没有想过不还此笔贷款。孙长松融资了许多钱，都用在这个项目上。直到被抓前，孙长松还在跟法院执行局的人联系归还此笔贷款事宜。我也请专家论证此案，得出的结论也是无罪。

无罪案例在我国是很少的，大家都感叹：无罪难，难于上青天。但是，体制内也有许多不畏艰险坚持正义的人士，本案就很好地体现了他们的追求和担当。本案第一次二审时，出庭检察员在法庭上就指出，此案一审判决（判有期徒刑十年）事实不清，建议二审法院依法裁判。遗憾的是，第一次二审，二审法院并没有宣告孙长松无罪，而是将此案发回重审。发回重审后，原一审法院又判十年，孙长松又上诉。第二次二审时，出庭检察员的意见依旧是本案事实不清，建议法院依法裁判。第二次二审，法院终于宣告孙长松无罪："本院认为，滑翔游乐园公司与建行铁西支行签订的合同是双方真实意思表示。在借款过程中，滑翔游乐园公司在贷款条件和担保方式上有一定程度夸大，贷款没有完全按照贷款合同约定的具体用途使用，但从现有证据看，不能证明其主要目的是为了个人或者单位非法占有，建行铁西支行对滑翔游乐园公司贷款条件和担保方式亦是明知。建行铁西支行工作人员明知滑翔游乐园公司不符合取得贷款的条件，而在上级领导交办后予以放贷，建行铁西支行工作人员并未因滑翔游乐园公司提供的材料而产生错误认识。且债务纠纷已经民事诉讼程序作出裁决，因此，现有证据无法证实孙长松作为滑翔游乐园公司直接负责的主管人员构成合同诈骗罪。原审判决认定上诉人孙长松合同诈骗罪事实不清，证据不足。故对孙长松所提其行为不构成犯罪的上诉理由及其辩护人提出孙长松无罪的辩护意见，本院予以采纳……判决如下：上诉人孙长松无罪。"孙长松在审判当天离开了看守所。

本案过程是艰难的，律师付出的劳动也是巨大的。不经历风雨，怎能见彩虹！通过本案，我们相信，是金子总会闪光，正义总会得到伸张！正义只会迟到，但不会缺席。当然，我们希望正义不会迟到，不应该迟到。让每一个案件都得到公正的处理结果！我们满怀信心，充满期待！

许兰亭

二〇一七年一月十一日

评 议

本案争议焦点

首先，滑翔旅游餐饮公司、滑翔游乐园公司以虚假材料申请贷款是否构成贷款欺诈行为？

上述公司以虚假材料申请贷款，贷款银行工作人员知情并指导其修改材料通过审批，其发放贷款系受上级领导指示，系为本单位利益，以本单位名义发放贷款，并非银行工作人员与上述公司串通骗贷损害该银行利益的情况，即贷款银行并没有因虚假的贷款申请材料产生错误认识，不符合欺诈行为的特殊构造。

其次，以游乐园设备、设施实物出资设立公司是否构成转移企业资产逃避归还贷款？

滑翔旅游餐饮公司、沈阳神羊游乐园有限公司的出资财产均为滑翔游乐园设备、设施，其与滑翔游乐园公司、沃野公司系关联公司，不存在逃避归还贷款的可能。实际上是以关联公司固定资产设立公司的行为，其资产混同，几个牌子一套人马，实际控制人均为孙长松。

最后，滑翔游乐园公司、沃野公司是否有还款、担保能力？

依鉴定意见，无法确认沃野公司为滑翔游乐园公司担保期间的财务状况、投资、购置设备、经营收入等情况，也无法确认滑翔游乐园公司贷款时的财务状况及现有资产状况，因此，没有证据证明滑翔游乐园公司、沃野公司没有还款、担保能力。另外，有关证据显示游乐园一期工程实际投资 6000 万元，游乐园设备、设施价值高于贷款总额。

关于贷款欺诈

贷款民事欺诈行为与贷款欺诈犯罪行为，区别的关键在于行为人是否具有"非法占有目的"、是否给银行或其他金融机构造成重大损失或者是否使贷款处于无法收回的重大风险之中。

贷款欺诈行为形式多样，通常表现为虚构主体、提供虚假担保、虚构贷款用途（提供虚假的合同）、提供虚假的财务报表等。

认定是否构成贷款欺诈犯罪，应综合考虑以下几个因素：①是否符合欺诈行为的特殊构造；②是否有非法占有目的；③是否有使金融资产无法收回的重大风险或者是否造成重大损失。

欺诈行为具有区别于一般犯罪行为的特殊构造：①行为人实施欺骗行为；②对方产生错误认识；③对方基于错误认识处分财产；④行为人或者第三人取得财产；⑤被害人遭受财产损害。并非实施了虚构事实、隐瞒真相的行为就一定构成欺诈行为，受害人必须因行为人的欺骗行为产生错误认识，进而基于错误认识处分了财产，才构成欺诈行为。如果受害人对行为人的欺骗行为没有产生错误认识，或者产生错误认识，但受害人不是基于错误认识处分财产，行为人不是基于对方错误认识取得财物，都不能认定为诈骗犯罪。受害人基于错误认识处分了财产，属于欺诈类犯罪不成文的构成要件要素，即欺骗行为与财产转移之间必须有因果关系。

关于"非法占有目的"的认定，应遵循主客观相一致原则，不能单纯根据贷款资金未归还就认定构成欺诈犯罪，而应综合案件事实，如贷款目的、贷款用途、贷款资金不能归还的原因等，分析行为人是否具有"非法占有目的"。《全国法院审理金融犯罪案件工作座谈会纪要》规定："在司法实践中，认定是否具有非法占有目的，应当坚持主客观相一致的原则，既要避免单纯根据损失结果客观归罪，也不能仅凭被告人自己的供述，而应当根据案件具体情况具体分析。根据司法实践，对于行为人通过诈骗的方法非法获取资金，造成数额较大资金不能归还，并具有下列情形之一的，可以认定为具有非法占有的目的：①明知没有归还能力而大量骗取资金的；②非法获取资金后逃跑的；③肆意挥霍骗取资金的；④使用骗取的资金进行违法犯罪活动的；⑤抽逃、转移资金、隐匿财产，以逃避返还资金的；⑥隐匿、销毁账目，或者搞假破产、假倒闭，以逃避返还资金的；⑦其他非法占有资金、拒不返还的行为。但是，在处理具体案件的时候，对于有证据证明行为人不具有非法占有目的的，不能单纯以财产不能归还就按金融诈骗罪处罚。"

贷款欺诈行为的严重程度，即是否使金融资产处于无法收回的重大风险之中，也是认定贷款欺诈犯罪的重要因素。行为人虽然通过欺诈行为取得贷款，但如果担保真实、充足，贷款人具有偿还能力，在没有造成重大损失或者没有形成重大风险时，认定为民事贷款欺诈行为更加合理，没有必要认定为贷款欺诈犯罪。

现实情况中，借款人为获得贷款，对公司经营情况进行某种程度的夸大，早已是司空见惯的现象，如果只因为借款人提交了不真实的贷款申请材料就认定是欺诈犯罪行为，将会不合理地扩大刑法的规制范围。

服刑23年 最高检"无罪抗诉"第一案
——海南陈满故意杀人、放火案

■ 回 顾

1992 年 12 月 25 日，海南省海口市公安局振东分局接报，当日晚 8 时许在海口市振东区（现在的美兰区）上坡下村 109 号房发生火灾，群众及消防队员在救火时发现屋内有一具尸体。尸体大面积烧伤，颈部和身上有刀杀痕迹，屋内有大量血迹，现场还遗留有一张姓名为陈满的工作证。公安机关最初认为死者是陈满。远在四川绵竹的陈满父母听闻儿子的"死讯"时瞬间崩溃。可两天后，警方确认死者是四川籍的物业管理员钟作宽。听到儿子"死而复生"的消息，父母又喜极而泣。没想到过了几天，剧情再次反转，当地警方认定杀人焚尸案是陈满所为，儿子又从"受害者"变成了"凶手"。

1994 年 2 月，海口市人民检察院以陈满犯故意杀人罪向海口市中级人民法院提起公诉。1994 年 11 月 9 日，海口市中级人民法院以故意杀人罪、放火罪判处陈满死刑，缓期二年执行，剥夺政治权利终身。

宣判后，海口市人民检察院以原判量刑过轻、应判处陈满死刑立即执行为由，向海南省高级人民法院提出抗诉，海南省人民检察院支持抗诉。1999年4月15日，海南省高级人民法院二审裁定驳回抗诉，维持原判。

自此，坚信儿子无罪的陈满父母开始了漫长的申诉之路。一次次的碰壁，一沓沓的材料寄出后如石沉大海，数十名律师也加入这场申诉接力之中，终于，2015年2月10日，最高人民检察院以海南省高级人民法院对陈满案的裁定"认定事实错误，适用法律错误"为由，向最高人民法院提出抗诉。2015年4月27日，最高人民法院指令浙江省高级人民法院对本案进行异地再审。

2016年2月1日，浙江省高级人民法院依法对陈满故意杀人、放火案再审公开宣判，撤销原审裁判，宣告陈满无罪。

我国目前已知被剥夺人身自由最久的冤狱犯23年后被宣告无罪，这是家属、义务申诉者、律师、法学专家、媒体多方合力的结果，而司法改革和律师不懈的坚持成为平反的关键。

陈满父母

■ 控　诉

海南省海口市人民检察院
起诉书

市检刑诉字（1993）第 36 号

　　被告人陈满，男，30 岁，汉族，四川富县人，高中文化，原系四川省锦竹县工商局孝德乡工商所职工，1988 年停薪留职来海南。因故意杀人于 1992 年 12 月 28 日被收容审查，1993 年 9 月 25 日经海口市人民检察院批准逮捕，现在押。

　　被告人陈满故意杀人一案，经海口市公安局侦查终结，于 1993 年 11 月 23 日移送我院审查起诉，经审查查明：

　　1992 年 12 月中旬，被告人陈满因债务等问题与钟作宽发生矛盾，钟作宽多次要陈满还清欠款和交纳房租，并于 12 月 17 日叫陈满搬出钟作宽住的上坡下村 109 号房，且说要向公安机关告发陈满私刻公章办假执照的违法行为。为此，被告人陈满怀恨在心，产生杀害钟作宽的歹念。12 月 25 日晚 19 时 20 分许，陈满来到上坡下村 109 号房，见钟作宽正在客厅喝酒，便假意与其闲聊，然后走进卧室换上事先放在那里的衬衣、裤子和拖鞋，走到厨房拿了一把木柄菜刀回到客厅，趁钟作宽不备用左手从其背后抱住钟作宽的头部，右手持刀向其颈部猛割二刀，钟作宽呼叫、挣扎，陈满又对其颈部、面部、双手连砍几刀，将钟作宽砍倒在地。陈满恐其不死，又用菜刀向钟作宽头部、躯干连砍数刀，见钟作宽不再动弹，便将尸体拖到卧室的床边，把自己的工作证放入钟作宽的裤子口袋里，接着用毛巾被、棉被和卫生纸擦拭地板上、样品柜上的血迹，用报纸擦菜刀上的血迹，然后从厨房搬来一罐煤气放在房门口处，又回到洗手间洗净手、脚上的血迹，到钟作宽的卧室翻找财物，用螺丝刀撬开办公桌抽屉取走 500 元现金，并企图打开床头柜，但未成功。尔后，陈满脱掉行凶时穿的衣裤、拖鞋，换上来时穿的衣裤、皮鞋，走到门口拧开煤气罐气阀点燃煤气焚尸灭迹，后仓皇逃离现场。经海口市公安局法医鉴定，被害人钟作宽身上有多处钝器伤，系颈动脉被割断造成失血性休克死亡。

以上犯罪事实有提取的被告人作案所用凶器等物证、证人证言、公安机关现场勘验笔录、照片和法医鉴定等证实，证据确实充分，被告人陈满亦有供述在卷。

被告人陈满无视国家法律，肆意杀人，致人死亡，并为掩盖其罪行纵火焚尸灭迹，手段极其残忍，其行为触犯了《中华人民共和国刑法》第132条，构成故意杀人罪，且情节特别严重，社会危害极大。为了维护法律的尊严，保护公民的人身权利不受侵犯，严厉打击严重危害社会的刑事犯罪分子，依照《中华人民共和国刑事诉讼法》第100条之规定，特对被告人陈满提起公诉，请依法严惩。

此致

海口市中级人民法院

海口市人民检察院

一九九三年十一月二十九日

一审宣判后，海口市人民检察院以原判量刑过轻、应判处陈满死刑立即执行为由，向海南省高级人民法院提出抗诉，海南省人民检察院支持抗诉。经二审审理，海南省高级人民法院裁定驳回抗诉、维持原判。

之后多年，陈满的父母坚持申诉，直至2015年2月10日最高人民检察院以海南省高级人民法院对陈满案的裁定"认定事实错误，适用法律错误"为由，向最高人民法院提出抗诉。

中华人民共和国最高人民检察院刑事抗诉书

高检刑申抗〔2015〕1号

……

原审判决发生法律效力后，原审被告人陈满的父母陈元成、王众一提出申诉。2001年11月8日，海南省高级人民法院经复查驳回申诉。2013年4月9日，海南省人民检察院经审查认为申诉人的申诉理由不成立，不符合立案复查条件。申诉人陈满仍不服，委托律师向本院提出申诉，主要理由是：陈满根本没有作案时间，也没有实施被指控的犯罪；原审裁判认定陈满犯罪的证据没有达到确实充分的标准；陈满有罪供述系在逼供下作出，依法应当予以排除。申诉人请求本院向最高人民法院提出抗诉。

本院复查认为，原审判决、裁定认定陈满故意杀人、放火的事实不清，证据不足，认定原审被告人陈满具有作案时间与在案证据证明的事实不符，原审判决、裁定认定事实的证据不确实、不充分，在案证据之间存在矛盾，作为定罪主要证据的陈满的有罪供述的合法性和真实性存在疑问，且有罪供述的某些情节得不到其他证据的印证，原审裁判据此认定的事实不具有唯一性和排他性。理由如下：

一、原审裁判认定原审被告人陈满具有作案时间与在案证据证明的案件事实不符

原审裁判认定原审被告人陈满于 1992 年 12 月 25 日晚 7 时许，在海口市振东区上坡下村 109 号房持刀将钟作宽杀死。根据证人杨某某、刘某生、章某某的证言，当日 19 点左右吃完饭时以及杨某某等人开始打麻将时，陈满仍在宁屯大厦，而根据证人何某某、刘某清的证言，19 点多一点听到 109 号房传出上气不接下气的"啊啊"声，大约过了 30 分钟看见 109 号房起火。据此，有证据证明陈满在案发当日 19 时左右在宁屯大厦，不可能在同一时间出现在案发现场。原审裁判认定陈满在 19 时许进入 109 号房并实施杀人、放火行为与事实不符。

二、原审裁判认定事实的证据不确实、不充分，定案的主要证据之间存在矛盾

原审裁判认定原审被告人陈满实施杀人、放火行为的主要证据除陈满曾作过的有罪供述外，公安机关火灾原因认定书、现场勘查笔录、现场照片、物证照片、法医检验报告书、物证检验报告书、刑事科学技术鉴定书仅能证明被害人钟作宽被人杀害，现场遭到人为纵火；在案证人证言只是证明了案发时的相关情况、案发前后陈满的活动情况以及陈满与被害人的关系等情况，上述证据均不能证实犯罪行为系陈满所为，且在现场提取的带血白衬衫、黑色男西装等物品在侦查阶段已经丢失，没有在原审法院庭审中举证质证，不能作为定案的依据，无法对有罪供述起到印证作用。

陈满曾作过的有罪供述与现场勘查笔录、法医检验报告等证据存在矛盾。陈满供述杀人后厨房水龙头没有关，而现场勘查时，厨

房水龙头呈关闭状，而是卫生间的水龙头没有关；陈满供述杀人后菜刀扔到被害人的卧室中，而现场勘查时，该菜刀放在厨房的砧板上，且在菜刀上未发现血迹、指纹等痕迹；陈满供述将"工作证"放在被害人身上，是为了制造自己被烧死假象的说法，与案发后其依然正常工作，并未逃避侦查的实际情况相矛盾。

三、陈满有罪供述的真实性和合法性存在疑问

原审被告人陈满的有罪供述不具有确定性。陈满在侦查阶段虽曾作过有罪供述，但其有罪供述不稳定，时供时翻，供述前后矛盾。同时，侦查机关存在连续不间断讯问的情况，特别是陈满有罪供述中关于作案时搬移冰箱的情节明显与事实不符，侦查机关取证的合法性存在疑问。

综上所述，海南省高级人民法院（1994）琼刑终字第 81 号刑事裁定书定案的证据不确实、不充分，认定原审被告人陈满故意杀人、放火的事实不清，证据不足。原审裁定认定事实错误，导致适用法律错误。为维护司法公正，依照《中华人民共和国刑事诉讼法》第 243 条第 3 款的规定，对海南省高级人民法院（1994）琼刑终字第 81 号刑事裁定书提出抗诉，请依法判处。

最高人民检察院
二〇一五年二月十日

2015 年 12 月 29 日，浙江省高级人民法院依法组成合议庭，在海南省海口市琼山区人民法院公开开庭审理本案。浙江省人民检察院指派检察员王菊芬、马云、代理检察员竺咏华出庭执行职务，并当庭发表如下意见：

原裁判认定原审被告人陈满实施杀人、放火行为的主要证据除陈满曾作过的有罪供述外，其他证据均不能证实本案系陈满所为。作为定罪主要证据的陈满有罪供述与现场勘查笔录、证人证言等其他在案证据存在矛盾，供述的真实性、合法性存在疑问，且有罪供述中的一些情节得不到其他证据印证。本案没有任何指向陈满作案的客观性证据和技术性证据，作案工具难以认定，相关物证在侦查阶段已经丢失，没有在法院庭审中举证、质证，依法不能作为定案的依据，无法对有罪供述起到印证作用。本案侦查机关取证的合法性存在疑问，但除陈满的辩解外，没有其他证据能够证明存在采用刑讯逼供等非法手段收集犯罪嫌疑人供述的行为。原裁判认定事实的证据不确实、不充分，认定的事实不具有唯一性和排他性。依法应当宣告陈满无罪。

本案当事人陈满

■ 辩　护

辩护人 2014 年 1 月 7 日接受陈满的委托，先后五次到海口监狱会见陈满，并经过多次阅卷，掌握了本案的事实情况，于今年 6 月将书面代理意见提交给本案再审合议庭，又于 12 月 8 日至浙江省高级人民法院参加了庭前会议，就相关程序问题和合议庭法官以及本案检察官进行了充分的沟通。今天重新开庭审理陈满故意杀人、放火一案，辩护人结合之前的代理意见，和法庭今天出示的证据，以及对陈满发问的情况，特发表以下辩护意见，请合议庭充分考虑。

一、本案证据充分证明陈满既没有作案时间和作案动机，也不具备凶狠狡诈的性格，案发后举止也没有异常，不可能实施杀人放火的犯罪行为

1. 大量证据证明陈满没有作案时间。

原一、二审判决和海南省人民检察院的抗诉书均认定陈满于 1992 年 12 月 25 日晚 7 时许，在海口市上坡下村 109 号房将钟作宽杀死。但根据杨某某、查某某、章某某、罗某某、刘某生、陈某某等证人提供的证言，陈满在 12 月 25 日晚上从 6 点到 9 点这段时间一直在宁屯大厦，根本没有作案时间。

2. 证明陈满没有作案时间的证人证言细节精确、相互印证、符合常理、真实可信。

以上证言大部分都是在案发后 3~5 天内由公安机关侦查人员取得的，不存在伪造的可能性。证人杨某某、章某某、查某某、刘某生都是靖海公司员工，不是陈满雇佣的装修工人，没有动机为陈满开脱。其中有些证人对于陈满在案发时间仍然在宁屯大厦的证言提供了相当具有可信度的细节。像"看新闻联播""打麻将""泡茶喝""上烟给我抽"这样的细节，充分说明证人对于当时的记忆是比较清晰的，时间点也是非常准确的，从常识来看也是值得相信的。这些证言之间相互印证，尤其是在一些细节上高度吻合，足以认定其真实性。尽管个别证言表明证人对陈满7点之后是否仍然在宁屯大厦不能确定，但也属于正常情况，因为不可能每个人都时时刻刻注意别人的行踪；综合所有这些证人证言，可以得出陈满从晚上6点到8点之间一直在宁屯大厦，不可能出现在案发现场的结论。

3. 原审判决书、裁定书认定陈满有作案时间纯属猜测，没有任何客观证据支持，违背常理，应予推翻。

原一审起诉书指控陈满于案发当日晚19时20分左右来到上坡下村案发地点；一审判决书、二审裁定书均认定，陈满于案发当日晚7时许来到案发现场。这些关于作案时间的认定与本案证人提供的证言完全矛盾，纯属案件办理人员的主观猜测，没有任何客观证据加以支持。在这种主观臆断的推断下，陈满要在办案人员想象出来的20至30分钟内完成离开宁屯大厦、敲开被害人房门、寒暄、喝酒、争执、杀人、放火、离开杀人现场、更换衣服、抄近路回到宁屯大厦等一系列动作，然后再若无其事地给正在宁屯大厦看电视、打麻将的装修工人们以及业主们端茶倒水。即使是受过专业训练的特工也不一定能够做到，何况是老实忠厚的陈满。这种推断不仅没有任何证据支持，也与人们的常识完全相悖。

4. 新证据证明陈满既没有作案时间和作案动机，案发后其行动也无异常，且其性格也不符合杀人凶手所具有的凶狠残忍的特征。

值得指出的是，本案再审过程中，合议庭重新走访了案中的关键证人。这些新取得的证人证言从各个方面说明本案不可能是陈满所为。首先，证人证言证明陈满没有作案时间。杨锡春在新的证言中明确表示，案发时陈满在宁屯大厦，一直没有离开过。其次，新的证人证言表明陈满没有作案动机。几份证人证言都显示，陈满与钟作宽关系很好，二人是老乡，钟作宽是一个说话很随性的人，他与陈满也没有深仇大恨。再次，新的证言证明陈满案发后举止并无异常。最后，这些证言都表明陈满是一个性格温和、略有内向且稍显懦弱的人，根本不具备原审公安机关所认定的"凶狠狡诈"的性格。

原审侦查阶段之所以将陈满列为犯罪嫌疑人、审判阶段将陈满定罪，就是依据公安机关以先入为主方式取得的个别证言中的只言片语，断章取义地认定陈满与钟作宽有矛盾从而有作案动机、陈满案发后举止异常等。如今，审判人员以非常中立客观的方式取得的证言表明，陈满没有作案动机、没有作案时间、给业主端茶倒水的行为并无异常，陈满性格随和，不像个杀人犯。这都说明原审侦查阶段取证偏颇，审判阶段偏听偏信，导致对事实认定发生了重大误差。

二、除陈满的供述外，本案并无其他证据证明陈满杀人放火的事实，完全依赖口供定案违反了刑事诉讼法的基本原则

本案关键事实是陈满是否实施了杀人放火行为。在这一问题上，除了陈满本人的供述以外，没有任何其他证据可以证明陈满实施了起诉书指控的行为。

1. 作为本案定案依据的第一大类证据的证人证言，除大部分证明陈满并无作案时间从而不可能在案发时间出现在案发现场外，其他证人证言陈述的都是有关陈满在案发前、案发后的情况，还有一部分是关于陈满与死者钟作宽关系的证言。所有这些证言都不能直接证明陈满实施了杀人行为。

2. 作为定案依据的第二类证据的现场勘查笔录、鉴定结论等，除了证明案发现场的情况以及死者的受伤情况、死亡原因以外，都不能正面证明是谁造成了被害人钟作宽的死亡，以及是谁造成了案发现场的情况。因此，它们对于陈满实施了杀人放火这一核心案件事实并不具有任何证明作用，与该事实也缺乏关联性。

3. 本案相关物证均已丢失，侦查人员现场勘查时在案发现场收集到大量物证，包括带血的衬衫、海南日报、破碎的酒瓶、散落在现场的刀具等，但因没有进行辨认、指纹鉴定、血迹鉴定等，所有物证和陈满杀人这一案件主要事实之间的关联性无从确认，加之审判中未曾出示、质证，不能作为定案的根据。

关于作为本案杀人工具加以认定的菜刀：公安勘查时发现现场有五把刀；陈满交代用过两把刀；一审判决书认定杀人凶器是"带把菜刀"。如果真的存在持菜刀行凶的客观事实，那么陈满使用过这把刀，刀上应该留有陈满的指纹和钟作宽的血迹。但是，第一，本案并没有对刀上可能存在的指纹做过任何鉴定；第二，公安制作的现场勘查报告对所谓的凶器菜刀记载为"未发现任何血迹"；第三，公安提取该菜刀后未作血检，也未对死者身上的刀伤创口与该菜刀作痕迹的同一比对；第四，作为杀人凶器，在本案的一审、二审过程中，该菜刀从未当庭出示以供辨认。该菜刀也像其他现场提取的物证一样，被公安声称"海南创建卫生城市，给搞丢了"，从而未能当庭出示，自始至终停留在口供当中。

综上所述，对于陈满实施了杀人放火行为这一关键事实，除了陈满自己的供述以外，并没有其他证据加以证实。我国 1979 年《刑事诉讼法》第 35 条明文规定："只有被告人供述，没有其他证据的，不能对被告人定罪和处以刑罚。"该规定在 1996 年和 2012

年修订的《刑事诉讼法》中都得到保留，不应当对陈满定罪处刑。

三、陈满口供与案件事实和已查实的证据具有不可调和的矛盾

1. 陈满关于工作证的供述与案件客观事实以及常识和经验均不相符。案卷证据表明，公安机关将本案凶手锁定为陈满的关键证据，是在死者钟作宽的裤口袋里发现的陈满的工作证。陈满在侦查讯问阶段的供述笔录中承认，自己杀死钟作宽之后，为了让别人认为死者是陈满自己，才将自己的工作证塞进钟作宽的上衣口袋。首先，这一供述与现场勘验笔录载明的情况不符，现场勘验笔录表明陈满的工作证系在钟作宽的右裤口袋中；其次，既然陈满供述杀人后才将工作证放入死者口袋之中，那么该工作证上应有陈满的血指纹，但卷内没有这些记载；另外，由于案件物证丢失，该工作证最终也没有在法庭上出示。没有经陈满辨认，没有收集上面的指纹，没有确认上面是否有血手印，这没有得到核实和质证的证据，自然不能作为定案依据。

2. 陈满供述的作案时间与案件事实相矛盾。陈满供述作案时间是"晚7点过十几分"，但何康庆等人的证言证明案发时间应当是在晚7时左右，而陈某某、杨某某、章某某、罗某某等人均证实陈满此时在宁屯大厦。

3. 陈满供述的尸体放置位置与现场勘查和已查实的证据相矛盾。陈满供述尸体"脸朝下"，与案发当晚接警后第一时间赶到现场的当地消防中队副中队长陈某生死者是"脸朝上"的证言相矛盾。

4. 陈满对死者着装的口供与现场勘查不符。陈满供述"死者穿兰色中山装外衣，浅黄色裤子"，而《法医检验报告》记载死者"上穿兰底红条羊毛衫，白衬衣"。

5. 陈满供述其将作案的着装留在了现场，而现场勘查没有发现脱下的衣服和鞋。

6. 陈满供述将煤气罐拿到钟作宽住房茶几旁放火与《起火原因认定书》的结论相矛盾。

7. 现场发现的"带血白衬衣"不是陈满的。经曾某某辨认，证实"陈满不会穿这种质量的衬衣"。

8. 陈满曾供述"用毛巾被擦客厅地板上的血"，但现场没有发现带血的毛巾被。

9. 陈满的供述内容前后也存在明显的矛盾。以陈满的第一份供述笔录为例，陈满一会儿说是从厨房拿菜刀杀害钟作宽，一会儿又说菜刀是从街上买的；一会儿说是临时起意，一会儿说买刀的目的就是杀钟作宽；另外，陈满供述是将钟作宽勒死，这与尸体检验报告记载钟作宽是死于颈部刀伤的结论也完全矛盾。

以上诸多矛盾之处，结合本案诸多证人证明陈满没有作案时间这一事实，充分说明陈满是在万般无奈情况下违心承认，从而导致其供述错误百出。

四、不排除原办案机关海口市公安局存在严重违法行为的可能性

1. 陈满自述遭受了严酷的刑讯逼供。陈满的申诉书载明，被办案人员带走后，"晚上 11 点左右，他们十几个人一起开始审讯我"；"几个人便一哄而上拳打脚踢，把我打倒在地……他们用脚踢我，用绳子抽打我。三番五次使我头部重重摔在地上……反反复复多次"；"用绳子捆住我，用力拉，拼命地挤压我……反复多次"；"用铁棍和铁棒打我……直到天亮，他们才停下来……"陈满称其被告知必须"配合"他们，承认此事是他干的才好交差，不然就把他整死。

2. 陈满的申述真实可信，本案侦查人员未使用刑讯逼供的可能性微乎其微。

第一，陈满于 1992 年 12 月 27 日晚被海口市公安局收审羁押，至 1993 年 1 月 6 日之前一共作了三次供述，都没有承认自己杀人，直至 1 月 6 日凌晨二时第四次接受讯问时才供述自己杀人；从 1993 年 1 月至 9 月，陈满一直处于被收审状态，直至 9 月在被提请批捕阶段再次被提审时，第一时间推翻了原先的供述；推翻之后虽然立即又承认了杀人行为（按陈满说法是立即又遭受了野蛮的刑讯，不得已再次招供），但在进入审查起诉阶段后，陈满对检察人员一直表示自己没有实施杀人放火行为，而且对公安机关的刑讯提出了指控；陈满从不供述到供述，到翻供，到再供述，到再次翻供以及此后再不供述的时间顺序，符合遭受刑讯逼供者通常表现的一般规律。

第二，陈满在一审、二审的法庭审判程序中声泪俱下地陈述了在他被抓后的审讯期间遭受的残酷、野蛮、丧失人性的酷刑；表明自己正是因为在被抓并遭受了十天酷刑之后，在身体极端痛苦、性命不保的情况下，才在凌晨两点做了第一次有罪供述；本案申诉代理人到海口美兰监狱会见陈满时，陈满说起其遭受的酷刑再次失声痛哭，并向代理人展示了其后背和头部的伤疤。

第三，陈满申诉书中对刑讯逼供的时间、方法乃至细节的描述都十分详细。若非亲身经历，外人难以想象。这些情况都说明陈满遭受刑讯逼供的陈述真实可信。

3. 即使不能完全确定陈满是否遭受刑讯逼供，依法也应当推定本案刑讯逼供的存在。

根据刑事诉讼法关于非法证据排除的规定，只要被告人提供了有关刑讯逼供的人员、场所、时间、方法等线索，即应由控诉方承担证明被告人供述系合法取得的证明责任。除非控诉方以相反的证据将供述系合法取得这一事实证明到排除合理怀疑的程度，从而推翻刑讯逼供存在这一推定事实，否则即应当认定刑讯逼供事实的存在。

陈满在今天的法庭上以及之前的申诉中均明确指出了其遭受刑讯逼供的时间、地点、方式、后果，甚至也间接指出了参与刑讯逼供的人员，推定刑讯逼供存在的基础事实已完全具备，应当认定本案刑讯逼供的事实存在。

五、案内证据显示其他人有作案的重大嫌疑，侦查机关却有意无意予以忽视

需要声明一下，辩护人并不承担证明犯罪、指控犯罪的职责，以下辩护意见也不应当被理解为指证任何人实施了犯罪行为。辩护人之所以提及以下内容，是想说明本案完全有可能是他人作案。

首先，证人李某才的证言表明，陈琼某的父亲曾经在 1992 年 12 月 15 日左右找李某才带其去钟作宽的住处讨要一份陈琼某和别人签订的合同文书，该合同文书关系到陈琼某能否出狱。但钟作宽说没有合同，并阻止其上楼寻找。后李某才于 12 月 24 日在自己的密码箱中找到了那份合同；但警方在调查证人李某忠时，李某忠却表示该合同是在自己家中的衣柜里找到的。二人证言存在着明显的矛盾，无法证实谁在撒谎，而如果他们均在撒谎，是否想要掩盖这份合同实际上是从钟作宽那里得来的这一事实？若如此，陈琼某的父亲就存在作案的重大嫌疑。

其次，陈满供述现场发现一副近视眼镜，但死者与陈满均不是近视眼，现场的近视眼镜到底归属何人？公安未作指纹鉴定和说明。这一事实也从侧面说明，本案凶手应当另有其人。

另外，家住上坡下村 107 号的郑某某证实："109 号失火前……下午 3 时多至 4 时，看见过 109 号门口前墙下站着四个人……两个骑车的人……剩下的两个人还在 109 号门前……四个人大概都是 30多岁……"黄某某证实："12 月 25 日下午 5 点多……109 号房前站着四个小青年……均是 24 岁左右的青年，身穿浅翠绿色的风衣夹克……没有留意……大约将近 8 时……109 号起火了……"这两份证言中提到的四个人是不是来找钟作宽的？四个人走了两个，剩下的两个是什么时候离开的？这些问题侦查机关并没有进行侦查，而从案卷材料来看，这四个人有重大嫌疑。

因此，本案不能排除其他人作案的可能性。警方在侦查过程中，仅仅因陈满工作证出现在案发现场就将陈满确定为唯一嫌疑人并沿此方向进行侦查，侦查方向本身就存在很大的偏差。

综上所述，本案有众多证人证言证明陈满没有作案时间，侦查机关也没有收集到认定陈满犯故意杀人罪、放火罪的直接证据，其他间接证据没有形成一个严密、完整的证据体系，如无陈满的有罪供述，并无其他证据证明陈满杀人放火的事实。陈满的有罪供述与案件事实和已查实的证据具有不可调和的矛盾，侦查人员采用了刑讯逼供等非法手段获取陈满的有罪供述，原裁判据以定罪的主要证据——陈满有罪供述的合法性和真实性存在疑问。证明陈满实施了故意杀人、放火犯罪的证据严重不足，不能认定陈满就是杀人凶手。证明陈满没有实施犯罪的证据确实、充分。鉴于此，我们建议对陈满立即宣告无罪。

此致

浙江省高级人民法院

辩护人：易延友

陈满案再审辩护人易延友

■ 审 判

浙江省高级人民法院
刑事判决书

（2015）浙刑再字第 2 号

原公诉机关海南省海口市人民检察院。

原审被告人陈满，男，汉族，四川省富县人，高中文化，无业。因本案于 1992 年 12 月 28 日被收容审查，1993 年 9 月 25 日被逮捕。现在海南省美兰监狱服刑。

辩护人易延友，北京市中闻律师事务所律师。

辩护人王万琼，四川容德律师事务所律师。

海口市人民检察院指控原审被告人陈满犯故意杀人罪一案，海口市中级人民法院于 1994 年 11 月 9 日作出一审判决，以故意杀人罪，判处陈满死刑，缓期二年执行，剥夺政治权利终身；以放火罪，判处其有期徒刑九年，决定执行死刑，缓期二年执行，剥夺政治权利终身。宣判后，海口市人民检察院提出抗诉，海南省人民检察院支持抗诉。海南省高级人民法院经依法公开开庭审理，于 1999 年 4 月 15 日作出二审裁定，驳回抗诉，维持原判。裁判生效后，陈满不服，向最高人民检察院提出申诉。2015 年 2 月 10 日，最高人民检察院按照审判监督程序向最高人民法院提出抗诉。最高人民法院于同年 4 月 24 日决定将本案指令本院再审。本院依法组成合议庭，于 2015 年 12 月 29 日在海南省海口市琼山区人民法院公开开庭审理了本案。浙江省人民检察院指派检察员王菊芬、马云、代理检察员竺咏华出庭执行职务。陈满及其辩护人到庭参加诉讼。现已审理终结。

　　……

　　经再审查明，原裁判认定原审被告人陈满于 1992 年 1 月到海口市振东区上坡下村 109 号向被害人钟作宽租房居住，案发前搬离，同年 12 月 25 日晚 7 时许，钟作宽被人杀死在上坡下村 109 号一楼东卧室，中心现场被人放火焚尸灭迹的事实清楚。但原裁判认定系原审被告人陈满杀死被害人钟作宽并焚尸灭迹的事实不清，证据不足。

一、原裁判据以认定案件事实主要证据的有罪供述不能作为定案依据

　　本案原裁判认定原审被告人陈满故意杀人、放火的事实，主要是依据陈满的有罪供述与现场勘查笔录、法医检验报告反映的情况基本相符来定案。但陈满的有罪供述存在以下问题：

　　1. 原审被告人陈满的有罪供述不稳定。经再审查实，陈满在侦查阶段的供述经历了从不承认犯罪，到承认犯罪，又否认犯罪，再承认犯罪的多次反复，到检察机关审查起诉阶段和原一、二审审理时全面翻供。

2. 原审被告人陈满关于作案时间、进出现场、杀人凶器、作案手段、作案过程以及对作案时着装的处理等主要情节的供述不仅前后矛盾，而且与在案的现场勘查笔录、法医检验报告、证人证言等证据所反映的情况不符。

3. 原审被告人陈满供述将自己工作证留在现场的动机得不到合理解释。侦查机关将本案凶手锁定为陈满的关键证据，是在钟作宽的裤袋里发现的陈满的工作证。陈满曾供述，将自己原来的工作证放在钟作宽的裤袋里是为了让人误以为死者是自己，以逃避他人追债。但多名证人证言证明未发现案发后陈满有任何异常，陈满也不存在有意躲藏、躲避他人的情形。

因此，原裁判据以定案的主要证据即陈满的有罪供述及辨认笔录的客观性、真实性存疑，依法不能作为定案依据。

二、本案除原审被告人陈满有罪供述外，无其他证据指向陈满作案

1. 收集在案的现场勘查笔录、法医检验报告等证据不能证明原审被告人陈满作案。火灾原因认定书、现场勘查笔录及照片、物证照片、法医检验报告及照片、法医物证检验报告等证据仅能证明被害人钟作宽被人杀害，作案现场被人为纵火的事实。

2. 案发现场提取的物证无法对原审被告人陈满的有罪供述起到印证作用。据现场勘查笔录等证据反映，侦查人员在案发现场收集到大量物证，包括带血的白衬衣、《海南日报》、卫生纸、破碎的酒瓶、散落在现场的多把刀具、陈满的工作证等，案内证据未显示侦查机关是否对上述物证进行过指纹、血迹鉴定，对白衬衣、工作证等物证没有进行照相留存，而且上述物证在原一审庭审前均已丢失，原一、二审庭审中也无法出示上述物证，没有进行举证、质证，不能作为定案的依据。

3. 原裁判认定的作案凶器难以确认。原裁判认定原审被告人陈满杀死被害人钟作宽的凶器是案发当日侦查人员从案发现场厨房砧板上提取，并经陈满辨认的一把锈迹斑斑的木柄平头菜刀。根据现场勘查笔录和法医检验报告及照片、《审查意见》等证据证实，钟作宽被害前曾遭挟制并因反抗而与作案人发生过剧烈的打斗，其头、面、颈部及双手有二十多处损伤，系一类有尖端凶器一二十次的作用过程所致，其中尸体颈部有一横行切割创口，长度约 25 厘米，深至颈椎前缘，气管、左侧颈总静脉和右侧颈总动脉被割断，导致其死亡。陈满有罪供述交代并辨认过的作案工具平头菜刀，难以形成导致钟作宽死亡的相关损伤。

4. 在案证人证言只是证明了案发时的相关情况、案发前后原审被告人陈满的活动情况以及陈满与被害人钟作宽的关系等，无法证明陈满实施了杀死钟作宽并焚尸灭迹的行为。

综上所述，原裁判认定原审被告人陈满杀死被害人钟作宽并焚尸灭迹的事实不具有唯一性和排他性，再审不予认定，检、辩双方对此所提的意见应予采纳。

再审中，原审被告人陈满及其辩护人均提出，侦查机关采用了刑讯逼供等非法手段获取陈满的有罪供述。出庭检察员认为，虽然本案侦查机关取证的合法性存在疑问，但除陈满的辩解外，没有其他证据能够证明本案存在采用刑讯逼供等非法手段收集陈满供述的行为。经再审审查，出庭检察员的意见成立，予以采纳。

本院认为，原裁判认定原审被告人陈满杀死被害人钟作宽并放火焚尸灭迹的事实不清，证据不足，指控的犯罪不能成立，依法应予改判纠正。检、辩双方要求撤销原裁判，宣告陈满无罪的意见成立，均予以采纳。本案经本院审判委员会讨论决定，依照《中华人民共和国刑事诉讼法》第 245 条、第 225 条第 1 款第 3 项，《最高人民法院关于适用〈中华人民共和国刑事诉讼法〉的解释》第 389 条第 2 款之规定，判决如下：

一、撤销海南省高级人民法院（1994）琼刑终字第 81 号刑事裁定和海口市中级人民法院（1994）海中刑初字第 19 号刑事判决；

二、原审被告人陈满无罪。

本判决为终审判决。

审 判 长 张 勤

审 判 员 任更丰

代理审判员 傅贤生

浙江省高级人民法院

二〇一六年一月二十五日

书 记 员 姚 聪

陈满案庭审现场

■ 律师手记

一

最初接触陈满案，是在 2013 年 12 月。简要了解了案情：案件发生在 1992 年底，生效判决作出于 1994 年；被告人陈满被指控杀人、放火，一审被判处死缓；判决后被告人没有上诉，检察机关以量刑过轻为由提起抗诉，海南高院经二审后裁定维持原判。我一听案情，就觉得这个案件即使是冤案，申诉成功的胜算也不大。第一，时间比较久远。时间越久，过去的事情就越难以查清，官方平反的成本也就越高，其平反的意愿也就越弱，因此难度也就越大。第二，陈满自己认为自己冤枉，判决后却没有上诉，让人心生疑虑。第三，本案既没有死者归来，也没有真凶再现，在我之前已有多位大律师接力申诉，均被拒绝，我成功的可能性微乎其微。

基于这些顾虑，我决定慎重接案。我仔细地阅读了陈满案的全部案卷。看完案卷后，我基本上决心已定。案卷给我几个特别的印象：一是该案一、二审定罪的证据当中，很多明显是证明陈满无罪的证据，尤其是大量的证明陈满没有作案时间的证人证言，却都被当作证明陈满有罪的证据来使用。二是该案所有的物证全部丢失，既没有在一审法院出示，也没有在二审法院出示，这就意味着法庭上完全不可能对这些所谓的证据进行质证。三是证明该案关键事实的唯一证据是陈满自己的供述，但是陈满的供述本身充满了大量的矛盾——既与客观事实矛盾，也自相矛盾；而且按陈满自己的申诉，他是在被收审 10 天后遭到残酷刑讯逼供的情况下，不得已才做出的供述。我觉得陈满案很有可能是一个冤案。虽然我内心仍然没有十分的确信，但是我已经基本确定接受这个案件的委托，代其进行申诉。

这个案件在我介入之前就已经吸引了律师界的各路诸侯。张青松、李肖霖、伍雷、陈建刚等律师先后向海南省高级人民法院、海南省人民检察院和最高人民法院进行了申诉。中间还有十几位律师为这个案件奔波操劳。这个案件的难度，于此亦可见一斑。

二

接受委托后，我放下一切要紧的事，与王律师一起到海南省海口市美兰监狱去会见陈满。会见的目的自然是了结我心中仍然对本案存在的疑惑：陈满究竟是怎样的一个人？他是不是一个杀人犯？如果他没有杀人，为什么会供述得如此详细，又为什么会在一审被判处死缓后没有上诉？

通过与监狱长沟通，最终被安排在监区内会见。我把自己心中的疑问向比我只大10岁的陈满一一道出。坦率地说，陈满对有些问题的回答让我很失望。比如，对于他口供中的那些细节问题，陈满的回答是：这些事情我都说不清楚，他们把我搞成这个样子，不去查清楚事实，我又怎么能说清楚呢？陈满一度显得很激动，认为我不理解他，认为整个社会都辜负了他。在他这样激动的时候，我也没有试图去阻止他或者打断他，因为我希望能够通过这些问题看清楚一个真实的陈满。经过反复的发问，我大体上明白：陈满这个人基本上没有什么社会阅历，尽管案发时他也年近三十，但是对这个社会的理解，包括对我们司法制度的运转，可以说知之甚少；因此他只是简单地认为，不管他自己是怎么供认的，司法机关都应当把事情查清楚。至于他供述中的那些细节，经过反复征询，陈满终于讲清楚，那就是在残酷的刑讯逼供之下，侦查人员想要什么样的细节就会有什么细节。对于为何没有上诉这个问题，陈满倒是说得很清楚：一审判决之后他没有拿到判决书；他一直等着家里聘请的二审律师去见他并帮助他上诉，但是律师一直没有等到，所以耽误了。

见完陈满，我再一次检视了自己之前对该案已经形成的印象，基本确定陈满案是个冤案。理由如下：第一，有罪的证据严重不足；第二，证明陈满没有作案时间的证人证言既充分又相互印证；第三，陈满虽有供述，但显然遭受了刑讯逼供。所以，会见完毕，我马不停蹄地开始写申诉状。

2014年2月22日，我最后一次对申诉状进行修正和润色，之后拜托两位学生帮我到最高人民检察院申诉大厅递交了申诉状，从此开始了正式的申诉征程。

三

我觉得比较幸运的是，在陈满案申诉过程中，最高检给了我最大的优待，案件进展的每一步都能及时地告知。3月，最高检通知我申诉状已经收到，并且指派专人办理。5月，最高检通知我，其已经向海南高院调卷。7月份，最高检通知我，其已经决定立案复查。我将这些消息及时地告知了陈满案的另一位申诉代理人王万琼律师，并通过她转告给宅老余晖和陈满年迈的双亲。尤其是在最高检决定立案复查的消息传来的时候，不仅是我，王律师，宅老余晖，还有陈满的父母，都看到了希望，也充满了希望。

最高检询问陈满之后，就再也没有消息了。也可能是8月份澎湃新闻网的那篇报道让他们感受到了更多压力的缘故吧。从8月底到年底的一段时间，所有密切关注此案的人都陷入了无尽的等待，而这个时候我知道多说无益，只有一个"等"字。

2015 年 2 月 15 日上午，我来到办公室。大约 11 点，最高检的检察官打电话告诉我最高检已经决定向最高院提起抗诉。我简直兴奋得要跳起来。他们让我有空去拿一下复查通知。我说我第二天就有空。最后约好了 16 日上午去拿复查通知。

在最高检门口刚好碰到申诉厅的罗副厅长，寒暄了几句。工作人员把我接到申诉厅案件查办二处的办公室，主办该案的杜处长正好在办公室。杜处长也是安徽于英生杀妻冤案申诉复查的案件承办人，正是由于他的不懈努力，该案才得以平反昭雪。杜处长给我介绍了陈满案的情况，说这个案件最高检已经决定提起抗诉，并说最高院会将抗诉书副本送给我。他们也是希望陈满的父母能够过好春节，才在诉讼文书制作出来后就立即通知我去取了。

最高检的抗诉是一个意义重大的法治事件。不仅陈满案胜利在望，陈满个人有望沉冤昭雪，而且众多的喊冤者也看到了希望。多年来，最高检只有在不满高级人民法院作出的无罪判决或者罪轻判决的场合，才会向最高院提出抗诉，要求重审。今天，最高检以证据不足、事实不清、适用法律有误为由，向最高院提出要求改判被告人无罪的抗诉，在我印象中尚属首次，可以说史无前例。

四

2015 年 4 月初，经与最高人民法院法官联系，代理律师第一次到最高人民法院阅卷。过了一段时间，最高人民法院通知我前去商议如何处理陈满案件，我再一次陈述了希望陈满案由最高人民法院审理而且应当尽快审理的意见。我陈述了几点理由：第一，陈满案已经海南高院多次复查，均被驳回，该案发回海南高院重审已无意义；第二，该案既然由最高人民检察院抗诉，从尊重最高人民检察院的角度，也应当由最高人民法院审理；第三，最高人民法院亲自纠正冤假错案，对于树立最高人民法院的正面形象也有积极意义。

很遗憾，最高人民法院最终还是决定将案件交下级法院审理。2015 年 4 月 24 日，最高人民法院做出再审决定书，"本院经审查认为，海南省高级人民法院（1994）琼刑终字第 81 号刑事裁定认定被告人陈满犯故意杀人、放火罪的事实不清、证据不足，指令浙江省高级人民法院对本案进行审理"。从这个再审决定书中，我们看到最高人民法院实际上已经对该案的实体问题得出了结论性意见，那就是"事实不清、证据不足"。根据法律规定，定罪的证明标准是犯罪事实清楚、证据确实充分。既然认定陈满犯故意杀人、放火罪的事实不清、证据不足，就应当得出无罪的判决结论。因此，虽然最高人民法院在程序上仍然没有对陈满案作出最终的结论，但其在实体上已经作出了结论。再加上本案是最高人民检察院无罪抗诉第一案，我相信该案无论由哪个高级人民法院来审理，都应当在这个框架内来处理。因此，本案的最终结论其实已经没有悬念。

但是，为保险起见，我还是撰写了详细的代理意见，于 2015 年 6 月初递交给浙江高院，以便帮助该院审理法官便捷地了解案情和案件的实质争议。在这期间，新闻媒体也一直对该案进行追踪报道，但是浙江高院却直到 8 月都不见动静。到 9 月，浙江高院的任更丰法官主动和我联系，主要是说明浙江高院为了慎重对待最高人民法院交办的案件，做了一些调查取证的工作，所以耽误了。任法官还说他就是张高平叔侄强奸杀人案的再审法官。我听了以后更加觉得这个案件最终结果应该不会出乎意料。

12 月，浙江高院终于通知，12 月 17 日到浙江高院阅卷，18 日召开庭前会议。原来，浙江高院费了很大的力气，找到了原审的一些证人，重新对他们进行了调查取证。我于2015年12月17日如约到浙江高院阅卷，并看到了浙江高院和浙江省人民检察院提供的新证据，其中最重要的是浙江高院取得的证人证言。2015年12月18日，辩护律师在浙江高院参加了庭前会议，就案件审理中的程序问题与浙江高院法官进行了充分的沟通。12月29日，陈满案终于在海南省海口市琼山区人民法院大法庭公开开庭审理。

庭审中，我发表了五点辩护意见：根据证人证言，陈满案发时不在案发现场，没有作案时间；原审庭审时，所有物证均已丢失，如无陈满供述，本案并无其他证据证明陈满杀人放火的事实，完全依赖口供定案违反了刑事诉讼法的基本原则；陈满的口供与案件事实和已查实的证据具有不可调和的矛盾；原办案机关存在严重的违法行为；本案不能排除他人作案的可能性。

基于对浙江高院的尊重，我在发表第一点辩护意见时着重指出，本案再审过程中，合议庭重新走访案中关键证人并取得的证人证言从各个方面说明本案不可能是陈满所为。新的证人证言表明陈满没有作案动机、案发后举止并无异常，且这些证言都表明陈满是一个性格温和、略有内向且稍显懦弱的人，根本不具备原审公安机关所认定的"凶狠狡诈"的性格。

如所预料，由于是最高人民检察院抗诉的案件，浙江省人民检察院虽然也派员出庭，但出庭检察员不可能在法庭上发表与最高人民检察院立场不一致的意见。他们的意见实际上代表了最高人民检察院的意见，那就是：本案证人证言表明陈满没有作案时间，不存在证明陈满作案的客观证据，因此应当宣布陈满无罪。这是有利于被告的再审庭审的一大奇观：在法庭上没有"控辩双方"，只有"检辩双方"；辩护人和出庭检察官轮番证明陈满无罪。当晚，中央电视台以及各大媒体都以"检辩双方轮番证明陈满无罪"为题对当天的庭审进行了报道。

五

2016 年 2 月 1 日，两年中第七次来到海口。没有雾霾，只有烟雨迷蒙。在经历了李金星、张青松、李肖霖等众多律师接力申诉之后，终于等来了陈满案最终宣判。上午 8 点，记者和关心陈满的人们就已经焦急地等候在美兰监狱门外。

8 点半，浙江高院的法官、浙江省人民检察院的检察官陆续来到监狱门外。辩护人在一名狱警的带领下，进入监区内的一个法庭。陈满穿着上次庭审时监狱给他买的运动服，没有佩戴戒具。我跟他握了握手，提前向他祝贺。

9 点半，正式开庭宣判。审判长让法警将陈满带入法庭，此时陈满已戴上手铐，审判长让法警把戒具打开。谢天谢地，这是陈满最后一次戴手铐了。审判长用了大约半个小时宣读判决书，对原审裁定进行了纠正，宣告陈满无罪释放。

宣判完毕，审判长还告知陈满有权申请国家赔偿。本案的承办法官将陈满叫到审判庭旁边的一个休息室。海南高院的副院长对陈满说：今天浙江高院宣判你无罪，我代表海南高院向你鞠躬致歉，并送给你 5000 元以示慰问。说完向陈满深深地鞠了一躬。作为在场亲眼见证这一时刻的再审辩护人，我觉得海南高院的道歉还是真诚的。陈满是一个淳朴、忠厚的老实人，他对我们的司法机关给他带来的巨大痛苦表示了足够的宽容。至少在这个时刻，他没有对国家、对社会表示出任何怨恨。

宣告无罪后的陈满

■ 评 议

　　回顾给陈满申冤的这两年，我深深地觉得我们的审判监督程序需要做一次彻底的改造。坦率地讲，在我申诉的过程中，最高人民检察院的检察官对陈满案给予了前所未有的重视，对申诉代理人的权利也给予了充分的保护。但是，我也知道，一方面，本案的申诉不仅路途遥远，而且充满坎坷，尽管在我接力的最后这两年比较顺利，之前却是一路颠簸。另一方面，其他刑事案件的申诉可能比这个案件还要艰难。比较普遍的情况是，申诉材料一旦递交，就仿佛泥牛入海，杳无音讯。《刑事诉讼法》和相关司法解释都没有规定受理申诉的司法机关审查申诉材料的期限。尽管再审案件从立案到结案有期限规定，但受理申诉材料到立案的过程却无期限限制，导致很多案件的处理遥遥无期。同时，由于最高人民法院司法解释规定申诉一般应向作出原生效裁判的法院提出，原生效法院就一直延宕不决，当事人也就无法获得上一级法院的救济。指望作出原生效裁判的法院纠正自己简直是与虎谋皮。

黑龙江的一个当事人家属（抑或律师）完全模仿了我在陈满案中写给最高人民检察院的申诉状。除了将标题和正文中的陈满改为当事人自己的名字以外，几乎完全照抄了我的申诉状：第一部分说证人证言证明被告人没有作案时间；第二部分说物证丢失，不存在证明被告人犯罪的客观证据；第三部分说被告人遭受刑讯逼供，以口供定案违反了刑事诉讼法规定的原则。天底下居然有一模一样的冤案？我仔细看了看，法律事实确实有相似的部分，案件情节却完全不一样。我这样写申诉状侥幸获得了成功，别人这样写也能获得成功吗？如果申诉成功可以有相同的模式，我应当就陈满案申诉状申请知识产权保护。但是知识产权法貌似不保护此类著作成果。无论如何，我祝愿他申诉成功。

还有的当事人发来律师写的申诉状，我看了以后真觉得着急。因为这些申诉状完全主次不分，对于案件事实问题、实体法适用问题只字不提或者只是寥寥数语，或者放在申诉状很不起眼的角落，而对于原审侦查、起诉和审判中的程序性问题则大加渲染。由于再审程序启动的困难，要想在难上加难的申诉程序中获得成功，没有比较扎实的证据证明原审被告人确实是被冤枉的，只是努力证明原审在侦查、起诉和审判中存在程序性的错误，是很难打动负责审查申诉的办案人员的。在大多数申诉案件中，除非原审在侦查、起诉或审判程序中出现的错误十分离谱甚至离奇，或者申诉人对于原审被告人被冤枉的事实能够证明到比原审检察机关证明被告人有罪还要清晰的程度，否则都很难获得成功。

总而言之，冤案太多，仅靠一些律师良心颤动导致头脑发热提供援助是完全无望的，最根本的还是要防止冤案的发生。就预防冤案而言，从源头做起，犯罪嫌疑人一旦失去人身自由就赋予其沉默权和在侦查讯问期间要求律师在场的权利，应当是陈满案带给我们制度上的最大教训。陈满冤案之所以发生，和他遭受残酷的刑讯逼供密不可分。如果在讯问时犯罪嫌疑人有权要求律师在场，刑讯逼供就不可能发生。另外，申请法庭强制传唤有利于己的证人到庭作证以及要求不利于己的证人当庭对质，也是预防冤错案件的根本性机制。

另外，对陈满案原审判决和裁定的审视也让我深深地感到：我们的证据规则实在是过于粗疏。陈满案一个最大的特点就是侦查机关在案发现场收集的物证全部丢失。我在辩护过程中曾经反复强调：物证与案件的关联性都是附条件的，所有物证都应当经过法庭辨认和质证，有些物证要经过鉴定才满足关联性的条件。既没有经过辨认、质证，也没有经过物证鉴定的证据，是不满足关联性条件，从而也不能作为定案根据的。我国《刑事诉讼法》和相关司法解释虽然对于物证的辨认和质证有一些规定，但是具体如何操作，对物证、书证如何进行法庭上的验真，却少有详细的规则。理论上对物证验真的性质、意义和具体方法也缺乏深入探讨，实务中对此更是莫衷一是。纠正冤案的过程，也使我们意识到科学精致的证据规则的重要性。

陈满从 1992 年 12 月 27 日晚被收审，到今天已经被关押了整整 23 年。陈满在被收审之前是有女朋友的。如果不是由于这场冤案，陈满本可像其他正常人一样结婚生子，享受人伦之乐。如今，法院给陈满平反昭雪，陈满也可以获得他应有的赔偿，这对于陈满而言当然是重要的。但是，无论如何，也恢复不了陈满失去的青春，平复不了陈满遭受的创痛。陈满案的再审改判，体现了司法的进步，但更重要的是，我们如何通过这个具体的个案，反思我们的制度。

试想一下，如果陈满从第一次讯问起就有律师在旁帮助，公安机关还会对陈满刑讯逼供吗？邓小平曾经说过，一个好的制度，坏人放进去也会变好；一个坏的制度，好人放进去也会变坏。所以我们今天在这里不是要去单纯地指责哪个公安人员，不是要去指责原审程序中的侦查机关。要求严厉追责的观点自然也有一定的道理，但在讯问制度尚不完善的情况下，严厉追责的观点欠缺一定的正当性。另外，过分强调严厉追责，会使得我们虽然在一些个案中快意了恩仇，但是却容易迫使其他冤案制造者不惜一切代价地阻挠冤案的平反，也就会导致后续冤案平反的难度极大地增加。这一结果与那些主张严厉追责者的善良愿望也是背道而驰的。我认为反思比追责更重要，制度完善比个人追责更重要。

再比如，我们今天在这里看到浙江省高级人民法院调取的证人证言，其中澄清了原审证言当中的很多疑问。这些新的证据证明了陈满没有作案动机，没有作案时间，案发后举止没有异常，而且陈满也不具备公安机关所说的凶残狡诈的性格。如果当初原审法院就将这些证人传唤到法庭上，那么多证人异口同声地证明陈满没有作案时间，原审法院还会认定陈满有罪吗？即使有个别证人证言存在模糊之处，也可以通过律师的询问加以澄清。可是证人如果不出庭，这些矛盾就得不到解决，疑点就得不到澄清，有利于被告人的证言的证明力也会削弱。如果我们的制度确立了被告人与不利于己的证人对质的权利以及申请法庭强制传唤有利于被告人的证人出庭作证的权利，我相信陈满不至于冤到今天。

所以，如果我们不去反思这样的制度缺陷，不去进行根本上的完善，那么我们今天平反一个陈满案件，却还可能继续制造一些冤案。只有当制度上的不足之处得到进一步的完善，我们才能够尽可能地避免冤案的发生，防止这种人间悲剧，也才可以真正地挥手告别过去，走向未来。

清华大学 易延友教授

强奸杀人碎尸案十六年昭雪

——江西乐平黄志强、方春平、程发根、程立和四人故意杀人、抢劫、强奸案

■ 回　顾

　　乐平镇中店村的村民程立和万万没有想到，自己贪便宜在路边买的一部旧手机，会给自己带来 16 年的牢狱之灾。当地警方在一起抢劫案中抓获了一个名叫程某甲的人，此人供述抢劫来的手机卖给了中店村的程立和。看到中店村的名字，警方不禁想起了一宗追查两年、毫无线索的杀人命案。

　　这起悬而未破的疑难命案，就是"5·24 乐平奸杀碎尸案"。2000 年 5 月 23 日晚上，中店村绿宝超市老板蒋某才与外地女子郝某约会时双双被害，蒋某才被抛尸于村北一块名叫"天无底"的湿地里，郝某至今死不见尸，只发现了某村民家养的土狗不知从哪儿衔回来的半只手臂。虽然警方在案发现场提取了烟头、毛发、血迹等大量证据，然而在锁定犯罪嫌疑人的问题上一直毫无建树，现在天上掉下来一个程立和，愁眉不展的乐平警方不禁眼前一亮。

　　很快，程立和不仅承认了自己是"5·24 乐平奸杀碎尸案"中

杀死蒋、郝的凶手，还供出了同村的黄志强、方春平、程发根、汪某某四名同案犯。2002年5月末6月初，黄志强、方春平、程发根三人先后被乐平公安局抓捕，汪某某闻风而动、连夜逃脱。被抓捕的四人在乐平市公安局制作的讯问笔录中"供述"与汪某某共同实施"5·24案"，方春平、黄志强"供述"与另案处理的程某甲实施"9·9案"（1999年9月8日夜，乐平市登高山邹某新与女子熊某约会时，邹某新被人杀害，熊某逃脱报案，该案被命名为"9·9案"）。

已搁置两年毫无进展的悬案，就这样一夕告破。

2003年7月17日，景德镇市中级人民法院一审判处黄志强、程立和、方春平、程发根死刑，认定黄志强、方春平与程某甲实施"9·9案"，将邹某新杀死，轮奸熊某；黄志强、方春平、程发根、程立和与汪某某实施"5·24案"，杀害蒋某才，轮奸郝某后，杀死郝某并分尸、抛尸。

判决后，黄志强、程立和、方春平、程发根四人均上诉于江西省高级人民法院。2004年1月17日，江西省高级人民法院裁定撤销原判，发回重审。

景德镇市中级人民法院另组合议庭重审此案，2004年11月18日仍判处四人死刑，认定黄志强、方春平与程某甲实施"9·9案"，黄志强、方春平、程发根、程立和与汪某某实施"5·24案"。

判决后，四人对重审判决不服，再次上诉。2006年5月，江西省高级人民法院认为原审认定"9·9案"事实不清，证据不足，不予认定；原审认定黄志强、方春平、程发根、程立和与汪某某实施"5·24案"定罪准确，审判程序合法。"鉴于本案的具体情况，对上诉人黄志强、方春平、程发根、程立和判处死刑可不立即执行"，改判四人死刑，缓期两年执行。

四人及家属不服提出申诉。2008年1月9日，江西省高级人民法院驳回申诉。2010 年 11 月 17 日，最高人民法院驳回申诉。

2011 年 12 月 25 日，乐平公安宣布 2004 年以来发生的十余名女性被侵害、4 起命案成功告破，均为方某甲所为。2012 年 4 月 21 日上午，方某甲到乐平赣东北大市场指认现场，对同村村民说，"5·24 案"是其所为。2013 年 10 月 30 日，方某甲案在景德镇市中级人民法院不公开审理，方某甲当庭表示"5·24 案"是其所为。

黄志强、方春平、程发根、程立和及其代理律师再次向江西省高级人民法院提出申诉，江西省高级人民法院以本案已经被最高人民法院驳回为由，不予受理，对代理律师提出方某甲的出现导致本案有新证据足以推翻原审判决的主张不予支持。律师多次提出阅卷要求，江西省高级人民法院和景德镇市中级人民法院称"案卷被有关部门借阅"，未能交代理律师查阅。

2013 年 6 月，"5·24 案"在逃嫌疑人汪某某在南昌被抓。2013 年 12 月，指控汪某某参与"5·24 案"的案卷被退回警方补充侦查。2014 年 6 月 19 日，汪某某被取保候审。

2015 年 5 月 21 日，江西省高级人民法院法官前往景德镇监狱提审了黄志强、方春平、程发根、程立和。2015 年 7 月 31 日，江西省高级人民法院决定对本案立案审查，并于 2016 年 4 月 27 日做出再审决定。

2016 年 11 月 30 日，江西省高级人民法院不公开开庭再审。12 月 22 日，公开开庭宣判，认为原审认定黄志强、方春平、程发根、程立和有罪的事实不清，证据不足，宣告四人无罪。2016 年 12 月 23 日，景德镇市人民检察院向汪某某送达不予起诉决定书，认为"本案证据没有形成完整锁链，没有达到证据确实、充分的法定证明标准，不符合起诉条件"。

至此，五人最终都洗清了自己"强奸、杀人、抢劫"的嫌疑。

（左一至左四）程立和、程发根、方春平、黄志强

■ 控 诉

江西省景德镇市人民检察院
起诉书

景检刑诉字（2003）第 10 号

被告人黄志强，又名黄志祥，绰号"壁佬"，男，汉族，江西乐平人，小学文化，职业种田，2002 年 5 月 31 日因涉嫌销赃被乐平市公安局刑事拘留，同年 6 月 19 日因涉嫌抢劫罪、强奸罪、故意杀人罪被依法逮捕。

被告人方春平，又名方有平、方小平，绰号"洋猪仂"，男，汉族，江西乐平人，小学文化，职业种田兼养羊，2002年6月2日因涉嫌销赃被乐平市公安局刑事拘留，同年6月19日因涉嫌抢劫罪、强奸罪、故意杀人罪被依法逮捕。

被告人程发根，男，汉族，江西乐平人，初中文化，职业木匠，2002年6月6日因涉嫌抢劫罪、强奸罪、故意杀人罪被乐平市公安局刑事拘留，同年6月19日因涉嫌抢劫罪、强奸罪、故意杀人罪被依法逮捕。

被告人程立和，绰号"油炸果"，男，汉族，江西乐平人，小学文化，职业种田，2002年5月25日因涉嫌销赃被乐平市公安局刑事拘留，同年6月19日因涉嫌抢劫罪、强奸罪、故意杀人罪被依法逮捕。

本案由乐平市公安局侦查终结，以被告人黄志强、方春平、程发根、程立和涉嫌抢劫罪、故意杀人罪、强奸罪移送乐平市人民检察院，该院依法报送本院审查起诉。本院受理后依法讯问了各被告人，听取了各被告人辩护人的意见，依法退回公安机关补充侦查两次后审查了全部案件材料。

经依法审查查明：

1999年9月8日晚，被告人黄志强、方春平携带卡刀和携带羊角锤的程某甲（另案起诉），相邀窜至乐平市东湖公园登高山附近伺机抢劫作案。当晚零时许，上述三人在登高山上乐平电视台左侧羽毛球场边的一个凉亭内发现一对男女（系被害人邹某新、熊某），便各持凶器立刻围上去朝毫无戒备的被害人邹某新头部、身体上猛砍、猛砸，被害人熊某见状呼叫时也遭到砍击，熊某被砍得大脑发蒙后又被三被告人挟持到登高山后山。程某甲用方春平的刀割开熊某的衣服后，与黄志强一同先后轮奸了熊某，并抢走熊某的一根黄金项链。后三人逃离现场。被害人邹某新经抢救无效死亡，被害人熊某的伤情经法医鉴定为轻伤乙级。

2000 年 5 月 23 日晚,被告人黄志强、方春平、程发根、程立和、汪某某(另案处理)五人带刀相邀,经预谋后窜至乐平市东湖公园登高山东侧田畈处伺机作案。当晚 23 时许,上述五人在中店村"无天底"田间小路上发现一对男女(绿宝超市老板蒋某才及山东籍女子郝某),便迅速围上去欲敲诈钱财。被害人蒋某才不从,争执中汪某某便一刀砍在蒋某才头部,郝某见状逃走,汪某某便去追赶。其余四被告人便各持凶器朝蒋某才头部、身上乱砍,致使蒋某才当场死亡。被告人程发根从蒋某才身上搜出 5000 余元现金、黑色翻盖手机等物后,又从停靠一边的被害人蒋某才的摩托车上解下一根绳索,与被告人黄志强、方春平、程立和一道将蒋某才的尸体绑在摩托车后架上欲移尸灭迹,因未推稳摩托车,致使摩托车翻倒于路边田中,尸体被压于车下,四被告只得放弃移尸。随即四被告人又赶到汪某某抓到郝某处,五人先后对郝某进行强奸。为灭口,被告人程发根又找来绳子紧勒郝某颈部,其余四人按住郝某将其勒死。为灭迹,五人将郝某尸体抬到登高山后一树林处草草掩埋。为防尸体被发现和逃避打击,五人商量后再次决定分尸灭迹,随后分头准备分尸工具。次日中午,五人聚集在埋尸地点,抽签决定顺序后依次持刀碎尸,并将尸块装入塑料袋,各自拎走四处抛散。从两被害人身上抢得的 5000 余元现金、摩托罗拉手机、郝某的一张面值 30 元的 IC 卡被五人瓜分。案发后,被告人程发根、黄志强、方春平三人用抢来的 IC 卡于 2000 年 6 月 25 日、28 日两晚分别在公用电话亭打电话给绿宝超市,欲敲诈 10 万元,后怕暴露,三人放弃了企图。

认定上述事实的证据有:各被告人的供述;被害人陈述;证人证言;现场指认及现场勘查笔录、照片;法医学鉴定书及照片等技术性鉴定资料；视听资料等。

本院认为：被告人黄志强、方春平伙同他人主动积极参与抢劫二次，抢得黄金项链一根，手机一部，IC 卡一张及 5000 余元现金等财物，对二名女青年实施轮奸（其中方春平轮奸一人），故意杀死三人，并欲敲诈绿宝超市 10 万元，其行为触犯了《中华人民共和国刑法》第 263 条第 5 项、第 232 条、第 236 条第 4 项、第 274 条之规定，犯罪事实清楚，证据确实、充分，应以抢劫罪、故意杀人罪、强奸罪、敲诈勒索罪追究其刑事责任。此案具有《刑法》第 25 条、第 26 条规定的情节，其中敲诈勒索行为中具有第 24 条规定的情节。

被告人程发根伙同他人主动积极参与抢劫一次，抢得手机、IC 卡、5000 余元现金等财物，对一名女性实施轮奸，故意杀死二人，并欲敲诈绿宝超市 10 万元，其行为已触犯了《中华人民共和国刑法》第 263 条第 5 项、第 232 条、第 236 条第 4 项、第 274 条之规定，犯罪事实清楚，证据确实充分，应以抢劫罪、故意杀人罪、强奸罪、敲诈勒索罪追究其刑事责任。此案具有《刑法》第 25 条、第 26 条规定的情节，其中敲诈勒索行为中具有第 24 条规定的情节。

被告人程立和积极伙同他人抢劫一次，抢得 5000 余元现金、IC 卡一张、手机一部等财物，轮奸一人，故意杀死二人，其行为已触犯《中华人民共和国刑法》第 263 条第 5 项、第 232 条、第 236 条第 4 项之规定，犯罪事实清楚，证据确实、充分，应以抢劫罪、故意杀人罪、强奸罪追究其刑事责任。此案具有《刑法》第 25 条、第 26 条规定的情节。

根据《中华人民共和国刑事诉讼法》第 141 条的规定，提起公诉，请依法判处。

此致

景德镇市中级人民法院

检察员：许文军

景德镇市人民检察院

二〇〇三年三月四日

本案原判决发生法律效力后，四原审被告人向江西省高级人民法院提出申诉。江西省高级人民法院对本案立案审查，并向原侦查机关调取了三份新的证据材料，证明原判认定的事实确有错误，可能影响定罪量刑，于 2016 年 4 月 27 日作出再审决定。江西省高级人民法院于 2016 年 11 月 30 日依法另行组成合议庭对本案进行再审，江西省人民检察院指派检察员颜萍、代理检察员邱伟、杨洋、曾洋出庭执行职务，并发表如下意见：

在案的客观证据与四原审被告人缺乏关联性；除有罪供述外，无其他证据指向四原审被告人作案，而有罪供述及指认笔录与其他证据存在矛盾；原审认定黄志强、方春平、程发根、程立和犯罪的事实不清、证据不足。

鉴于本案有罪证据、无罪证据共存，原审认定四原审被告人构成犯罪的证据达不到事实清楚、证据确实充分的证明标准，不能得出系四原审被告人实施犯罪的唯一结论，建议再审法院依法作出公正判决。

具体理由为：

1. 相关现场的痕迹物证与四原审被告人没有关联性。杀人现场提取的痕迹物证经鉴定不具有与四原审被告人的关联性，发现断臂现场提取的物证经鉴定没有指向四原审被告人，四原审被告人各自指认的地点未能提取到与案件相关的客观证据。

2. 在原审被告人供认和指认的抛尸地点未提取到被害人的尸块，四原审被告人关于抛尸现场的供认和指认，客观性和真实性存疑。

3. 被害人的 IC 卡是否与四原审被告人相关联存在疑问，证人程某丙关于 IC 卡来源的证言前后反复，缺乏客观性证据印证，真实性存疑。有关 IC 卡的通话记录也不能与四原审被告人相关联。

4. 四原审被告人有罪供述与其他证据之间存在矛盾。作案工具、创口部位存在供证矛盾，现场勘查反映的重要细节没有相应的供述予以印证。

再审庭审中，出庭检察员出示了下列新证据：

1. 乐平市公安局出具的 110 接、处警登记表和中国电信股份有限公司乐平分公司出具的说明，证明本案来源为电话报警，无法查到当时该报警电话的用户资料，向公安机关电话报警的具体人员身份不明。

2. 公安机关对另一起系列抢劫案的犯罪嫌疑人程某甲、李某甲、李某乙、李某丙的讯问笔录，证明涉及四原审被告人的犯罪线索仅为上述人员分别卖过一部手机给程立和、黄志强，不足以证明该四人是在程立和影响下持刀抢劫，公安机关锁定程立和为蒋某才、郝某被害案犯罪嫌疑人的理由不足。

3. 公安部公物证鉴字［2013］6160 号物证检验报告，证明经与公物证鉴字［2013］1467 号物证检验报告比对，所检三块骨片来源于蒋某才。

4. 公安部公物证鉴字［2013］1467 号物证检验报告、景德镇市公安司法鉴定中心（景）公（法）鉴（物）字［2014］4049 号生物物证检验报告，证明现场提取的 29 枚烟蒂中，有 11 枚检出

STR 分型，经比对，均与黄志强、方春平、程发根、程立和的 DNA 不一致。

5. 公安部公物证鉴字〔2013〕6296 号物证检验意见书，证明蒋某才手中的头发断头上有切削痕迹。

6. 乐平市公安局刑侦大队出具的情况说明，证明公安部公物证鉴字〔2013〕3171 号物证检验报告中编号 12 至 18 号血迹分别对应现场编号 1 至 7 号血迹。

■ 辩 护

本院再审中，原审被告人黄志强、方春平、程发根、程立和及其辩护人均提出，本案没有任何证据证明黄志强、方春平、程发根、程立和实施了犯罪，应当依法宣告四人无罪。

主要理由是：

1. 公安机关抓获程立和时，没有任何证据和线索指向程立和等四原审被告人涉及蒋某才、郝某被害案。

2. 2000 年 5 月 24 日下午，程发根在建设银行景德镇市分行铁路分理处办理存款，没有作案时间。有证据证明黄志强、方春平、程立和亦均无作案时间。

3. 本案没有任何客观证据指向四原审被告人。

4. 四原审被告人关于本案的有罪供述及现场指认笔录、照片均系通过刑讯逼供、指供、诱供的非法手段取得，不具有合法性，不能作为定案的依据。

5. 四原审被告人的供述存在诸多无法排除和解释的疑点，且明显与现场勘查笔录及尸检报告存在矛盾，四原审被告人有罪供述不具有真实性。

6. 原判决所采用的传来证据同监犯证言不真实。

7. 蒋某才、郝某被害案系方某甲所为。

再审庭审中，四原审被告人的辩护人出示了下列新证据：

1. 2000 年 12 月 2 日至 6 日公安机关对程某丙的谈话笔录，证明 2000 年端午节前后方某甲卖给程某丙一张 IC 卡，程某丙使用的六张电话卡中没有一张来源于四原审被告人。

2. 程某丙的自书材料，证明程某丙于 2000 年 12 月第一次接受公安机关询问时所说内容是真实的。

3. 公安机关对汪某某所作的讯问笔录和甘某某的证言，证明 2000 年 5 月至 6 月期间，汪某某在福建省晋江市陈埭镇，没有参与蒋某才、郝某被害案，2000 年 5 月 24 日案发前后程立和也可能在福建省晋江市。

4. 张维玉律师对周某甲、周某乙的调查笔录，证明周某甲、周某乙在与程发根、方春平同监期间，并未听程发根、方春平说过亲手杀死了绿宝超市老板。

5. 张维玉、秦雷律师对王某甲等 11 人的谈话视频及根据视频整理的书面记录，证明 2000 年 5 月 24 日黄志强、方春平到了案发现场围观，没有实施分尸的时间。

6. 上海薛荣民律师事务所出具的《关于方某甲案庭审情况的说明》，证明方某甲在 2013 年 10 月 30 日开庭时强调"绿宝超市案"系其本人所为。

7. 公安机关对方某甲的谈话笔录，证明方某甲将与涉案 IC 卡特征接近的一张 IC 卡卖给了程某丙。出庭检察员对上述证据无异议。

本案再审参与辩护的律师团队

原审被告人方春平的辩护人张维玉、秦雷的辩护意见

辩护人作为方春平的申诉代理人参与了案件申诉，经长时间调查、阅卷和参加庭审活动，辩护人对于案件情况有了清楚的了解。发表以下意见：

第一，江西省人民检察院未能依法调取辩护人申请调取的本案批准逮捕及审查起诉阶段检察机关对各原审被告人的讯问笔录，而该证据是可以证明各原审被告人无罪的证据。

本案四原审被告人在原审中及本次再审庭审均进行辩解，称在批准逮捕及审查起诉阶段，乐平市人民检察院和景德镇市人民检察院均对四原审被告人进行讯问，并制作笔录。各原审被告人均对二检察机关如实陈述，反映被刑讯逼供情况并痛陈冤情。

根据《人民检察院刑事诉讼规则》（1998 年修订）第 97、251条的规定，人民检察院应当制作了对各原审被告人的讯问笔录。原审被告人在侦查机关对其严酷刑讯逼供的情况下，认为对检察机关的供述是属实的。辩护人认为这些讯问笔录是可以证明当事人无罪的证据。

根据《刑事诉讼法》（2012年修订）第39、50条，《人民检察院刑事诉讼规则》（2012年修订）第450条的规定，辩护人认为，检察院制作和持有的讯问笔录作为案件证据，可以调取。江西省人民检察院在庭前会议上认为"批捕卷"中的材料属于内卷，不是证明案件事实的材料的说法无疑是站不住脚的。退一步讲，"审查起诉卷"中的材料不属内卷，为什么也不调取呢？

第二，江西省人民检察院没有调取辩护人申请调取的方某甲案卷宗，江西省高级人民法院认为辩护人申请出庭的证人方某甲无出庭必要，使法庭失去在本案再审中查清"5·24案"真相的可能。

庭前会议上，出庭检察员称，希望公安机关提供更多的案件材料，但是至今未收到公安机关提供的证明方某甲杀害蒋某才、郝某的案件材料。检察员也认可辩护人申请调取的该项材料对于进一步查清案件事实至关重要，但是以公安机关未能提供作出解释，明显不当。人民法院、人民检察院在审理案件中需要的证据材料，作为国家行政机关的公安机关拒不提供，人民检察院竟然束手无策，辩护人实在难以理解。

辩护人认可本案庭审重点不是查清"5·24案"真凶，但认为尽可能查清"5·24案"事实应是本案调查的重点。有证据显示方某甲有"5·24案"真凶的嫌疑且其本人认可，其出庭有利于查清本案事实。

合议庭称"鉴于公诉机关未就'5·24案'起诉方某甲，也就是公诉机关不认为'5·24案'与方某甲有关联，没有必要通知方某甲出庭作证"的理由确实不能成立。

第三,本案应依法启动非法证据排除程序,但是合议庭决定不启动该程序,导致本案未针对证据收集的合法性专门调查。

庭前,本案多名辩护人提出非法证据排除申请,并提供了线索,列明了需要排除的证据。合议庭依法应当启动非法证据排除程序,但合议庭决定不启动该程序。

原审被告人和辩护人在庭上也说明各原审被告人供述系在遭受极其残忍的刑讯逼供后形成。四原审被告人在被刑讯逼供 14 年后,手腕上依旧不同程度地留有被吊打过程中手铐嵌入血肉形成的疤痕。方春平在制作录像时脸上还带有血迹。

录像显示,各原审被告人均有被提示按照侦查人员意思供述的情况,侦查人员明显进行"指供"。

第四,本案可以证明各原审被告人有罪的证据均系非法取得,本案无任何合法证据指向各原审被告人实施犯罪行为。

检察员认为本案有罪证据与无罪证据并存,痕迹、物证没有关联原审被告人,被害人 IC 卡是否关联被告人存在疑问,程某某证言反复,原审被告人有罪供述与其他证据间存在矛盾、前后反复、不稳定、与客观证据矛盾,所以认为本案事实不清,证据不足。

按照以上观点,本案有罪证据即是各原审被告人供述及程某某关于黄志强向其转让被害人 IC 卡的证言及其他证人证言。前已述及,各原审被告人讯问笔录是在遭受严重刑讯逼供,被指供的情况下形成的。

关于证人程某丙,其在本案原审阶段的笔录材料从未认可黄志强向其转让 IC 卡,2014 年程某丙向辩护人张维玉出具了他在 2000 年 12 月的供述属实的书面材料。

在此,辩护人提出质疑。辩护人在申诉阶段从福建、浙江找到程某喜、程某华,在乐平找到程某丙,向他们调取证据。本案复查阶段，江西省高级人民法院对案件如此重视，为什么没有去调查证人？江西检察院要求乐平市公安局对相关证人进行调查核实，但乐平市公安局以"不需要向上述证人复核"交差。既然江西检察院也对这些证据持有异议，而原侦查机关怠于履行法定职责，这样的证据如何证明案件事实？

第五，本案原审法院虽经历四次庭审过程，但仍显示出没有认真负责地办理案件的迹象。

卷宗显示被害人郝某的IC卡编号前两位字母是"JX"，而四份法律文书均记做"TX"；家中发现被害人郝某断臂的证人名字是"蔡梨某"，而四份裁判文书中均记做"蔡黎某"。

第六，辩护人认为本案另有真凶。原审以及再审可以查明的事实是，制造这起假案的是公检法人员，他们应该站在被告人席上接受审判。

邵某、陈某军、黄某生、王某钢、付某伟、张某富等侦查人员，以及幕后指挥办案的所谓"领导"，他们一手制造了这起社会各界关注的假案。原审批准逮捕、审查起诉、审判的人员也负有相应的责任。他们应该站在四原审被告人本不应该站的被告席上，接受正义的审判。一方面，他们实施严酷的刑讯逼供，故意构陷四原审被告人入罪；另一方面，他们玩忽职守，对客观存在的证据不予鉴定，让真凶逃脱法网11年，酿成严重后果。

2000年12月，程某丙已经说明方某甲向其转让过IC卡。12月6日，公安机关也对方某甲进行过调查，方某甲陈述的IC卡特征也与被害人郝某IC卡极其相似。只要DNA鉴定结果出现，必会锁定方某甲的重大作案嫌疑。而从蒋某才伤口来看，其受伤系因"斧头"状凶器砍击的可能较大，与方某甲案其所使用凶器能够吻合。2013年4月17日，公安部物证鉴定，现场29枚烟蒂中有3枚存留有方某甲 DNA。方某甲也自认本案真凶。

侦查人员及相关人员以犯罪行为制造本起社会各界关注的假案。四名原审被告人两次被判处死刑，终审死缓，至今蒙冤入狱 14 年。四人在监狱中不停喊冤，家属不停上访，甚至因为上访申冤，方春平的父亲、妻子被拘留、判刑。

辩护人希望本案审判人员、检察员不要重蹈原办案人员违法办案的覆辙，勇敢地肩负起保障人权，维护法律尊严和社会公平正义的历史使命，尽最大可能排除非法证据，让原审被告人的冤屈彻底洗清。

最后，辩护人认为四原审被告人出狱后应该坚定地站出来去追究枉法者的法律责任，勇敢地站出来说明真相。

辩护人在希望四原审被告人随着迟来的无罪判决走出冤狱的同时，请求江西省人民检察院认真关注方某甲案，不要让办案人员为逃避责任而怠于对方某甲涉嫌"5·24案"依法调查；请求江西省人民检察院亲自或依法指定景德镇市人民检察院以外的检察机关对枉法者展开侦查，将枉法者绳之以法。

乐平冤案原审被告人方春平辩护人：张维玉、秦雷

■ 审　判

江西省高级人民法院
刑事判决书

（2016）赣刑再 1 号

原公诉机关江西省景德镇市人民检察院。

原审被告人黄志强，又名黄志祥，男，汉族，小学文化，农民。2002 年 5 月 30 日被监视居住，同年 5 月 31 日被刑事拘留，同年 6 月 19 日被逮捕。现在江西省景德镇监狱服刑，本案再审期间暂押于江西省南昌监狱。

辩护人严华丰，浙江汉鼎律师事务所律师。

辩护人钟颖，上海钟颖律师事务所律师。

原审被告人方春平，又名方有平，男，汉族，小学文化，农民。2002 年 6 月 2 日被刑事拘留，同年 6 月 19 日被逮捕。现在江西省景德镇监狱服刑，本案再审期间暂押于江西省洪城监狱。

辩护人张维玉，山东翼齐律师事务所律师。

辩护人秦雷，上海秦雷律师事务所律师。

原审被告人程发根，男，汉族，初中文化，木匠。2002 年 6 月 6 日被刑事拘留，同年 6 月 19 日被逮捕。现在江西省景德镇监狱服刑，本案再审期间暂押于江西省洪都监狱。

辩护人朱广阳，浙江京衡（湖州）律师事务所律师。

辩护人张凯，山东翼齐律师事务所律师。

原审被告人程立和，男，汉族，小学文化，农民。2002 年 5 月

25 日被刑事拘留，同年 6 月 19 日被逮捕。现在江西省景德镇监狱服刑，本案再审期间暂押于江西省赣江监狱。

辩护人王飞，北京市君本律师事务所律师。

辩护人简益平，江西金凤华昌律师事务所律师。

江西省景德镇市人民检察院指控被告人黄志强、方春平、程发根犯故意杀人罪、抢劫罪、强奸罪、敲诈勒索罪，指控被告人程立和犯故意杀人罪、抢劫罪、强奸罪一案，景德镇市中级人民法院于 2003 年 7 月 7 日作出一审判决，以故意杀人罪、抢劫罪、强奸罪、敲诈勒索罪判处黄志强、方春平、程发根死刑，剥夺政治权利终身，并处没收个人全部财产；以故意杀人罪、抢劫罪、强奸罪判处程立和死刑，剥夺政治权利终身，并处没收个人全部财产。宣判后，四被告人提出上诉。本院于 2004 年 1 月 17 日裁定撤销原判，发回重审。景德镇市中级人民法院于 2004 年 11 月 18 日作出一审判决，以故意杀人罪、抢劫罪、强奸罪、敲诈勒索罪判处黄志强、方春平、程发根死刑，剥夺政治权利终身，并处没收个人全部财产；以故意杀人罪、抢劫罪、强奸罪判处程立和死刑，剥夺政治权利终身，并处没收个人全部财产。宣判后，四被告人提出上诉。本院于 2006 年 5 月 31 日作出二审判决，以故意杀人罪、抢劫罪、强奸罪、敲诈勒索罪改判黄志强、方春平、程发根死刑，缓期二年执行，剥夺政治权利终身，并处没收个人全部财产；以故意杀人罪、抢劫罪、强奸罪改判程立和死刑，缓期二年执行，剥夺政治权利终身，并处没收个人全部财产。判决发生法律效力后，四原审被告人向本院提出申诉。本院于 2015 年 7 月 31 日对本案立案审查。在审查过程中，本院向原侦查机关乐平市公安局调取了公安部公物证鉴字〔2013〕3171、6161 号物证检验报告、江西省公安司法鉴定中心公（赣）鉴（法）字〔2014〕2039 号法医物证鉴定书共三份新的证据材料。本院经审查认为，该三份新证据证明原判认定的事实确有错误，可能影响定罪量刑，于 2016 年 4 月 27 日作出再审决定，依法另行组成合议庭对本案进行再审。因本案涉及个人隐私，本院于 2016 年 11 月 30 日不公开开庭审理了本案。江西省人民检察院指派检察员颜萍、代理检察员邱伟、杨洋、曾洋出庭执行职务，原审被告人黄志强及其辩护人严华丰、钟颖，原审被告人方春平及其辩护人张维玉、秦雷，原审被告人程发根及其辩护人朱广阳、张凯，原审被告人程立和及其辩护人王飞、简益平到庭参加诉讼。本案现已审理终结。

景德镇市中级人民法院第一审判决认定：1999 年 9 月 8 日晚，被告人黄志强、方春平及程某甲（另案处理）相邀至乐平市登高山附近伺机抢劫。次日凌晨 1 时许，上述三人在登高山上一凉亭内发现被害人邹某新、熊某（女），便各持凶器袭击二被害人，程某甲与黄志强轮奸了熊某，并抢走熊某的一根黄金项链。被害人邹某新经抢救无效死亡，被害人熊某的伤情经鉴定为轻伤乙级。

2000 年 5 月 23 日晚，被告人黄志强、方春平、程发根、程立和及汪某某（在逃）携带凶器窜至乐平市登高山东侧田畈处伺机作案。当晚 23 时许，上述五人在中店村"无天底"田间小路上发现被害人蒋某才、郝某（女），便上前敲诈钱财。蒋某才不从，争执中汪某某一刀砍在蒋某才头部。郝某见状逃走，汪某某便去追赶。其余四人各持凶器朝蒋某才头部、身上乱砍，致使蒋某才当场死亡。随后，五人对郝某进行轮奸。为灭口，程发根找来绳子勒郝某颈部，其余四人按住郝某，将郝某勒死，后抬到附近一树丛中掩埋。次日中午，五人抽签决定顺序后依次持刀将郝某碎尸，并将尸块装入塑料袋各自拎走四处抛散。五人从二被害人身上抢走现金 5000 余元、一部手机和一张 IC 卡。

2000 年 6 月 25 日晚和 28 日晚，程发根、黄志强、方春平三人用从被害人郝某处抢来的 IC 卡在公用电话亭打电话给蒋某才生前经营的绿宝超市，欲敲诈 10 万元，后怕暴露，三人放弃了敲诈企图。

一审判决认定邹某新、熊某被害案事实的主要证据有：被害人陈述、尸体检验报告、人体损伤检验鉴定意见、现场勘查笔录、指认现场笔录和被告人黄志强、方春平及程某甲的有罪供述。认定蒋某才、郝某被害案事实的主要证据有：IC 卡通话记录及电信公司出具的证明，证人郭某某、程某乙、蔡某某、丁某某的证言，尸体检验报告，现场勘查笔录和被告人黄志强、方春平、程发根、程立和的有罪供述。

景德镇市中级人民法院第一审判决认为，四被告人均系主犯，且犯罪情节特别恶劣，后果特别严重。四被告人及其辩护人提出本案事实不清、证据不足及四被告人的有罪供述是公安机关刑讯逼供、诱供的辩护理由和意见均不能成立，不予采纳。认定被告人黄志强、方春平、程发根犯故意杀人罪、抢劫罪、强奸罪、敲诈勒索罪（犯罪中止，免予刑事处罚），决定执行死刑，剥夺政治权利终身，并处没收个人全部财产。认定被告人程立和犯故意杀人罪、抢劫罪、强奸罪，决定执行死刑，剥夺政治权利终身，并处没收个人全部财产。

一审宣判后，黄志强、方春平、程发根、程立和上诉提出，自己是冤枉的，在公安机关所作的有罪供述是侦查人员逼供、诱供的结果。各辩护人均提出，一审判决认定四被告人犯罪的事实不清、证据不足，公安机关采用刑讯逼供、诱供手段获取的口供无效，要求宣告四被告人无罪。

本院第二审判决对第一审判决认定上诉人黄志强、方春平伙同程某甲杀死被害人邹某新、轮奸被害人熊某的犯罪事实未予认定；对第一审判决认定上诉人黄志强、方春平、程发根、程立和及汪某某五人抢劫、杀害被害人蒋某才，将被害人郝某轮奸后杀害、分尸及事后黄志强、方春平、程发根敲诈勒索的犯罪事实予以了确认。

本院第二审判决认为，上诉人黄志强、方春平、程发根、程立和伙同他人将被害人蒋某才杀死并抢走现金及手机，将被害人郝某轮奸后杀人灭口，其行为已构成故意杀人罪、抢劫罪、强奸罪，均为主犯，依法应予严惩。事后黄志强、方春平、程发根又敲诈绿宝超市，其行为已构成敲诈勒索罪，因慑于罪行败露而停止敲诈，属犯罪中止，依法应当免除处罚。第一审判决对黄志强、方春平、程发根、程立和所犯罪行定罪准确。鉴于本案的具体情况，对黄志强、方春平、程发根、程立和判处死刑，可不立即执行。

……

再审庭审中，本院出示了依职权调取的下列新证据：

1. 公安部公物证鉴字［2013］3171号物证检验报告，证明现场四份血迹（14至17号）来源于蒋某才，现场二份血迹（12、18号）来源于同一女性个体。

2. 公安部公物证鉴字［2013］6161号物证检验报告，证明经与公物证鉴字［2013］1467号检验报告比对，现场提取的有血迹的毛巾上斑迹DNA来源于蒋某才，现场提取的8号血迹检出STR分型。

3. 江西省公安司法鉴定中心公（赣）鉴（法）字［2014］2039号法医物证鉴定书，证明结合公安部公物证鉴字［2013］3171号、6161号二份物证检验报告和乐平市公安局刑侦大队的情况说明，现场勘查提取的1至9号血迹中，第1、7、8号血迹为郝某所留。

4. 中国电信股份有限公司乐平分公司出具的关于电话查询情况的说明，证明 2000 年 6 月 25 日晚打给绿宝超市的来电号码装机位置不是林垦大楼 IC 卡电话亭。

5. 建设银行景德镇市分行铁路分理处 2000 年 5 月 24 日的存（取）款凭条三张，其中一张系程发根的存款凭条，以及 2000 年 5 月 24 日相关存取款流水记录三张，证明 2000 年 5 月 24 日程发根在该分理处存款 400 元，是该分理处当天下午倒数第三笔业务。

检辩双方对上述证据均无异议。

经再审查明，2000 年 5 月 23 日晚，被害人蒋某才、郝某一起离开乐平市某舞厅，郝某身上携带一张序列号为 JXl4639316H 的 IC 卡。24 日早上，蒋某才的尸体在乐平市中店村"无天底"田间被发现。蒋某才系头部受到砍击，颅骨骨折、颅内出血，重度脑损伤致中枢神经系统衰竭死亡。现场留有蒋某才的春兰豹 125 型二轮摩托车和摩托罗拉 BP 机，郝某的发夹、女式红色上衣、高跟鞋等物品，以及蒋某才的骨片、血迹和郝某的血迹。蒋某才右手掌中有郝某的头发。5 月 28 日下午，郝某的右手前臂（包括手掌）在乐平市新平中路 161-163 号居民院内被发现。

上述事实，有第一、二审及再审开庭审理中经质证确认的 IC 卡提取笔录和通话记录，证人郭某某、蔡某某、吴某某、应某某的证言，尸体检验报告，辽宁省公安厅刑事技术鉴定书，江西省公安司法鉴定中心法医物证鉴定书，公安部物证检验报告及现场勘查笔录等证据证实。

第一、二审判决认定原审被告人黄志强、方春平、程发根、程立和伙同汪某某于 2000 年 5 月 23 日晚，在乐平市登高山东侧田畈处杀死蒋某才并抢走现金及手机，轮奸后杀死郝某并分尸灭迹，事后黄志强、方春平、程发根又敲诈勒索的事实不清，证据不足，本院不予确认。

具体评判如下：

一、相关现场的物证不能与四原审被告人相关联，不排除他人作案的可能性

1. 公安机关对案发现场被害人蒋某才双手绑绳、双脚绑绳、摩托车绑绳，以及烟盒、打火机残片、塑料袋等物证提取的附着物，均没有检出 STR 分型，无法与四原审被告人的 DNA 比对。对现场提取的 29 枚烟蒂，有 11 枚检出 STR 分型。经比对，均与四原审被告人的 DNA 不一致。现场的其他物证经鉴定，均与四原审被告人无关联。

2. 公安机关提取的郝某右手前臂（包括手掌）及附近的红色塑料袋，不能证明与四原审被告人有关联。

3. 公安机关在四原审被告人指认的抛尸处只打捞到一根带有关节的骨头，经鉴定为动物骨骼。

4. 公安机关在四原审被告人供述、指认的分尸现场只提取到一块不规则骨头。该骨骼经鉴定为成人右足距骨，但因骨骼破损严重，性别和年龄无法确定。对该骨骼进行 DNA 检验及与郝某父母血样的 DNA 进行比对，结论为无法比对。

5. 本案没有提取到任何作案凶器。

二、四原审被告人有罪供述与其他证据之间存在矛盾

1. 四原审被告人的有罪供述与尸检报告、尸检照片存在矛盾。

（1）四原审被告人供述的作案工具为锐器，均未供述使用过钝器，而尸检报告、尸检照片显示，蒋某才受伤创口既有锐器创，也有钝器创和挫裂创。

（2）四原审被告人均供述朝蒋某才身上、头部乱砍，其中程立和用刀捅了蒋某才胸腹部。而尸检报告、尸检照片显示，蒋某才受伤的创口全部集中于头颈部，包括胸腹部在内的尸体其他部位均无创口。

2. 四原审被告人有关作案细节的供述与现场勘查笔录存在矛盾。

（1）程发根只有一次供述了郝某往乐接老公路方向跑，程发根的其他供述与其他原审被告人的供述均是郝某往相反的水泥桥方向跑。而现场勘查笔录和有关物证检验报告载明，乐接老公路与田埂的交叉口北侧11.5米的田埂上检出郝某的血迹，这表明郝某曾在该交叉口附近出现。四原审被告人关于郝某在现场活动轨迹的供述与现场勘查笔录有关郝某血迹的分布不相吻合。

（2）黄志强、方春平、程发根均曾供述用刀砍泥巴盖了蒋某才血迹的情节，而现场勘查笔录、现场照片均没有反映现场有泥土覆盖血迹的痕迹，原审被告人该供述与现场勘查笔录不相吻合。

（3）四原审被告人均供述在勒死郝某后，五人抬着尸体往登高山走，均没有供述拖过蒋某才、郝某。而现场勘查笔录载明，在蒋某才尸体附近有一条血迹拖痕，水泥桥上有拖痕，从水泥桥边缘延伸至河里有一条田泥拖擦痕。四原审被告人供述与案发现场有多处拖痕不相吻合。

（4）程发根在供述中提到蒋某才曾经抓住郝某的头发不让汪某某把郝某带走，其他三原审被告人的供述均没有提及该情节。程发根的供述与物证检验意见书记载的蒋某才手中头发断头上有切削痕迹的情况不相吻合。

3. 黄志强、方春平、程发根供述的拨打第一个敲诈电话的位置与现有相关证据存在矛盾。黄志强、方春平、程发根均供述其三人在乐平市林垦大楼下的电话亭打了第一个敲诈电话。在卷 IC 卡通话记录清单显示,该敲诈电话拨打时间为 2000 年 6 月 25 日晚。经查,该电话主叫号码的装机位置不是林垦大楼 IC 卡电话亭。

三、郝某的 IC 卡与四原审被告人是否有关联存在疑问

在案证据证明公安机关从吴某某处提取了郝某的序列号为 JXl4639316H 的 IC 卡,吴某某从应某某处获得该 IC 卡,应某某所持该 IC 卡来源于程某丙。黄志强、程发根均曾供述黄志强从郝某的包里抢到一张 30 元面值的 IC 卡并卖给了程某丙。2000 年 12 月,程某丙在接受公安机关询问时所作的六份谈话笔录中,均未涉及该 IC 卡与四原审被告人有关联。虽然程某丙于 2009 年在公安机关供述称 IC 卡来源于黄志强,但程某丙于 2015 年 3 月 19 日自书陈述,其于 2000 年 12 月第一次接受公安机关询问时所说内容是真实的。鉴于程某丙的证言前后反复,本案所涉 IC 卡流转的重要环节不能确认,故对于程某丙所持该 IC 卡来源于黄志强的事实不能确认。在卷的 IC 卡通话记录也不能与四原审被告人相关联。

四、黄志强、方春平、程发根是否具有参与分尸、抛尸的时间不能确定

1. 黄志强、方春平是否具有参与分尸的时间不能确定。在原审案卷中,原辩护律师张赞宁提供了对方某乙、程某丁、胡某某、王某乙、王某甲等人调查的谈话笔录,以证明黄志强、方春平 2000 年 5 月 24 日上午在案发现场围观,其中有的证人证明围观时间持续到当天中午。现无充分证据否定上述证人证言的真实性,不能排除黄志强、方春平没有参与分尸的时间。

2. 程发根是否具有参与分尸、抛尸的时间不能确定。原审案卷

中程发根 2000 年 5 月 24 日在建设银行景德镇市分行铁路分理处的存款凭条以及本院再审期间调取的 2000 年 5 月 24 日该分理处的相关存（取）款凭条及流水记录，可以证明 2000 年 5 月 24 日程发根在该分理处存款 400 元，是该分理处当天下午倒数第三笔业务。以当时的道路和交通工具条件，5 月 24 日程发根在该分理处存款 400 元之前是否具有参与分尸、抛尸的时间存在疑问。

本院认为，第一、二审判决认定原审被告人黄志强、方春平、程发根犯故意杀人罪、抢劫罪、强奸罪、敲诈勒索罪及原审被告人程立和犯故意杀人罪、抢劫罪、强奸罪，主要依据四原审被告人的有罪供述，以及该有罪供述与在案其他证据印证一致。但根据再审庭审中检辩双方出示的物证检验报告、法医物证鉴定书等新证据，以及本院在立案审查和再审期间调取的新证据，四原审被告人的有罪供述与上述新证据及原审卷宗内其他证据存在无法排除的矛盾和无法解释的疑问，四原审被告人有罪供述的真实性存疑；同时，本案不能排除存在指供、诱供的可能，四原审被告人有罪供述的合法性存疑。且本案缺乏能够认定四原审被告人作案的客观证据。因此，原判据以定案的证据没有形成完整锁链，没有达到证据确实、充分的法定证明标准。原审认定四原审被告人犯罪的事实不清，证据不足，不能认定四原审被告人有罪。对四原审被告人及其辩护人提出的本案存在刑讯逼供的意见，因无证据证实，本院不予采纳。对辩护人提出的蒋某才、郝某被害案系方某甲所为的意见，因方某甲案不属于本案审理范围，本院不予采纳。对四原审被告人及其辩护人提出的应当依法改判四原审被告人无罪的意见，对江西省人民检察院提出的原判事实不清，证据不足，建议本院依法作出公正判决的意见，本院均予以采纳。依照《中华人民共和国刑事诉讼法》第 245 条、第 225 条第 1 款第 3 项和《最高人民法院关于适用〈中华人民共和国刑事诉讼法〉的解释》第 389 条第 2 款的规定，判决如下：

一、撤销江西省高级人民法院（2005）赣刑一终字第 02 号刑事判决和江西省景德镇市中级人民法院（2004）景刑一初字第 08 号刑事判决。

二、原审被告人黄志强、方春平、程发根、程立和无罪。

本判决为终审判决。

审　判　长　喻德红

审　判　员　田甘霖

审　判　员　李方平

代理审判员　吴　胜

代理审判员　章　华

江西省高级人民法院

二〇一六年十二月二十一日

书　记　员　刘　鹏

书　记　员　江　帆

■ 律师手记

疑罪从无不是终点　追寻正义尚在路上

2016 年 12 月 22 日上午 9 时，江西省高级人民法院第四审判法庭内，审判长喻德红敲响法槌。乐平"5·24 案"再审公开宣判。江西省高级人民法院以"事实不清、证据不足"为由，改判原审被告人黄志强、方春平、程发根、程立和无罪。12 月 23 日，景德镇市人民检察院给汪某某送达不起诉决定书。不起诉决定书认为，乐平市公安局认定的事实不清，证据不足，决定对汪某某不起诉。

乐平案律师团在为当事人获得自由欣喜的同时，对江西省高级人民法院和景德镇市人民检察院未能认定当事人事实无罪并不满意。这样的结果对于当事人申请国家赔偿以及进行追责会增加难度。

原审律师无罪辩护艰难获得死缓判决

本案经历的一审、二审、重审、重审的二审四次审理过程中，辩护律师均做无罪辩护。

辩护人提供证据证明"5·24 案"案发时程发根在景德镇做生意，程立和在福建省晋江市打工。辩护人提供证据证明起诉书指控黄志强、方春平、程发根、程立和、汪某某分尸的 2000 年 5 月 24 日，黄志强、方春平在围观乐平市公安局勘查本案现场。

各辩护人要求对四人伤情进行鉴定，以确认四人遭受刑讯逼供，并指出本案并没有客观证据（现场痕迹、凶器等）证明四人作案。然而这些观点都没有得到四次审判的合议庭支持。

更让人不可思议的是，辩护人在四次审判过程中均提出对现场 27 枚烟蒂上（再审中确认现场为 29 枚烟蒂，分 27 个包装，故前期程序中均认为现场提取烟蒂数目为 27 枚）的残留 DNA 进行鉴定，均没有获得法院支持。

伴随辩护律师们艰难的无罪辩护，景德镇市中级人民法院一审判处四人死刑；江西省高级人民法院发回重审；景德镇市中级人民法院再审又判死刑；江西省高级人民法院终审"鉴于本案具体情况”改判死缓。

“马拉松”式的申诉之旅

2007 年，四位当事人的家人找到北京一家法律援助机构的滕彪、许志永、李和平律师寻求帮助，他们开始向最高人民法院、最高人民检察院递交申诉材料。2008 年 1 月，江西省高级人民法院认为乐平“5·24 案”不符合再审条件，不予再审。2010 年 11 月 17 日，最高人民法院立案一厅做出驳回申诉通知，决定不予再审。

2011 年 12 月，同村村民方某甲被抓，乐平市公安局宣布 2004 年以来发生的十余起女性被侵害、四起命案成功告破，方某甲涉嫌绑架、强奸、猥亵、抢劫、杀人。2012 年 4 月 21 日上午 11 时许，方某甲戴着手铐被警察带到乐平市赣东北大市场指认现场，途中看到本村村民邹某兰和黄某华。方某甲对她们说：“绿宝超市的老板是我杀的。”方某甲随即“被警察捂住嘴”带走。

消息随即传递给四位当事人家属及律师，重新燃起人们对本案申诉的希望。

2012 年至 2015 年 3 月，律师多次代理当事人向江西省高级人民法院递交申诉材料。申诉材料指出本案出现新的情况，方某甲自认“5·24 案”真凶这样的证据足以推翻原审判决，申请江西省高级人民法院依法决定再审本案。但是，江西省高级人民法院以本案已经最高人民法院驳回申诉为由不予受理。对于律师提出的阅卷要求，江西省高级人民法院和景德镇市中级人民法院称“案卷被有关部门借阅”。

3 月 24 日，律师团再次递交申诉材料，并请江西省高级人民法院立案庭徐副庭长汇报领导，请江西省高级人民法院在一个月后给律师阅卷。5 月 11 日，律师再来江西省高级人民法院要求阅卷时，江西省高级人民法院立案庭副庭长程绍新认可律师阅卷权，但认为律师阅卷会影响法官阅卷，没有答复阅卷期限，只是一味让律师回去等待。律师团无法接受江西省高级人民法院这种既认可律师有阅卷权又让律师进行漫漫无期的等待的做法，继续进行"风雨无阻，节假无休"的捍卫律师阅卷权的抗争，每天到江西省高级人民法院门口等待，在门前喊话。

2015 年 7 月初，江西高院告知律师在 7 月底 8 月初阅卷。

2015 年 7 月 31 日，江西高院决定对本案立案审查。

2015 年 8 月 10 日，代理律师在江西省高级人民法院阅卷。

2016 年 4 月 27 日，江西省高级人民法院做出再审决定。

律师团队在法院门前争取阅卷权

迟来的无罪判决

2016 年 4 月 27 日，江西省高级人民法院决定对本案再审后，四位当事人从原来服刑的景德镇监狱被带到南昌市的几个监狱羁押。

2016年10月，律师从江西省高级人民法院复制了再审阶段新的证据材料，发现2013年4月17日公安部做出一份物证鉴定报告，报告内容显示，现场29枚烟蒂中的3枚存留有方某甲DNA。这一发现无疑让律师们深感愤怒。方某甲2000年12月的笔录材料即显示其曾向持有过被害人郝某IC卡的程某丙转让过IC卡，因他案被抓后自认本案真凶。2013年11月30日方某甲案庭审前，有这样的一份鉴定报告将案件真凶进一步指向方某甲，为什么检察院、法院一直否认方某甲是本案真凶？

2016年11月，江西省高级人民法院通知本案再审庭前会议于11月22日进行。

庭前会议上，江西检察院检察员共出示五组新证据：第一组是关于案件来源的证据；第二组是关于案件后果的证据；第三组和第四组是关于案件与原审被告人有无关联性的证据（其中，第三组是现场物证及相关鉴定意见，第四组是关于涉案IC卡及相关人员电话信息的证据）；第五组是其他证据。

第三组证据中有2013年、2014年形成的鉴定意见。其中2013年公安部1467号鉴定意见显示现场存留的29枚烟蒂中，有3枚烟蒂（9、11、27号）上的DNA来源于方某甲的可能性大于99.99%。

针对第三组证据，张维玉律师及朱广阳律师提出疑问。本案原诉讼程序已于2006年终结，为什么在2013年、2014年还要委托鉴定机构进行相关鉴定？所有辩护人均认为该证据可以证明方某甲有"5·24案"重大作案嫌疑。

严华丰律师代表辩方出示的证据有：证据一，上海薛荣民律师事务所关于方某甲案庭审情况的说明，证明方某甲在庭审过程中自认"5·24案"真凶；证据二、三，张维玉与任飞翔对周某华、周某喜的调查笔录，证明与原审被告人关押在一起时并未听原审被告人陈述"5·24案"是他们所为，同时证明原审中乐平市公安局对他们的调查材料不属实；证据四，程某丙的自书证言，证明其在2000年被公安机关调查时所陈述属实，而在2009年被以包庇罪追究责任时所作供述不属实；证据五，2000年12月2日至6日乐平市公安局对程某丙关于IC卡来源问题所作的询问笔录，证明程某丙曾从方某甲处取得过IC卡，涉案IC卡来源于曹某，并未陈述从四原审被告人及汪某某处取得过IC卡；证据六，乐平市公安局2000年12月6日与方某甲的谈话笔录，方某甲陈述曾向程某丙出售过IC卡。证据五，现场烟蒂DNA鉴定意见以及方某甲自认真凶的情况，进一步证明方某甲有"5·24案"重大嫌疑。

张维玉律师出示了2016年6月9日、10日与秦雷律师对11名证人进行调查的视频资料，为方便合议庭审查证据，同时将制作的文字稿提交法庭，证明2000年5月24日乐平市公安局在进行"5·24案"现场勘查时，方春平、黄志强在场围观，并没有时间实施他们所"供述"的"分尸"行为。

辩护人曾申请调取方某甲案卷宗，本案的"批捕卷"和"审查起诉卷"以及讯问录音录像。检察员回应称"批捕卷"和"审查起诉卷"归入检察内卷，不是证明案件事实的材料，不属于调取证据的材料。辩护人均对此观点提出异议，认为上述卷宗中存在各原审被告人对刑讯逼供的陈述以及无罪辩解应当是可以证明案件事实的材料。庭前会议上，辩护律师虽坚持启动非法证据排除程序，但合议庭没有同意。

庭前会议后，合议庭安排辩护人对讯问同步录音录像光盘进行了复制，并确定2017年11月30日开庭审理本案。

2017年11月30日，四名当事人穿上了家人提前为他们准备的便装。庭审是在和谐的气氛中进行的。当出庭检察员称"现有证据不能证明四原审被告人与本案有关联"时，多名律师泪水盈眶。他们终于可以回家了！

法庭辩论阶段，辩护律师同意控方原审被告人无罪的意见，但是认为本案是事实无罪，并非事实不清、证据不足的无罪。辩护人在详细分析证据的情况下，对本案没有启动非法证据排除程序、不予调取案件审查批准逮捕阶段、审查起诉阶段讯问笔录表示遗憾。乐平市公安局办案人员刑讯逼供取得证据，景德镇检察院、中院，江西检察院、高院在律师不断要求对现场烟蒂进行 DNA 鉴定的情况下拒不进行鉴定，乐平市公安局在 2013 年 4 月即对现场烟蒂进行鉴定的情况下依旧隐匿该鉴定文书。辩护人认为如果当初办案机关尽职尽责地办理案件，抓获"真凶"，现在指控方某甲 2004 年之后所作的多起命案、多起强奸、猥亵案件就不会发生。

因控辩双方都认为原审被告人无罪，辩护人在休庭后向江西省高级人民法院提出为当事人变更强制措施。但是，审判长称需报告审判委员会讨论决定。最终，江西省高级人民法院也没有同意为当事人变更强制措施。审判长明确表示，案件将在 2016 年 12 月 26 日前判决。终于，12 月 19 日下午，辩护律师收到了江西省高级人民法院的短信和电话通知：本案将于 2016 年 12 月 22 日 9 时公开宣判。

12 月 22 日早上，宣判现场，容纳百余人的法庭座无虚席。9 时 20 分左右，审判长宣告四原审被告人无罪，并当庭释放。12 月 23 日，汪某某也拿到了景德镇检察院的不起诉决定书。

追责和申请国家赔偿

当事人获得自由后即决定再委托律师团代理他们进行刑事错案

责任追究和申请国家赔偿。

2017 年 1 月 16 日，黄志强、方春平、程发根、程立和、汪某某向江西检察院递交了刑事控告书，要求依法对乐平市公安局"5·24案"及"9·9案"的侦查办案人员邵某、付某等，景德镇检察院此案侦查阶段提前介入、审查批捕、审查起诉的检察人员赵某、许某等，景德镇市中级人民法院此案一审及重审的审判人员刘某、沈某等涉嫌故意杀人罪立案侦查；要求依法对江西省高级人民法院"5·24案"重审二审办案检察人员，江西乐平"5·24案"及"9·9案"重审二审（终审）审判人员谢某、徐某、鲍某涉嫌徇私枉法罪立案侦查。

截至 2017 年 6 月 20 日，江西检察院依旧没有给出受理控告案件的通知，律师们已经陪同当事人去江西检察院询问进展六次。

5 月 11 日，景德镇市中级人民法院对方某甲案的庭审过程中，景德镇市检察院依旧没有指控"5·24案"，却指控方某甲实施了"9·9案"。方某甲依旧称"5·24案"系其实施，否认实施"9·9案"。律师们认为，景德镇检察院不指控方某甲实施"5·24案"是为了包庇原办案人员，已经要求江西检察院进行法律监督。

2017 年 6 月 8 日，方春平、程发根、程立和向江西省高级人民法院递交了国家赔偿申请书。汪某某也向乐平市检察院递交了申请。

申诉很难，追责更难！只要当事人坚持，律师们还要陪他们走下去……

■ 评 议

　　本案最初涉及的一起强奸杀人案件发生在 2000 年，案发后侦查机关并未能及时破获案件，而原审四名被告人均是 2002 年被抓捕。在四人作出"有罪供述"后，一起 1999 年发生的杀人案件也被认定是几人所为。很快，2003 年一审判决三人死刑立即执行、一人死刑缓期两年执行。几名当事人不服，经过两次上诉，2006 年江西省高级人民法院终审判决在认定事实与原一审别无二致的情况下，以"鉴于本案的具体情况，对上诉人黄志强、方春平、程发根、程立和判处死刑可不立即执行"，改判四人死缓。

　　其实从江西省高级人民法院此次终审改判来看，本案背后必定有不少问题存在，因为其改判理由可以说是"于法无据"，显然又是"疑罪从轻"的惯常做法。与近年来纠正的几起冤假错案类似，原审判决定罪仅依据被告人的有罪供述，没有其他在案客观证据予以佐证，且被告人的有罪供述与案件客观事实存在诸多矛盾，不能排除有刑讯逼供、指供、诱供可能，被告人有较为充分的不在场证明，等等。

　　综观全案证据及审理过程，关键之处在于侦查机关在案发后的现场勘查中提取到了大量关键物证。根据四名被告人的有罪供述，他们作案时并没有戴手套，而现场收集到 3 个兔牌烟盒和 27 个烟头，此外还有毛巾、红色上衣、高跟鞋、摩托车等物，警方均未提取指纹。2002 年 8 月，在案件宣布告破两个月后，乐平警方在一份说明中说本案"未提取到有价值的物证"。甚至，在一、二审庭审过程中，辩护律师对此提出质疑，公诉人却发表了"公安机关当时根本不可能提取到相关指纹，辩护人这是强人所难""有些证据无法找到"的答辩意见。

直到 2012 年一个名叫方某甲的犯罪嫌疑人自认是该案"真凶",乐平警方才对案发现场的关键物证进行鉴定。公安部〔2013〕1467 号物证报告显示,通过 DNA 鉴定,有 3 枚烟蒂上的 DNA 来源于方某甲的可能性大于 99.99%。但鉴定报告又疑遭隐藏 3 年之久。自 2006 年终审判决生效以来,当事人的家属及律师多次申诉,律师也多次到江西省高级人民法院申请阅卷,直到 2016 年 4 月,江西省高级人民法院决定再审"5.24 案"后,江西检察院审查案卷材料,发现有份文件提到这一报告后,要求乐平市公安局补充提交,警方才予以提交。如此关键的证物为何要到"真凶"出现后才交予鉴定?又是什么原因导致鉴定报告迟迟未能交给检察院?案件无罪之后追责显然要解决这些问题。

前有证据疑点,后有"真凶"出现,如此多的"漏洞",案件的平反仍经历了多年拉锯。当事人、家属、律师、媒体等,历经多少艰辛,不言而喻。辩护律师团队为了阅卷在江西省高级人民法院的静坐,无声抗争令人动容。为申诉四处奔波劳累,一重又一重的困难,没有阻碍律师们前进的脚步,每一次案件的进展,都是他们的汗水换来的。

改判无罪后,方春平、程发根、程立和、黄志强以其被再审改判无罪为由,分别于 2017 年 6 月 8 日、2017 年 7 月 5 日向赔偿义务机关江西省高级人民法院提出国家赔偿申请。江西省高级人民法院根据《中华人民共和国赔偿法》及《最高人民法院关于人民法院办理自赔案件程序的规定》的有关规定,与各赔偿请求人进行了充分协商,就赔偿项目和赔偿数额达成了协议。江西省高级人民法院依法决定向赔偿请求人方春平、程发根、程立和、黄志强各支付侵犯人身自由赔偿金 137.729 48 万元、精神损害抚慰金 90 万元,合计 227.729 48 万元。

逝去的年华已经不再，本案当事人历经十几年的变故，人生可谓是大起大落。一个又一个冤案的平反，不是彰显办案人员的不负责任，而是展示了法治一次又一次的前进，律师们及关心法治的人们汇聚在一起，总将为中国的法治开辟一片新的天地，总将迎来我们渴望的法治蓝天。法律人的赤子之心，天地可鉴。

车祸索赔上访反陷冤狱　八年抗争终获无罪
——江苏王根保聚众冲击国家机关案

■ 回　顾

　　2006 年 12 月 2 日，王根保乘坐弟弟驾驶的电动车与金坛市交通工程总公司所属的一辆轿车相撞，造成王根保头皮挫伤、多处软组织挫伤。事故发生后，金坛市交通工程总公司就王根保在交通事故中所遭受的经济损失进行了赔偿。12 月 13 日，金坛市人民医院在对王根保做核磁共振检查时发生意外，致王根保左侧神经受损，为此他继续在该院治疗，直到 2007 年 11 月才出院。

　　王根保称，由于肇事方只支付了部分医疗费用，他于 2007 年 11 月向金坛市人民法院提起诉讼，要求肇事方赔偿损失，最终被法院驳回。

　　王根保到金坛市信访局反映情况，当时信访局称帮助解决协调，并给出具体方案。方案之一是"在做医学鉴定之前，协调医院继续治疗，继续用药"，但王根保去医院挂水时，医院告知说并未接到通知，拒绝给他挂水。在这之后，王根保又找了信访局多次，但均未协调成功。

　　后权威部门出具医疗鉴定，虽未直接认定王根保左侧神经受损与做核磁共振有关，但认为医院在治疗上存在过错。此后，王根保先后要求医院和车祸肇事方交通局为其治病，但两家单位互相推诿，予以拒绝。

　　无奈之下，王根保与家人只好到市政府向领导反映情况，政府主要领导答应予以安排，但屡次失信，使得王根保在信访部门、医院之间来回折腾。

　　2008年1月10日，王根保因涉嫌犯聚众扰乱社会秩序罪被拘留。同年2月4日，王根保被逮捕。

　　2008年5月12日，金坛市人民检察院以聚众冲击国家机关罪将王根保起诉至金坛市人民法院。2008年6月2日，金坛市人民法院以聚众冲击国家机关罪判处王根保有期徒刑5年。王根保不服，上诉至常州市中级人民法院。2008年7月3日，常州市中级人民法院驳回王根保的上诉，维持原判。

　　2011年，王根保获假释。2014年3月，他向常州市中级人民法院递交申诉状；同年4月，常州市中级人民法院对王根保申诉同意立案，但最终还是驳回了王根保的申诉。

　　此后，王根保向江苏省高级人民法院提起申诉，并委托张志华律师担任其委托人，江苏省高级人民法院最终决定再审此案。2016年5月10日，江苏省高级人民法院经再审审理，改判王根保无罪。

■ 控 诉

江苏省金坛市人民检察院
起诉书

坛检诉刑诉 ［2008］86 号

被告人王根保，男，汉族，小学文化，农民。被告人王根保因涉嫌聚众扰乱社会秩序罪，于 2008 年 1 月 10 日被金坛市公安局刑事拘留。2008 年 2 月 4 日经本院以涉嫌聚众冲击国家机关罪批准逮捕，2008 年 2 月 4 日由该局执行逮捕。

本案由金坛市公安局侦查终结，以被告人王根保涉嫌聚众冲击国家机关罪，于 2008 年 4 月 4 日向本院移送审查起诉。本院受理后，于 2008 年 4 月 4 日已告知被告人王根保有权委托辩护人，2008 年 4 月 4 日已告知被害人苏某某有权委托诉讼代理人。本院依法讯问了被告人王根保，听取了被害人苏某某的意见，审查了全部案件材料。2008 年 5 月 4 日，本院依法延长审查起诉期限半个月。

经依法审查查明：

2006 年 12 月 2 日，金坛市交通工程总公司的车辆与被告人王根保的弟弟王根财驾驶的电动自行车发生碰撞事故，致王根保头皮挫伤、多处软组织挫伤。被告人王根保于 2006 年 12 月 2 日至 2006 年 12 月 13 日在金坛市人民医院住院治疗，期间共花费各项费用计人民币 8000 余元，此费用已由金坛市交通工程总公司方支付。

2006 年 12 月 13 日，被告人王根保在金坛市人民医院进行头颅（MRI）检查时发生意外，致其左侧神经受损而继续在人民医院住院治疗至 2007 年 10 月。金坛市交通工程总公司认为，被告人王根保在治疗的过程中身体遭受其他伤害而继续治疗的费用不应由该公司承担，因此拒绝为被告人王根保支付继续治疗的费用。因而双方发生纠纷并诉至金坛市人民法院。因被告人王根保在交通事故中所受伤害造成的损失已由金坛市交通工程总公司全部赔偿（被告人王根保的实际损失为人民币 8000 余元，金坛市交通工程总公司方实际支付人民币 40 000 余元），2007 年 10 月，金坛市人民法院判决驳回了被告人王根保的诉讼请求。

2007 年 12 月 29 日至 2008 年 1 月 9 日期间，被告人王根保因对判决结果不满，先后 4 次纠集袁美清（女，系被告人王根保的妻子）、王根娣（女，系被告人王根保的姐姐）、王爱华（男，系被告人王根保的儿子）、蒋小当（女，系被告人王根保的岳母）等人（均另行处理）到金坛市人民政府及金坛市交通局上访，要求政府领导处理、索要"赔偿款"，并实施了围堵政府大门，阻拦来往车辆、人员进出，强行冲闯政府办公楼，强占机关工作场所等行为，并对维持秩序的公安民警及保安人员进行辱骂、殴打、抓咬，致政府保安人员苏杏国轻微伤，致使国家机关的工作无法正常进行，造成严重的损失。

具体犯罪事实分述如下：

1. 2007 年 12 月 29 日上午 9 时左右，被告人王根保纠集袁美清、王根娣携带一红色布质横幅及长柄雨伞到金坛市人民政府西大门，三人轮流将横幅绑在腰间，用横幅拦住政府西大门，不让来往车辆及人员进出，在政府门口大肆哭闹。被告人王根保辱骂执勤民警，用雨伞戳捣执勤的民警，并将执勤民警方忠琴的左手手背抓伤，直至下午 1 时许，被告人王根保等人被工作人员劝说离开现场。

当日下午 3 时许，被告人王根保纠集袁美清、王根娣返回金坛市人民政府西大门，又将横幅拉起来堵住政府西大门，阻拦来往车辆、人员进出。当被告人王根保、袁美清、王根娣看见政府保安人员安排车辆从其他地方进出时，三人就进入市政府大院，对来往的车辆进行拦截，并用红布围车，被告人王根保躺在车身下面阻止车辆进出。直至下午 5 时许，三人方才离开现场。

2. 2008 年 1 月 4 日上午 10 时许，被告人王根保纠集袁美清、王根娣三人冲入金坛市人民政府办公楼 1 号楼一楼大厅，并欲强行冲闯楼上的政府办公室。当执勤民警和保安人员对其加以劝阻时，被告人王根保先将保安张某某的右手咬破，后又对正在执勤的民警彭冬庚进行殴打，并将其颈部抓破。

中午 12 时左右，被告人王根保纠集袁美清、王根娣欲再次强行冲闯政府办公室，在政府保安人员劝阻过程中，被告人王根保将保安人员苏某某的右手背咬破，致其轻微伤。下午 1 时许，三人方才离开现场。

3. 2008 年 1 月 7 日 9 时许，被告人王根保纠集袁美清、王根娣、王爱华、蒋小当等人携带稻草、被子、席条、痰盂、热水壶等物到金坛市人民政府西大门，将上述物品摆放在政府西大门门口，对政府西大门进行围堵，阻止车辆及人员进出，并在门前哭闹，至下午 2 时许，三人方才离开现场。

4. 2008 年 1 月 9 日 11 时许，被告人王根保纠集袁美清、王根娣到本市交通局索要"赔偿款"，并强行滞留交通局一号楼二楼会议室，导致交通局的会议被迫取消。下午 3 时许，被告人王根保等人被警方带离现场。

认定上述事实的证据如下：

1. 金坛市人民法院的庭审笔录，民事判决书等书证；

2. 证人袁美清、王根娣、彭冬庚、戴春华等人的证言;

3. 被害人苏某某的陈述;

4. 被告人王根保的供述和辩解;

5. 常州市公安局出具的法医学人体损伤程度鉴定书;

6. DVD、CD 光盘、录像带等视听资料。

本院认为,被告人王根保聚集多人多次冲击国家机关,致使国家机关工作无法进行,造成严重损失,被告人王根保系首要分子,其行为触犯了《中华人民共和国刑法》第 290 条第 2 款的规定,犯罪事实清楚,证据确实充分,应当以聚众冲击国家机关罪追究刑事责任。根据《中华人民共和国刑事诉讼法》第 141 条的规定,提起公诉,请依法判处。

此致

江苏省金坛市人民法院

检察员:田　娟

江苏省金坛市人民检察院

二〇〇八年五月十二日

原审裁判生效后,王根保提出申诉。江苏省高级人民法院经审查,决定对本案进行再审,于 2016 年 5 月 5 日依法组成合议庭,公开开庭审理了本案。江苏省人民检察院指派代理检察员吴晓敏出庭履行职务,检察员当庭指出,王根保的行为不符合聚众冲击国家机关罪的构成要件,建议改判王根保无罪。

■ 辩　护

王根保（中）与其再审辩护人

北京市中银（南京）律师事务所接受王根保委托，指派本律师担任申诉人王根保被控聚众冲击国家机关罪的辩护人。辩护人接受委托后认真查阅全案卷宗、听取申诉人陈述案情，认为本案是错案，申诉人无罪。现结合法律和事实发表具体辩护意见如下：

一、关于本案具体案情与案件性质

本案无可争议的事实是金坛市交通局、人民医院分别给申诉人王根保造成了身体伤害，经过一段时间治疗，两家单位互相推诿不支付医疗费，医院拒绝为王根保继续治疗。为求治病，王根保穷尽一切救济途径，政府部门负责人也口头承诺帮助解决，却屡屡失信。无奈之下，王根保与家人到交通局协商要求看病，到市政府向领导反映情况。

辩护人认为，在此过程中，王根保虽然在行为上有所不当，情绪上稍有过激，但远未到要以刑法规制的程度。本案之所以形成刑事案件，是因为领导干部干预司法活动，从而导致了一起冤假错案。王爱军证言证实民事案件代理律师将律师费退还给王根保，不敢接案，行政干预司法显而易见。王根保在 2007 年 12 月 28 日去过市政府，又于 2008 年 1 月 4 日、7 日去了两次，市委市政府领导都予以接待，承诺会帮助解决。最后一次去市政府信访局，邓瑞海局长让王根保到中医院挂水，但当王根保过去时，又没有挂到水，只能 1 月 9 日又去交通局。就在当日，金坛市公安局连续开具四份立案决定书，对王根保的四次行为立案调查。为何 2007 年 12 月 28 日的行为要延迟到 1 月 9 日立案？是领导干部对王根保失去耐心后的处置手段吗？这些问题原审法官给出了答案，其工作记录证实"当时张建华副书记牵头协调过这个事情"。

二、王根保的行为不构成聚众冲击国家机关罪

《刑法》第 290 条第 2 款规定，聚众冲击国家机关，致使国家机关工作无法进行，造成严重损失的，对首要分子处 5 年以上 10 年以下有期徒刑；对其他积极参加的，处 5 年以下有期徒刑、拘役、管制或者剥夺政治权利。本案所谓犯罪事实，不足以认定王根保构成此罪。

1. 原审法院认定"王根保纠集多人，系首要分子"的事实错误。

首要分子必须是在聚众犯罪中起组织、策划、指挥作用的犯罪分子，但无论从情理上还是从本案的证据上看，都无法证明王根保具有首要分子的地位和作用。

判决书中写是多人，其实陪同王根保去市政府和交通局的就是其老婆袁美清和姐姐王根娣，都是至亲家人。她们陪同前往，一方

面是因为王根保身体不好，一同前往好有照应，另一方面是因为王根保是文盲，不善于表达，一起去可以帮着说说好话。家人陪同前往本就源自于亲情，根本无须他人纠集。

再从证据上看，三人是事先商议好一起前往的，而不是王根保纠集的。虽然侦查人员以三人未商量从而认定王根保是首要分子的办案思路来讯问当事人，但在笔录中还是出现了前后矛盾的地方。如：王根保在第二次笔录中的供述清楚地证明在去交通局和政府之前三人就有过共同商议。王根娣的讯问笔录也证实，他们商量有时候在车上，有时候在电话里，一共商量多少次已经记不清楚。王根保岳母蒋小当去过一次市政府，但不是王根保喊她去的。

2. 王根保的行为没有"破坏国家机关工作秩序"。

本罪侵犯的客体是国家机关工作秩序，表现为聚众冲击国家机关，致使国家机关工作无法进行。本案现有证据无法证明王根保等人的行为导致了国家机关工作无法进行。王根保等人三次到市政府，均没有冲入政府办公区，政府及其工作人员行使管理职权、执行职务的活动没有被迫中断或者停止，信访局邓瑞海的证言可以证实没有对其工作造成影响。关于是否对政府工作造成影响，王根保的供述、执勤人员的证言均是推测，不具有真实性，全案证据中没有一位市政府工作人员证明其工作受到了影响。

最后一次去交通局，原审法院以交通局当日下午会议被迫取消来认定王根保等人行为致国家机关工作无法进行。辩护人认为这不具有逻辑性，不符合事实，是为了办案而办案。理由：第一，王根保等人进入会议室是蔡留海局长安排的，没有冲击的行为；第二，当日，交通局办公室主任戴春华上午就已经通知了会议信息，蔡留海局长中午将王根保等人安排在会议室，应当对下午的会议地点有重新安排；第三，根据交通局张书生副局长的证言可知，当日参会人员只有四人，偌大的一个交通局难道连容纳四个人开会的地方都没有吗？第四，王根保等人被带走的时间是下午3点，会议可以继续召开，而在此时，张书生副局长却接到了会议取消的通知。会议被推迟了一个半小时就不能继续召开了吗？会议被推迟召开一个半小时就导致国家机关工作无法进行？以此认定王根保"破坏国家机关工作秩序"显然难以令人信服。

3. 王根保的行为没有"造成严重损失"。

严重损失包括严重经济损失和对国家机关权威的影响。

首先，本案没有任何证据证明造成了严重的经济损失。特别要指出的是，侦查人员试图以四位执勤人员受伤来认定造成了严重损失和具有冲击的行为。侦查人员提供了该四名执勤人员在金坛市人民医院的门诊病历给鉴定机构鉴定伤情，仅苏某某构成轻微伤。辩护人认为，轻微伤不构成严重损失。更为重要的是，侦查人员为了办案，涉嫌提供虚假证据。根据苏某某证言，其并没有去治疗。张某某证言其是在村门诊部治疗的。那么，作为鉴定检材的其二人在金坛市人民医院的门诊病历从何而来？

其次，至于是否对国家机关权威造成影响，辩护人认为，原审法院应当指出对国家机关权威造成影响具体体现在哪里，应当有量化的证据予以支持，而不是仅靠推断或者直接下结论。本案中，王根保等人拉红布条的目的就是为了引起领导注意，并没有诋毁政府的意图。根据民间习俗，红布为喜，白布为丧，王根保等人用红布足以说明其没有诋毁政府的意图，群众见此也只会想到王根保等人有求于政府，不会降低对政府的评价。相反，如果政府对此事以刑事手段予以打击，才真正影响了其权威。

4. 王根保主观上没有冲击国家机关的故意。

一审法官在认定本案是否造成严重损失时，参照了《刑法罪名精释》中关于本罪的规定。根据此书的学理解释，本罪主观方面应表现为直接故意，即行为的目的就是企图通过冲击活动制造事端，给国家机关施加压力，以实现自己的某种无理要求或者借机发泄不满情绪。原审法官的定案思路是王根保完全可以采取其他救济手段，因此其去政府和交通局提出的要求都是无理要求。辩护人认为，王根保诉交通局的民事案件因未及时收到判决书已过上诉期，王根保不可以上诉，只能找交通局协商。或许原审法官认为王根保可以申请医疗事故鉴定，再起诉医院。但原审法官应当注意到，对于王根保来讲，当务之急是让医院继续为其治疗看病，王根保家庭困难，无法垫付高额的医疗费，只能要求交通局和医院帮其看病。多次协商未果，只能找政府协调解决。原审法官认为王根保还有其他救济途径，其之所以到市政府和交通局，是因为赔偿问题。综观全案证据和原审庭审记录，可以看出：

（1）王根保等人到市政府和交通局没有提出赔偿，只要求"帮其看病"，理由正当。且从政府每次答应帮助解决或者送其去挂水，王根保便主动离开的事实看，其也没有制造事端的故意，只是要求看病。

（2）从到交通局的行为来看，王根保没有冲击国家机关的故意。王根保到交通局时，发现正在开会，当时并没有冲进会议室阻挠开会，而是站在楼梯口等待会议结束，会后在交通局蔡局长的安排下，由工作人员引领到会议室等待领导出面解决问题，整个过程并没有发生冲突和吵闹。

（3）在去市政府之前，已经穷尽一切救济途径。王根保多次到交通局协商未果，后来通过正常途径到信访局反映情况，信访局邓瑞海局长给王根保一系列答复，其中包括"在做医学鉴定前，协调人民医院继续给他治疗，继续用药"。但是邓局长并没有实际帮助协调解决，王根保去医院挂水就被拒绝。无奈之下，王根保才去找市政府领导出面解决。

三、据以定案的证据不足，且有伪造证据嫌疑

1. 在认定王根保是首要分子的问题上，原审法院定案的依据是王根保供述和证人袁美清、王根娣的证言。

首先，袁美清、王根娣的证言是以"讯问"的方式获得的，属于非法言词证据，不具有合法性，应当予以排除。

其次，从王根保笔录前后内容的变化来看，顺从侦查人员的办案思路进行陈述的痕迹比较明显。如：带稻草去市政府那次，王根保第一次笔录供述是其丈母娘提出并拿了被子，老婆袁美清找了稻草带过去，他本人表示同意，到后来供述是其自己跟丈母娘和老婆讲带被子和稻草去，并且在前天晚上打电话通知了王根娣，到最后又供述是自己早上临时想起来带稻草和被子，袁美清开始不同意，后来同意的，王根娣上车后才知道。对此，袁美清在讯问笔录中提到"是王根娣提出来的"。

王根保在此情节上不断改变说法，越往后的笔录越接近有罪供述，不排除侦查人员指供、诱供的可能，该供述不具有真实性。侦查人员在制作王根保最后一份笔录过程中，也刻意回避了一些对王根保有利的情节，如：前七次笔录中均提到市委领导出面接待了王根保，且不止一次承诺帮助协调解决，可以证明王根保并没有无理取闹，但最后一份笔录中对此只字未提。

值得注意的是，王根娣在第三次讯问笔录中说前天晚上王根保就告诉了她带被子过去，但为了与王根保的供述能够相互印证，在第五次讯问笔录中改口说是早上到车上才看见的。

2. 纵观全案，没有证据证明王根保的行为造成怎样的严重损失。

3. 涉嫌伪造的证据。

（1）民事案件（王根保诉交通局）调查笔录、庭审笔录。笔录上"王根保"签名并非本人所签。

（2）常州市公安局出具的《法医学人体损伤程度鉴定书》。该鉴定的检材中有苏某某 2008 年 1 月 4 日金坛市人民医院门诊病历卡，但苏某某的陈述是当时并没有治疗。另外，还有张某某 2008 年 1 月 4 日金坛市人民医院门诊病历卡，而张某某的证言是"我的右手背被咬了一口，在城东卫生院华胜新村门诊部治疗的"。苏某某、张某某并没有到金坛市人民医院治疗，该病历从何而来？

综上所述，上诉人王根保到市政府、交通局请领导协调解决问题，事出有因，要求正当，虽行为稍有过激，但未造成严重损失，没有社会危害性，未触犯刑法，对其定罪处罚有违罪刑法定原则和刑法的谦抑性。

辩护人张志华

■ 审 判

江苏省高级人民法院
刑事判决书

（2015）苏刑再提字第 00003 号

原公诉机关江苏省金坛市人民检察院。

原审上诉人（原审被告人）王根保，男，汉族，文盲、农民。

辩护人唐小进，江苏爱信律师事务所律师。

辩护人张志华，北京市中银（南京）律师事务所律师。

江苏省金坛市人民检察院指控被告人王根保犯聚众冲击国家机关罪一案，金坛市人民法院于 2008 年 6 月 2 日作出（2008）坛刑初字第 121 号刑事判决。原审被告人王根保不服，提出上诉。江苏省常州市中级人民法院经过二审审理，于 2008 年 7 月 3 日作出（2008）常刑一终字第 42 号刑事裁定，驳回上诉，维持原判决。上述裁判发生法律效力后，原审被告人王根保不服，提出申诉。本院经审查，于 2015 年 11 月 12 日作出（2015）苏刑监字第 00015 号刑事再审决定，决定由本院对本案进行再审。本院依法组成合议庭，于 2016 年 5 月 5 日公开开庭审理了本案。江苏省人民检察院指派代理检察员吴晓敏出庭履行职务。原审上诉人王根保及其辩护人唐小进、张志华到庭参加诉讼。现已审理终结。

原审判决认定：2006 年 12 月 2 日 12 时许，金坛市交通工程总公司所属的苏××号轿车与被告人王根保弟弟王根财驾驶的电动自行车相撞，乘坐该电动自行车的王根保头皮挫伤、多处软组织受伤。王根保受伤后，到金坛市人民医院住院治疗。事故发生后，金坛市交通工程总公司就王根保在交通事故中所遭受的经济损失作了赔偿。同月 13 日，金坛市人民医院在对王根保进行头颅 MRI（核磁共振）检查时发生意外，致王根保左侧神经受损。王根保认为，该损失亦应由金坛市交通工程总公司赔偿，故于 2007 年 8 月向金坛市人民法院提起诉讼。金坛市人民法院经过审理查明，王根保在交通事故中所遭受的经济损失，金坛市交通工程总公司已作了赔偿，遂于 2007 年 11 月 19 日判决驳回了王根保的诉讼请求。判决后，被告人王根保未提出上诉，也未就头颅 MRI（核磁共振）检查过程中所遭受的损害向相关部门主张赔偿。

被告人王根保为了达到迫使市政府及交通局向金坛市交通工程

总公司进行干预，以实现其向金坛市交通工程总公司继续索要所谓的经济损失的目的，于 2007 年 12 月 28 日至 2008 年 1 月 9 日间，先后 4 次纠集妻子袁美清、姐姐王根娣、儿子王爱华、岳母蒋小当（该四人均另行处理）等人到金坛市人民政府及金坛市交通工程总公司主管部门金坛市交通局，采用红布条拦政府大门、拦阻车辆和人员进出、强行冲闯政府办公楼、强占工作场所、对维持秩序的公安民警及保安人员进行辱骂、殴打等手段，致使国家机关的工作无法进行，造成了严重损失。

上述事实，由经过原审当庭质证、认证的被告人王根保的供述，证人袁美清、王根娣、王爱华、邓瑞海等人的证言笔录，法医学人体损伤程度鉴定书，抓获经过、情况说明、公安治安处罚决定书等证据予以证实。

原审法院认为，被告人王根保纠集多人多次冲击国家机关，致使国家机关工作无法进行，造成严重损失，其行为已构成聚众冲击国家机关罪，系首要分子，依照《中华人民共和国刑法》第 290 条第 2 款之规定，以被告人王根保犯聚众冲击国家机关罪，判处有期徒刑 5 年。

宣判后，王根保不服，提出上诉。

二审裁定所认定的事实与原审判决一致。二审裁定认为，上诉人王根保纠集多人多次冲击国家机关，致使国家机关工作无法进行，造成严重损失，其行为已构成聚众冲击国家机关罪，系首要分子。原审法院认定事实清楚、定罪准确、适用法律正确、量刑适当、审判程序合法。依照《中华人民共和国刑事诉讼法》第 189 条第 1 项之规定，裁定驳回上诉，维持原判。

再审中，原审上诉人王根保的辩解及其辩护人的辩护意见：王根保在主观上没有冲击国家机关的故意，在客观上也没有破坏国家机关工作秩序、造成严重损失的事实，其行为不构成聚众冲击国家机关罪，本案定案的证据不足，认定王根保纠集多人，系首要分子的事实错误，建议改判王根保无罪。

检察员当庭指出，王根保的行为不符合聚众冲击国家机关罪的构成要件，建议改判王根保无罪。

经再审查明：2006 年 12 月 2 日 12 时许，王根财驾驶电动自行车带王根保行驶途中，被于金娣驾驶的金坛市交通工程总公司的苏××号轿车撞倒，经诊断，王根保头皮挫伤、多处软组织受伤。经交警部门对交通事故认定，于金娣负事故主要责任，王根保不负事故责任。王根保因交通事故受伤住院期间，金坛市人民医院对王根保进行头颅 MRI（核磁共振）检查时发生意外，致王根保当场休克和左侧神经受损。

2007 年 8 月，王根保向金坛市人民法院提起民事诉讼，请求于金娣、金坛市交通工程总公司和王根财赔偿医疗费人民币 46 700 余元。该法院经过审理认为，王根保自 2006 年 12 月 2 日至 2006 年 12 月 13 日损失为人民币 8 189.46 元。于金娣已向王根保支付各项费用人民币 17 294.26 元，王根保在交通事故阶段的损失已由于金娣赔偿，故对王根保要求三被告连带赔偿核磁共振阶段损失的诉讼请求不予支持，遂判决驳回了王根保的诉讼请求。期间，金坛市人民医院向金坛市人民法院起诉王根保，称自 2006 年 12 月 2 日王根保因交通事故受伤入住该医院治疗，至 2007 年 11 月 28 日出院，王根保尚欠医院医疗费人民币 41 700.51 元。该法院判决被告王根保支付原告金坛市人民医院医疗费人民币 41 700.51 元。

2007 年 12 月 28 日至 2008 年 1 月 9 日间，王根保先后四次带妻子袁美清、姐姐王根娣、儿子王爱华、岳母蒋小当（该四人均另行处理）到金坛市人民政府门前和市交通局上访，找主要领导反映医药费问题。期间与保安人员、民警发生冲突，王根保将保安人员苏某某的右手背咬破，经鉴定构成轻微伤。

上述事实，有王根保的供述，证人袁美清、王根娣、王爱华、蒋小当等证人证言笔录，金坛市人民法院（2007）坛民一初字第2057号民事判决书、（2008）坛民一初字第1958号民事判决书，常州市公安局公（常）鉴（刑评）字［2008］20号法医学人体损伤程度鉴定书，发破案经过，金坛市公安局公安治安处罚决定书等证据予以证实，足以认定。

本院认为，原审上诉人王根保因交通事故及医疗纠纷，与亲属多人多次到政府机关上访，其行为虽在一定程度上干扰了政府机关正常工作秩序，并致一名安保人员轻微伤，但综观本案具体情节，其行为尚不符合刑法规定的聚众冲击国家机关罪的构成要件，不构成犯罪。原裁判认定王根保的行为致使国家机关工作无法进行、造成严重损失的事实不清，证据不足，对王根保定罪量刑适用法律不当，应当予以纠正。原审上诉人王根保的辩解及其辩护人的辩护意见成立，本院予以采纳。检察员的出庭意见正确，本院予以采纳。依照《中华人民共和国刑事诉讼法》第245条、第225条第1款第3项和《最高人民法院关于适用〈中华人民共和国刑事诉讼法〉的解释》第389条第2款的规定，判决如下：

一、撤销江苏省金坛市人民法院（2008）坛刑初字第121号刑事判决和江苏省常州市中级人民法院（2008）常刑一终字第42号刑事裁定。

二、原审上诉人王根保无罪。

本判决为终审判决。

审 判 长 耿 勇

代理审判员　赵友新

代理审判员　孙春生

江苏省高级人民法院

二〇一六年五月十日

书　记　员　刘晓清

书　记　员　张　旭

■ 律师手记

医疗事故，致身体左侧神经受损；讨要赔偿，却被冠以聚众冲击国家机关罪；自我维权，却遭受五年有期徒刑。从 2006 年当事人遭遇车祸，到 2008 年被江苏省金坛市人民法院以聚众冲击国家机关罪判处有期徒刑五年，以及随后的上诉、入狱、假释、申诉，本案前后共历时 10 年。辩护人在申诉阶段介入本案，在仔细阅读案卷材料后，认为本案应属冤案，至少存在以下问题：

第一，"纠集多人"的事实认定错误。与王根宝一同前往政府的是其妻子和姐姐，前往的目的是陪同，一来有个照应，二来帮助表达，根本不需要"纠集"，也不属"纠集"。

第二，"致使国家机关工作无法进行"事实认定错误。全案证据中没有一位政府工作人员证明其工作受到了严重影响。

第三，"造成严重损失"的事实系子虚乌有。全案仅有四位执勤人员受到轻微伤且三人病历涉嫌造假，根本无严重损失。

聚众冲击国家机关罪的侵犯客体是国家机关工作秩序，表现为聚众冲击国家机关，致使国家机关工作无法进行。本案现有证据无法证明王根保等人的行为导致了国家机关工作无法进行。王根保等人三次到市政府，均没有冲入政府办公区，政府及其工作人员行使管理职权、执行职务的活动没有被迫中断或者停止。

上访，是群众向上级机关反映问题、寻求解决方法和自我维权的一种途径，也是政府了解民意的一个重要途径，是包括中国在内许多国家的表达形式。如果对上访者冠以聚众冲击国家机关罪，必将封堵大众维权的一个重要通道，阻塞民意的表达，为社会的安定团结和国家的和谐发展留下隐患。

法律的核心价值是维护社会的公平正义，而不是少数人的工具。本案获无罪判决，是对执法机关滥用刑罚手段的当头棒喝，具有广泛的警示意义。

"无罪"的确难，改判无罪更难，申诉无罪难上加难，但对于刑辩律师而言，不能因难却步。坚定信念、坚持观点、坚守底线，公正的判决就会离你更近。

辩护人 张志华

■ 评 议

一个农民，因为一场意外的交通事故受伤入院，在治疗期间又受新的损伤，却没有责任人来承担医疗费，无奈之下和家人到金坛市政府门口，请领导出面协调。在政府、交通局门前拉横幅、铺草席，拦截相关人员申诉自己冤情，被控告为"聚众冲击国家机关"，是否恰当？

聚众冲击国家机关罪规定在我国《刑法》第290条第2款，成立该罪名要求"聚众""冲击"，且"致使国家机关工作无法进行"

"造成严重损失"，否则不能依据刑法进行评价。

　　首先，"聚众"是指纠集三人以上，且并非所有参与者都构成犯罪，只追究首要分子和积极参加者；其次，"冲击"是指聚集多人冲闯拦阻、强行冲入的行为表现；再次，"致使国家机关工作无法进行"是指国家机关及其工作人员行使管理职权、执行职务的活动因受到聚众冲击而被迫中断或者停止；最后，"造成严重损失"指因冲击中的暴力行为或因工作无法进行等，造成了严重损失，一般是指有形的财产或人身损失。

　　结合本案，王根保与妻子、姐姐和岳母几人多次同行到政府机关诉说请求，仅是作为家人陪同前往，用"纠集"评价其行为是不恰当的。几人采取的是用红布条拦在门口阻止车辆及人员进出、企图强行闯入办公地点等方式，客观来讲手段过激，在一定程度上干扰了政府机关正常工作秩序，甚至有与安保人员发生肢体冲突并致其中一人轻微伤，但程度是否达到"致使国家机关工作无法进行，造成严重损失"？本案再审期间，辩护人和出庭检察员皆认为王根保的行为不构成聚众冲击国家机关罪，江苏省高级人民法院以原审判决证据不足、事实不清，适用法律错误，改判王根保无罪，坚持了罪刑法定原则，也体现了刑法的谦抑性原则。

南昌大审判：南昌大学校长被控挪用公款5875万元

——江西南昌周文斌挪用公款案

■ 回 顾

　　周文斌，湖南衡阳人，原南昌大学党委副书记、校长，主政南昌大学 12 年。他的学术履历非常辉煌，曾当选俄罗斯工程院外籍院士，并担任过东华理工大学校长、南昌大学校长（正厅级）等职，一度被称为"最帅最年轻大学校长"。不仅如此，周文斌头脑灵活，办事果断。在任短短一年多，东华理工学院各项建设总投入达 3 亿元，办学规模列江西第二。为解决资金难题，他开创了"自己省一点，上面的钱要一点，别人的钱用一点，以后的钱用一点"的东华模式。在南昌大学期间，他更是把这一模式"发扬光大"，引入社会资本，将耗时 4 年、总投资 30 亿元、面积 3600 亩的南昌大学前湖校区建成并全面投入使用。

南昌大学前湖校区

他是校友眼中能干的"学术达人"，是学生眼中没有架子的"斌哥"，拥有近 5 万名微博粉丝，最终却因基建腐败落马。

2013 年 5 月，周文斌因涉嫌严重违纪接受调查。6 月，周文斌被免去南昌大学校长职务。9 月 26 日，周文斌因涉嫌受贿罪被江西省公安厅刑事拘留。检方指控，周文斌在担任华东地质学院党委副书记、院长，南昌大学党委副书记、校长期间，利用职务之便，为他人谋取利益，非法收受他人财物 2000 多万元；2003 年 4 月至 2004 年 7 月，周文斌曾主导了南昌大学教职工团购房项目。期间，他两次个人决定挪用南昌大学公款人民币 5875 万元供他人进行营利活动。

2014 年 12 月 9 日，南昌市中级人民法院开庭审理此案，周文斌当庭否认检察机关绝大部分指控，声称该案是"江西省有史以来最大的一起经济类的冤假错案"，并称系落马的全国政协原副主席苏荣在江西省委书记任上时对他的报复。

周文斌案审理广受关注，一审开庭从 2014 年 12 月 9 日至 2015 年 3 月 4 日，总计庭审 24 日，创下职务犯罪案庭审时长纪录；一审期间，辩护律师四次被赶出法庭；出庭作证的证人翻供之后再翻供，可谓一波三折。

这名被控受贿、挪用公款的南昌大学原校长开创了一项又一项传奇性的自辩记录：他要求和落马高官刘铁男、艺人房祖名"同等待遇"着便装受审，并自行脱掉囚服"黄马甲"；他用概率计算"行贿人"与"受贿人"供述的绝对误差和相对误差，推演出案件证据为假；他连续两天半不间断地自我辩护，从十八届四中全会全面依法治国开始，谈及以审判为中心的司法体制改革、最高人民法院和最高人民检察院连续发布的多项防止冤假错案的文件，强调案件审理的程序正义。

2015 年 3 月 12 日，经最高人民法院批准，此案审理期限延长三个月，期间审判长因"身体原因"提出回避。2015 年 9 月 15 日，南昌市中级人民法院在第二审判庭召开周文斌案庭前会议，决定对周文斌案全案重审。

2015 年 11 月 9 日至 11 月 17 日，周文斌案一审再度开庭，南昌市中级人民法院重新组建了合议庭，副院长谭绍木担任审判长，两名原合议庭法官继续担任审判员。

2015 年 12 月 29 日，南昌市中级人民法院一审宣判：周文斌犯受贿罪，判处无期徒刑，剥夺政治权利终身，并处没收个人全部财产，犯挪用公款罪，判处有期徒刑 12 年，决定执行无期徒刑，剥夺政治权利终身，并处没收个人全部财产。周文斌当庭表示不服判决，并随后手书信件，声称本案是"从实体到程序都不公正的判决""士可杀不可辱，我将决不屈服"，并于 2016 年 1 月 6 日亲手书写了上诉状，提出上诉。

2016 年 12 月 21 日，江西省高级人民法院二审开庭审理此案，并当庭宣判，将一审判决认定的受贿罪由无期徒刑改判有期徒刑 12 年，并认定一审认定的挪用公款罪属定性不当，不能成立。

■ 控 诉

江西省南昌市人民检察院
起诉书

洪检刑诉［2014］67 号

被告人周文斌，男，汉族，湖南衡阳人，博士，原南昌大学党委副书记、校长（正厅级）。2013 年 9 月 26 日因涉嫌受贿罪被江西省公安厅刑事拘留；同年 9 月 30 日，经江西省人民检察院决定逮捕，同年 10 月 8 日由江西省公安厅执行逮捕。

被告人周文斌涉嫌受贿、挪用公款一案，由江西省人民检察院侦查终结，交由本院侦查部门移送公诉部门审查起诉。本院已于 2014 年 3 月 10 日依法告知了被告人有权委托辩护人，讯问了被告人，听取了辩护人的意见，审查了全部案卷材料。期间，退回补充侦查二次、延长审查起诉期限三次。

经依法审查查明：

……

二、挪用公款罪

1. 2003 年初，被告人周文斌授意沈亚群找一地块用于开发南昌大学教职工团购房项目。同年 4 月 1 日，沈亚群、秦旭华、万国根、万云平等人决定合伙承接该项目，并借江西弘强房地产发展有

限公司（以下简称"弘强公司"）的名义与江西省江信国际花园
开发有限公司（以下简称"江信国际"）签订了承包协议，由弘
强公司承包开发江信国际所有的江信国际花园二期（B-1 地块）项
目，并约定"自协议签订后 30 日内，弘强公司向江信国际缴纳
3000 万元承包费"。因沈亚群等人无力按约支付江信国际项目承包
费，亦缺乏项目启动资金，遂向周文斌提出从南昌大学"借款"，
周文斌表示同意，并个人决定违规在南昌大学与江信国际即将签订
的商品房订购协议中增加"协议签订后一星期内，南昌大学支付江
信国际总价款的 25% 即 3675 万元"的条款，后亲自与江信国际签
订了上述协议。同年 4 月至 5 月间，周文斌以履行合同为名要求南
昌大学财务部门将 3675 万元公款支付给江信国际，变相替沈亚群
等人支付项目承包费及启动资金。同年 4 月的一天，沈亚群在南昌
大学外专楼周文斌住处楼下送给周文斌人民币 100 万元作为感谢
费。2005 年至 2006 年，沈亚群等人将所借的人民币 3675 万元陆续
归还给南昌大学。

2. 2004 年 2 月、3 月，南昌市政府要求江信国际花园二期项目
补缴土地款人民币 2200 万元。因沈亚群、万云平等人无力支付，
遂决定由沈亚群出面找周文斌帮忙。沈亚群找到周文斌，提出向南
昌大学"借款"，并表示事后会予以感谢，周文斌表示同意，并指
使沈亚群以弘强公司的名义向南昌大学出具《关于要求增付贰仟贰
佰万元预付款的函》，以增付 2200 万元预付款的名义，将款项借给
弘强公司。尔后周文斌违反财务规定，未经任何程序直接在上述函
上批复"同意支付"，并要求南昌大学相关部门将款项汇至弘强公
司。2004 年 7 月，南昌大学将人民币 2200 万元汇至弘强公司账户。
同年 9 月至 11 月，弘强公司将所借的人民币 2200 万元归还给南昌
大学。

认定上述事实的证据如下：

1. 转款记录、商品房定购协议等书证；

2. 证人沈亚群等人的证言；

3. 被告人周文斌的供述和辩解。

本院认为，被告人周文斌身为国家工作人员，利用职务之便……个人决定挪用南昌大学公款人民币 5875 万元供他人进行营利活动，情节严重；其行为触犯了《中华人民共和国刑法》……第 384 条之规定，犯罪事实清楚，证据确实、充分，应当以挪用公款罪追究其刑事责任。

依据《中华人民共和国刑事诉讼法》第 172 条的规定，提起公诉，请依法判处。

此致

江西省南昌市中级人民法院

检 察 员：周 兰 香

代检察员：陈 威、熊心玮

江西省南昌市人民检察院

二〇一四年九月二十二日

■ 辩 护

关于周文斌挪用公款罪的辩护意见

一审法院认定"周文斌身为国家工作人员，利用职务上的便利，挪用公款供他人进行营利活动，情节严重，其行为构成挪用公款罪"事实不清、证据不足，周文斌的行为不构成挪用公款罪。

关于周文斌挪用公款的犯罪事实，实际上是南昌大学为了解决教职工的宿舍问题，和江信国际签订协议，团购江信国际二期住房。在老师分房名单一时确定不下来的情况下，由学校代老师垫付了3675万元的购房预付款，待楼盘开盘时购房老师缴付相应购房款，再由房地产公司统一把该笔预付款还给学校。后期由于南昌市政府统一提高地价，要求对在建土地涨价，追加了2200万元，与第一笔款项性质相同。相关款项的支付依据的都是南昌大学与江信公司签署的购房协议，而非周文斌的个人行为，不构成"挪用公款"。

1. 关于南昌大学与江信公司之间签署的购房协议。

首先，关于合同双方。甲方是南昌大学，乙方是江信国际花园开发有限公司，这份订购协议书证明的是南昌大学要购房，而非南昌大学的每一个职工单独购房。合同中约定："如果甲方具体住户未办理按揭手续，所剩空置房由甲方也就是南昌大学全部认购并办理按揭"。这里的核心问题呈现在法律层面上就是，南昌大学要购买协议约定的数量的住房，因此南昌大学作为买受人给付购房款是履约行为，合理合法。但南昌大学全部买下来之后，要再分给职工。但由于购买住房涉及办理房产证等手续问题，认购住房的教职工无法依据南昌大学5875万元的预付款发票去办理房产证，要求单价、总价、公共基金都要落实到每一户头上，只能把大票换成小票，所以南昌大学在以自己名义给付预付款后，认购住房的教职工要将相应房款返还南昌大学，之后再办理自己的房产证明，这才出现了本案的事实。

其次，这个项目并不同于普通的商品房预售，有两个明显的特点：第一，这个项目不仅经过南昌大学研究，而且南昌市国土局也已明确，南昌大学为此还专门向相关部门做了书面报告；第二，这个房子的团购针对的是南昌大学教职工这一特定对象，而不是像普通商品房预售那样针对的是不特定的对象，这是团购房和普通预售房的本质不同。这个本质的不同，就导致在对案件真实情况进行侦查时，侦查人员对这一事实尤其是对这一行为性质的判断，即合法与违法之间的判断，已经先入为主，并且把他们自己的主观意图事先告知被讯问的人，严重影响了被讯问人对事实的判断，导致所作证言是不客观的，无法采信。

2. 关于南昌大学团购房和预付款的问题，不涉及任何被指控为挪用公款的事项。

在我国刑法中，挪用公款罪的构成有三种情形：

第一种是归个人使用，进行非法活动。但本案的情形显然不符合这一条款，没有任何一个事实或者任何一个证据能够证明预付款是为了周文斌个人的目的，因为这个钱是单位与单位之间的来往——从南昌大学的财务处到房地产公司。

第二种情形是挪用公款数额较大进行营利活动。营利活动显然是指将挪用的公款用于经营活动，去做生意。起诉书指控"周文斌个人决定挪用南昌大学公款人民币 5875 万元供他人进行营利活动"显然是因为钱款给付给房地产公司，但不能因为出现了房地产公司就片面将其认定为"经营"，因为从客观事实来讲，是南昌大学为了给校职工团购住房，依据购房协议给付相应钱款，而不能认定为"供他人进行营利活动"。

第三种情形是指挪用公款数额较大，超过三个月未还。本案钱款的给付是南昌大学依照合同进行的合法、履约行为，而非挪用公款，又何来"归还"一说？

本案现有证据虽不能证明挪用公款事实的存在，但可以印证另外一个合法事实的存在，即南昌大学团购房是单位与单位之间的合同关系，是江信国际与南昌大学这两个独立的法人主体之间的合同关系。这个合同目前已履行完毕，且没有产生任何纠纷。如果本案将南昌大学团购房的行为认定为犯罪行为，那这个合同必然是无效的，且无效的严重程度已经超过了合同法里面规定的明示无效，因为这里被指控的是一个刑事犯罪。但是一个无效的合同已经履行完毕，依据合同法相关规定，应当"返还、追缴、赔偿"。可本案涉及南昌大学的几百套团购房，"返还、追缴、赔偿"任一形式都是不可能完成的，在法律上也不能成立，因此这个合同并非无效，更不是犯罪。

3. 关于南昌大学的两笔预付款的问题。

第一笔3675万元的预付款是在协议签订之后依照约定在相应时间给付的，第二笔2200万元预付款是由于建设过程中，南昌市政府统一提高地价、地块涨价而产生的。这在民事法律关系中，是一种由于政府行为导致的"情势变更"，依照相关的法律规范，这部分费用自然应当由南昌大学承担。而这两笔款项的性质完全相同，可以说它就是借款，而不构成犯罪。在民事法律关系中，企业与企业、公司与公司、单位与单位之间的资金拆借是非常普遍的，即使这个企业的经营与另外一个企业的经营毫无关系，也可以将自己的钱借给另外一个企业。资金拆借如果没有违反国家金融方面的额度限制，就是有效的借贷关系，如果涉嫌违法，那也是违反金融法规而产生行政或民事责任，不会上升到刑法的高度，用"挪用公款罪"对其进行评价。

4. 关于证据显示南昌大学与江信国际合作项目某一笔款项给付"未经研究"的问题。

证据当中显示的是付某一笔款没有经过校长办公会研究。首先,江信国际这个项目是学校集体研究的项目,上过学校的校长办公会。那么此处涉及另一个问题,即一个项目经过研究同意之后,每一个问题都要经过校长办公会研究吗?自然是不需要的。只要这个项目的合同签订经过研究就可以了。因此在这一项目合同正式签订,南昌大学盖了公章,且南昌大学是校长负责制的管理体系的情况下,周文斌作为南昌大学校长即法定代表人来签署这个协议是没有任何问题的。

从案件基本事实来看,南昌大学与江信国际这个购房项目已经完成,房子也已经分配完毕。现有证据显示分配住房的方案经过校长办公会研究。既然住房分配的方案是经过校长办公会研究的,那就可以证明这个项目绝非没有经过同意、没有经过研究。因为,即便原来没有经过研究,对住房分配方案进行研究也可视为对项目的一种追认。这一方案研究是有效力的,虽然有证人证言陈述"没有经过研究",但具体住房分配下去之后,那些作证的证人也按照这个分配方案得到了房子并且住了进去,难道说他不同意这个方案的实施吗?

5. 周文斌的行为不具有社会危害性,一审判决认定其构成挪用公款罪属行为性质界定错误,不符合法理。

周文斌作为南昌大学校长,以南昌大学名义团购房为教职工解决住房问题,被指控为挪用公款。假设南昌大学和房地产公司签订合同,给付5875万元买房子,最终没有买到房子,钱被别人给骗了,这在我国刑法中可以被评价为签订、履行合同失职被骗罪,使国家利益遭受重大损失,处3年以下有期徒刑,即使是使国家利益遭受特别重大损失,也只是处3年以上7年以下有期徒刑。周文斌为南昌大学签订了团购房协议,给付5875万元购房款,不仅没有被骗,到今天反而有5倍的升值,却被指控犯挪用公款罪,处5年以上有期徒刑，最高可以判到 15 年。这个指控荒唐至极，还不如周文斌为南昌大学给付的 5875 万元被房地产公司骗取的情形。现在给教职工买到房子了，大家都住进去了，反而指控他是犯罪，而且还是一个比全部钱被骗了重得多的罪名，显然是不合理的。

本案"挪用公款罪"的核心问题在于，这是南昌大学与江信国际签的合同，不付款就是违约，即违反合同法；而南昌大学依据合同给付了预付款，却构成本案被指控的犯罪。按照这个逻辑，如果南昌大学将这笔购房款给了江信国际，直接作为校内教职工购房款的一部分，后期江信国际收缴房款后也不再返还给南昌大学，周文斌岂不是就构成"贪污罪"？挪用公款不还，不就是贪污嘛！但学校承担一部分购房款给教职工减轻经济负担、解决住房问题，作为学校法定代表人的校长能构成贪污罪吗？显然不能。

回归案情本身，周文斌的行为是不具有社会危害性的，也没有给任何个人、单位或者国家造成损失，甚至还是有益的。我国刑法规定，犯罪有三性——社会危害性、刑事违法性和应受刑法处罚性。而周文斌的行为并不具有社会危害性，南昌大学与江信国际签订购房协议的出发点就是为教职工谋福利，解决住房问题，因为校内不允许建房，采取和房地产开发公司合作的形式，并在楼房开盘前达成预付款协议，剩下的部分再由具有分配住房资格、需要购房的教职工补齐差价。采取这种方案为校教职工争取到住房的最低价格，这些分配到住房、成功购买并入住的老师们成为最大受益者，而周文斌作为校长在 500 多户中并未为自己争取到住房认购资格。在无人利益受损，反而众人获利、周文斌本人并未获得利益的一个行为之后，指控周文斌犯如此严重的罪行，于法、于理、于情都让人难以接受，荒唐！

综上所述，本案事实不清、证据不足，且存在大量伪证和虚假指控。虽然周文斌是厅级干部，本案属领导交办的案件，但检察机关、人民法院作为国家的司法机关，应当坚守"以事实为依据、以法律为准绳"的刑事诉讼基本原则，对周文斌的"挪用公款罪"不予认定。

■ 审 判

江西省高级人民法院
刑事判决书

（2016）赣刑终 33 号

原公诉机关江西省南昌市人民检察院。

上诉人（原审被告人）周文斌，男，汉族，研究生文化，原系南昌大学党委副书记、校长，曾任华东地质学院（后更名为东华理工学院）党委副书记、院长。因涉嫌犯受贿罪于 2013 年 9 月 26 日被刑事拘留，同年 10 月 8 日被逮捕。现羁押于南昌市第一看守所。

辩护人朱明勇，北京市中关律师事务所律师。

辩护人易延友，北京市中闻律师事务所律师。

江西省南昌市中级人民法院审理南昌市人民检察院指控原审被告人周文斌犯受贿罪、挪用公款罪一案，于 2015 年 12 月 29 日作出（2014）洪刑二初字第 29 号刑事判决。宣判后，原审被告人周文斌不服，提出上诉。本院受理后，依法组成合议庭，于 2016 年 9 月 28 日、12 月 20 日召开庭前会议，12 月 21 日公开开庭进行了审理。江西省人民检察院指派检察员龙军、代理检察员王晨翼、张明恺出庭履行职务。上诉人周文斌及其辩护人朱明勇、易延友到庭参加诉讼。现已审理终结。

南昌市中级人民法院判决认定：

……

挪用公款事实

2003 年初，周文斌授意沈亚群找一地块用于开发南昌大学教职工团购房项目。同年 4 月 1 日，沈亚群、秦旭华等人以江西弘强房地产发展有限公司（以下简称弘强公司）的名义与江信国际花园开发有限公司（以下简称江信国际）签订承包协议，由弘强公司承包开发江信国际花园二期项目，缴纳 3000 万元承包费。因沈亚群等人无力按约支付承包费，亦缺乏项目启动资金，遂向周文斌提出从南昌大学借款。周文斌个人决定，采取在南昌大学与江信国际签订的商品房定购协议中设定"协议签订后一星期内，南昌大学支付江信国际总价款的 25% 即 3675 万元"条款的方式，变相替沈亚群等人支付项目承包费及启动资金。周文斌与江信国际商谈后签订了上述协议。同年 4 月至 5 月间，周文斌以履行合同为名要求南昌大学将 3675 万元公款分两次支付给江信国际。2003 年 4 月，周文斌在南昌大学外专楼楼下收受沈亚群 100 万元感谢费。2005 年至 2006 年，沈亚群等人将所借的 3675 万元陆续归还给南昌大学。

2004 年 2 月，南昌市政府要求江信国际花园二期项目补缴土地款近 2200 万元。因该地块实际由弘强公司部分用于开发南大团购房，江信国际要求弘强公司补缴。因资金困难，沈亚群找到周文斌要求减免，周文斌遂安排人员以南昌大学名义向南昌市政府出具要求维持江信国际花园二期原地价的报告，未得到批准。沈亚群向周文斌提出向南昌大学借钱支付该款项，并表示事后会进行感谢。出于对沈亚群的照顾，周文斌予以同意，并指使沈亚群以弘强公司名义向南昌大学出具《关于要求增付贰仟贰佰万元预付款的函》，周文斌签署了同意增付的意见。2004 年 7 月，南昌大学支付 2200 万元给弘强公司。2004 年 9 月 30 日、11 月 3 日，弘强公司分两次将2200 万元归还给南昌大学。

上述事实，有经一审庭审举证、质证的合同、企业信息登记表、付款凭证、任职文件等书证，证人证言，周文斌在侦查阶段的供述等证据证实。

南昌市中级人民法院认为，被告人周文斌身为国家工作人员，利用职务上的便利，挪用公款供他人进行营利活动，情节严重，其行为构成挪用公款罪。且周文斌不具有如实供述、真诚悔罪、积极退赃等从轻、减轻情节。根据周文斌犯罪的事实、性质、情节和对于社会的危害程度，依照《中华人民共和国刑法》第 384 条、第 61条、第 57 条第 1 款、第 59 条、第 64 条之规定，作出如下判决：被告人周文斌……犯挪用公款罪，判处有期徒刑 12 年……

二审开庭审理时，上诉人周文斌对一审判决陈述了以下意见：

……他为南昌大学团购房项目挪用 5875 万元公款的行为不构成挪用公款罪……他在侦查期间及一审开庭之前，对案件的主要事实作了如实供述，大部分赃款已退回，二审期间认罪，真诚悔罪，对所犯罪行造成的不良影响感到非常后悔，请求二审法院依法从轻判处。对在一审过程中出现的翻供行为和不当言行，以及由此造成的不良社会影响，真诚认错，向有关单位和工作人员表示道歉。

周文斌的辩护人提出：……周文斌为南昌大学团购房而支付预付款，是履行合同行为，未谋取个人利益，未造成国家损失，不构成挪用公款罪；周文斌当庭认罪悔罪，追缴了绝大部分赃款赃物，应依法从轻判处。

出庭检察员发表以下出庭意见：……一审认定周文斌挪用公款

的事实清楚,其行为构成挪用公款罪;"坦白从宽"是我国一贯的刑事政策,请法庭根据周文斌犯罪的性质、罪行的轻重,并充分考虑其在今天庭审中较好的认罪表现,依法对其作出公正裁判。

二审庭审期间,对一审判决列举的证据进行了质证。上诉人周文斌及其辩护人对一审判决认定周文斌挪用公款事实中谋利的证据提出如下异议:周文斌的供述是虚假的;……周文斌的供述与沈亚群的证言同时出现"老树咖啡",而当时"老树咖啡"并未注册成立;一审认定沈亚群在南昌大学增付 2200 万元预付款时许诺给周文斌感谢的证据不足。

辩护人当庭出示了新证据:……沈亚群公司出纳梁志红的证言,内容为其 2003 年 4 月没有为沈亚群准备过 100 万元,原先的证言是假的。

出庭检察员发表以下质证意见:辩护人的取证程序无明显违法之处,所出示的新证据与本案具有一定关联性,建议法院综合评判一审证据和新证据,依法决定是否采信。本院认为,辩护人提交的证人梁志红的证言,因缺少对证人梁志红身份的核实情况,真实性存疑。

本院经依法审理查明,针对上诉人周文斌及其辩护人的辩护意见,根据本案事实、证据和相关法律规定,评判如下:

……

关于周文斌不构成挪用公款罪的辩护意见。

经查,周文斌根据南昌大学校长办公会集体讨论向江信国际花园二期团购职工宿舍的决定,代表南昌大学与江信国际签订商品房定购协议,或依照合同约定支付预付款,或因为土地涨价而增付预付款,兼有为顺利建成南昌大学教职工宿舍和为沈亚群公司解决资金困难的目的,没有证据证明周文斌谋取了个人利益,且所有款项均用于该项目并全部归还，未给国家造成损失，不构成挪用公款罪。

本院采纳该辩护意见。

本院认为，……原判认定周文斌挪用 5875 万元的行为构成挪用公款罪，定性不当。……依照《中华人民共和国刑事诉讼法》第 225 条第 1 款第 2 项，《中华人民共和国刑法》第 12 条第 1 款，第 385 条第 1 款，第 386 条，第 383 条第 1 款第 3 项、第 2 款、第 3 款，第 59 条，第 64 条，《最高人民法院、最高人民检察院关于办理贪污贿赂刑事案件适用法律若干问题的解释》第 3 条第 1 款、第 13 条第 2 款和第 19 条第 1 款的规定，判决如下：

一、……

二、撤销南昌市中级人民法院（2014）洪刑二初字第 29 号刑事判决第一项，即被告人周文斌犯挪用公款罪，判处有期徒刑 12 年……

……

本判决为终审判决。

> 审　判　长　楼建群
> 审　判　员　曾　华
> 代理审判员　万　菁
> 江西省高级人民法院
> 二〇一六年十二月二十一日
> 书　记　员　朱晓云
> 书　记　员　曾　瑶

■ 律师手记

这是一场在反腐大背景下进行的高官审判，但是却遭遇了来自被告人和辩护人的顽强抗辩；

这是一场预定好的表演式审判，但是原定的三天庭审时间被辩护律师拉长至三个月，实际庭审日达 24 天，创下中国职务犯罪庭审时间最长的纪录；

这是一场从当地官方安排媒体集中污名化报道被告人开始到当地媒体被赶出法庭的戏剧化结局；

这是一场从高官被告人惯性般低头认罪痛哭流涕求轻判的法庭秀到被告人理性抗争掌握法庭主动权的惊天逆转；

这是一场控方证人出庭怒揭控方刑讯逼供黑幕的司法闹剧；

这是一场人性良知与功利诱惑纠缠不休的审判；

这是一场演绎了刑事诉讼全程细节的教学式审判；

在这场审判中辩护律师四次被赶出法庭，创下了中国律师被驱逐出法庭次数之最；

在这场审判中，被告人自辩四天，创中国被告人自辩之最；

这是一场控辩双方在辩论时被法官隔离的无接触式辩论；

这也是一场法科学生社会实践的入门洗礼课堂；

这是一场法学专家见证司法乱象的饕餮盛宴；

这是一场不仅触及正义与邪恶，而且触及人性与灵魂的审判。

再一次拿起南昌市中级人民法院开出的出庭通知书，看到"本院将于 2014 年 12 月 9 日在本院一号大法庭公开审理周文斌受贿、挪用公款一案，望你接通知后准时出庭参加诉讼"的字眼儿，回想起之前在心中预判着这起即将到来的庭审的走向，我绝没有想到三个月后这场本应十分寻常的庭审却成为引爆舆论焦点的暴风法庭。现在回想起来，这场横跨两个年度的南昌大审判依旧荡气回肠，惊心动魄……

配得上我的当事人

2014 年下半年，我本来不打算再受理新的案件，但是一位朋友给我介绍了这个案子。朋友之托，无法推辞。当事人家属来我办公室之前，朋友又打来电话说："这个当事人是南昌大学的校长，是个很不一般的人，他配得上你这样的辩护人。"我被朋友调侃般的戏言触动了，又带着些许期盼，因为我在想什么样的当事人会被同样堪称业界精英的朋友称为"配得上我这样的辩护人"。

没过几天，当事人的妹妹周慧娟来到我的办公室，她一副下岗女工打扮，没谈几句话我们就顺利签署辩护协议。后来我知道，这还是她第一次来北京，而且她的确是一位老军工企业的下岗工人，为了她哥哥周文斌的案子提前退休了。

好在对于这场旷日持久的"南昌大审判"，之前已经有南昌律师介入，他们也做了很多前期工作。在与南昌两位律师协调的过程中，得到了他们的全力配合，我们也很顺利地进行了相关的沟通和接洽，为我接下来介入案件做了很好的铺垫。

交锋在第一次见面 法官不给我起诉书

我介入案件后，案卷已经移送到南昌市中级人民法院刑事审判第二庭，我即刻前往递交手续。因为之前我代理的另一起称为"桂松案"的案子也在这里审理，也是一场旷日持久的审判，所以我对南昌中院刑二庭可以说是再熟悉不过了。

来到南昌中院，我熟门熟路地前往刑二庭递交文件，敲门走进办公室看见一位老法官用"一指禅"机械地在电脑上敲打着。他正是周文斌案的主审法官，于是我上前向其介绍来意。该法官抬起头问我是哪个案件，我说是周文斌案，老法官抬起头看看我又说："周文斌案不是有辩护人了吗？"我回答他，法律规定一个被告人可以请两个辩护人，他们家里又请了我。法官又问我是哪儿的律师。我说是北京的。法官似乎有些不屑，自言自语道："还请个北京的律师啊！那你把手续放在这儿吧。"

于是我向法官递交了手续，并要求给我一份此案的起诉书，老法官说："起诉书已经给了南昌的那个律师，两个辩护人只能给一份。"我听到法官这样说觉得很不正常，怎么会有法院不给辩护人起诉书呢？但是法官反复跟我强调，他们这里办案，两个辩护人就是只给一份起诉书。但是不给我起诉书，开庭怎么辩护？我开始据理力争，辩护人有权获得起诉书，如果法官不给起诉书我就要投诉。听到投诉，这位老法官才叫来了书记员，说他们的起诉书也不够用，让再给我找一份。

庭前新闻发布会

不久，法院通知周文斌案定于 2014 年 12 月 9 日在南昌中院开庭。12 月 8 日，南昌中院在会议室召开新闻发布会，向当地媒体通报了周文斌案的基本情况，仅仅将起诉书主要内容向媒体宣读一遍。

在庭审之前，法院必须要保证中立的态度，像南昌中院这样，在开庭审理以前将起诉书的主要内容向媒体公开在法律上存在严重问题，起码背离了法院公平公正的基本要求。因为在开庭前，起诉书仅仅是控方意见，还没有经过法庭调查和辩论，起诉书指控的事实是否成立还有待确认。作为一个审判机关，在开庭前这样做显然是有失公正的，甚至在一定意义上还涉嫌泄露国家秘密。但是对于这样的做法，仿佛形成了一种习惯，反而没有人会注意到其违法性和不公正性，更没有人追究其责任。但假如在开庭前辩护人邀请记者召开新闻发布会，并且仅仅公布辩护方的观点，会是什么结果？难说这样的辩护人不会被当作犯罪分子抓起来。

被告人周文斌出场

2014 年 12 月 9 日上午 9 时，被告人周文斌身穿黄马甲在两名法警的陪同下从法庭侧门出场。中等身材，留着一头短发的周文斌戴着一副黑框近视眼镜，快步走向法庭中央的被告人席位。短短几步路，周文斌目光转向旁听席，他的家属、同事、学生纷纷站起来跟他打招呼，周文斌微笑着挥手向旁听席致意，表情淡定，步履从容，丝毫不像一个被关押许久、即将接受审判的被告人。

各方落座完毕，审判长敲响第一棒法槌，宣布开庭。审判长首先宣读了一份法院的决定书：本案开庭前被告人和辩护人向法院递交了非法证据排除申请书，但是法院经研究决定，不启动非法证据排除程序。说完直接安排公诉人宣读起诉书。之后，审判长问被告人周文斌对起诉书有何意见，周文斌说："起诉书指控的内容绝大部分不是事实，本案是江西省有史以来最大的一起经济类的冤假错案。"接着他抬起右手按在左胸前，深沉地说道："我今天在法庭上所讲的每句话都是真的，我都会负责任。"

审判长要求其简单发表对起诉书指控的看法，他就开始讲他的案子是受到了原江西省委书记苏荣的打击报复，在江西省纪委的刑讯逼供下形成的，并讲述他在 2013 年 5 月被江西省纪委双规以后所遭到的刑讯逼供情形。

但审判长多次打断周文斌关于纪委双规和刑讯逼供情况的陈述。周文斌反问法官为何不允许提纪委，本案就是纪委先介入办的。周文斌称在被纪委双规期间遭到残酷的刑讯逼供才做出了有罪供述，申请启动非法证据排除程序。

审判长厉声说其开庭前已宣读过不启动非法证据排除程序的决定，让周文斌不要再就这个问题进行纠缠。我作为辩护人，向法官陈述，根据刑事诉讼法的相关规定，法庭应依法启动非法证据排除程序。法官只说本案已经决定不启动非法证据排除程序，要求遵守法庭安排。我再次向审判长摆事实、讲法律，提出被告人向法庭提供了详细具体的关于自己被刑讯逼供的证据和线索，根据法律规定应该立即启动非法证据排除程序。

庭审第一天，被告人和辩护人一次又一次申请启动非法证据排除程序，却被审判长一次又一次驳回，反复纠缠。

在这一天里，周文斌在与审判长的纠缠中断断续续地讲到了他被纪委双规期间曾经遭受了惨无人道的刑讯逼供。

周文斌还提及对他双规期间，并不仅仅只有纪委工作人员参与办案，后期检察机关与纪委共同参与了十几天的调查，在此期间检察机关对周文斌进行了讯问，但是并没有出示任何法律手续。

鉴于这种情况，我提出：审判长多次以参与刑讯逼供的办案单位是纪委而不是检察机关为由拒绝启动非法证据排除程序，而现在有证据证明检察机关也参与了双规期间纪委对周文斌的调查，显然检察机关的调查应纳入法庭合法性审查的范围。于是我再次申请启动非法证据排除程序。说到纪委和检察机关的违法办案情况时，公诉方第一公诉人立马语气高亢地强调辩护人这是在攻击我们的党政机关。

异常激烈的庭审艰难地推进着。

工科背景的质证逻辑

在揭露刑讯逼供的同时，周文斌还利用自己的工科背景，运用科学知识和理论来阐述他的观点，论证人是有极限的，当人的精神和肉体达到一定的极限时，人的抗压力为零，想要什么样的口供都会得到。

·高压锅理论

周文斌认为刑讯逼供就像高压锅，压力达到一定的程度就会爆炸，所以当高压锅的压力达到一定程度时就需要找排气口，这样才不至于爆炸。人也是一样，当刑讯逼供的压力达到难以承受的程度时，也需要找排气口，那就是编造有罪的证据达到办案人员的要求，否则人也会"爆炸"的。

·屈服点理论

在讲到纪委对其刑讯逼供后将案件移送到检察院，即使检察院没有继续对其刑讯逼供，他也依然会按照在纪委刑讯逼供下所交代的虚假供述继续供述的原因时，他认为这是因为自己曾经被刑讯逼供达到了"屈服点"。在材料科学中有一个概念叫作"屈服点"。任何材料都有一个"屈服点"，即受外力到一定的程度，该材料的抗压性就为"零"，会折断，人也是一样。所以，对刑讯逼供获得的证据全部都应该进行排除，而不能理解为后来没有刑讯逼供所作的供述不予以排除。

休庭三天　限制旁听

开庭三天以来，江西当地媒体狂轰滥炸，根据起诉书和一些传言，对周文斌进行了大规模的抹黑式报道。在这些报道中，对被告人和辩护人的辩解和辩护观点只字不提，全文照搬起诉书。这样的片面报道对于一个处于被控地位的当事人来说是极为不利的一种舆论导向。但是，这种情形在第三天后有了变化。第一次出现了外地媒体对周文斌案的报道，也让更多的人开始注意到这个案子中隐藏的错综复杂的政治背景。

2014 年 12 月 14 日，周文斌案已经无法按照预定的计划审理完毕，法院安排休庭三天。

休庭三天之后，出现了新的状况，法院开始限制旁听。南昌大学、江西师范大学、江西财经大学等院校前来旁听的学生及部分群众被挡在法庭大门外。开庭前我向审判长提出，本案是公开审理的案件。我还提出，鉴于本案案情重大，有可能需要在庭审结束后进入审判委员会研究程序。辩护人多次请求审判长告知该院审判委员会成员，但是审判长一直拒绝告知。庭审第四天，因为旁听问题和申请告知审委会名单的问题，我连续被警告三次。

当天的微博上有学生针对限制旁听问题发出"局势已经不可控了"的感慨，并且这一话题持续在网上发酵。

第一次被赶出法庭

一天的庭审质证，我和我的当事人周文斌分别运用形式逻辑、数理逻辑和概率论的知识逐一撕下系列伪证的画皮，我们从理、据、节上彻底击溃了公诉方的证据体系，但是公诉人并不回应这些质证意见，改为进行直接的人身攻击。公诉席上最年轻的那位女公诉人几次说辩护人的质证意见是表演，是作秀。更为离谱的是，她居然还说辩护人是吃黑饭的，并指责辩护人发言是大放厥词。

17 日下午，公诉人在法庭调查环节出示证据时，未做任何说明和解释，直接当庭播放了一份庭前并未提交给法庭的视频资料，以证明周文斌在某个时间点在国内有受贿的时间和空间。

根据刑事诉讼法的规定，当公诉人出示庭前未提交的证据时，应该首先征得审判长的许可，并解释要证明的内容，在审判长同意后才可以出示。但是这一次公诉人和法庭显然是私下已经商量好进行证据突袭的，因为公诉人未作任何解释和说明，她们的电脑就接上了法院的投影仪。如果事前不跟法院商量，显然无法做到。

对于这种突发情况，我的第一反应是，必须休庭，避免被动。我马上提出公诉人未在庭前将该视频资料提交给法院，法官和辩护人之前均未能获取，根据法律规定，申请休庭，给辩护人准备辩护时间。

审判长听到我的申请，决定跟合议庭成员研究一下，研究的结果是，公诉人刚刚播放的视频资料不属于新证据，而属于"补强证据"。

我向法庭提出："补强证据是讲证据的证明力大小问题，新证据是指证据出现的时间先后问题，这是两个不同的概念，是根据两种不同的分类标准分出来的不同证据类别，审判长混淆了概念。"我坚持申请审判长休庭，给予辩护人准备辩护的时间，但是审判长坚持不休庭，决定继续审理。我再次坚持请审判长休庭，但是审判长已经不再搭理我，转身向公诉人说："公诉人继续出示证据。"

辩护人申请休庭

那一刻我真的怒了，"啪"的一巴掌拍在桌子上，坚定地表示"必须休庭"。听到我拍了桌子，审判长又回过头："你拍桌子是不是，你再拍一下。"

我看审判长这表情意识到不妙，说："我不拍了。"但为时已晚，审判长一声令下："法警，将辩护人带出法庭冷静十分钟。"

这是我在南昌中院第一次被赶出法庭，也是我执业 20 多年来第一次被赶出法庭，此时此景，百感交集。

讯问笔录的"电子 DNA"

庭审中，公诉人多次出示周文斌的有罪供述笔录，周文斌也反复强调这些都是刑讯逼供形成的，应予以排除。我建议法院依法调取检察院对周文斌讯问笔录的电子档，指出本案在卷的证据全是电子版打印的，而任何电子版文件均有自身的"DNA 信息"，也就是说每一份电子文件的形成均会在该文件中留下电子数据信息，这些电子数据信息是可以通过技术手段提取的。具体到本案，周文斌强调检察机关的电子版讯问笔录就是在纪委版本的调查笔录基础上直接做一些技术修改而来的，并不是检察院真正调查得到的，是源于纪委逼供获取的母版。可以通过技术方法证明所谓起诉指控的证据本质上就是纪委刑讯逼供笔录的子版，这样也就可以证明本案在卷笔录的非法本质。

但是对于这样的申请，审判长一如既往，一律驳回。

这是一种无奈。

丢掉"黄马甲"

新年已经开始，庭审依然继续。1 月 12 日的庭审中，周文斌妹妹在旁听席上提出周文斌为何穿黄马甲受审，为何不能像之前媒体报道的某些官员和艺人那样穿着便服受审。周文斌自己也向审判长提出："审判长，这个问题我早就想请示您，我可不可以不穿黄马甲？"

审判长说：不行，虽然最近河南、北京、深圳等地司法改革中被告人不穿黄马甲，但是我们还没有接到最高人民法院的通知，所以被告人还是要穿黄马甲。

周文斌说："审判长您说没接到不穿黄马甲的通知，那么请问有没有必须穿黄马甲的文件？如果没有，那我就不穿了。"

说罢，周文斌自己脱了马甲，并整整齐齐地叠起来放在座位旁边，这一动作显得非常优雅。这一幕也许出乎了审判长的预料，他半天没反应过来，只好任由周文斌不再穿着黄马甲受审。而这一幕则被媒体报道为"周文斌自行脱去黄马甲扔到地上"。

但是，周文斌脱去黄马甲的代价是他的妹妹因此被警告，并以扰乱法庭秩序为由被法警带出法庭不准旁听。

身着便装受审的周文斌

周文斌自辩两天意未尽　最高法发文废"黄马甲"

开庭第 21 天，周文斌案的庭审不断创造着一个又一个全国纪录：辩护律师三次被拖出法庭；旁听人员三次被拖出法庭；个人职务犯罪案件开庭时间最长；个人发表辩护意见时间最长。而周文斌在法庭上也精彩不断，几乎每天他都有经典语录问世。

在讲到刑讯逼供时，他说："只要有刑讯逼供存在，什么人间奇迹都能创造出来！"

某日法庭辩论时，针对法院在事实尚未查清时就强行启动的辩论环节，周文斌独自发表了一天的辩论意见。上午他从十八届四中全会精神、宪法规定及最高检、最高法文件谈程序问题；下午从证据资格、证明能力、证明标准、证据体系谈具体指控荒谬。最后周文斌总结：公诉人所谓的证据相互印证实为相互打脸。

辩论中，周文斌在逐一揭露指控证据矛盾和大量伪证后指出：伪证就是垃圾，公诉人所谓的在事实清楚、证据确实充分，证言、供述与书证相互印证的基础上形成的证据链条，只不过是垃圾和垃圾组成的垃圾堆。

2015 年 2 月 27 日，距离周文斌在法庭上自行脱掉黄马甲不过半个月之久，最高人民法院发布《关于全面深化人民法院改革的意见》，明确禁止让刑事在押被告人或上诉人穿着识别服、马甲、囚服等具有监管机构标识的服装出庭受审。

这一天，北青网发布一篇题为《囚服退出庭审，人权走上前台》的评论，环球网评论也发表了题为《周文斌：自脱囚服，个人一小步，法治一大步》的文章。

四度被拖出法庭　被告人为辩护人辩护

2015 年 3 月 3 日，庭审进入尾声，审判长叫我发表辩护意见不到一分钟，在没有任何征兆的情况下我被审判长断喝停止。审判长发表一番议论后，叫我继续发言。我刚拿一份证据准备继续辩护时又被审判长无端断喝停止，其再次发表一番议论后突然叫法警拖我出法庭。这是我第四次被拖出法庭。

对于这一次将我拖出法庭，我确确实实的茫然了，完全不知道为什么，审判长也许自己都不知道是为什么。我端坐在辩护席上，冷静地说："我是辩护人，这里才是我的岗位。"我告诉自己决不能主动走出法庭。可就在那一刻，"呼啦"一片法警冲到我的面前，语气缓和，请我配合一下。我再度坚持说："我不会离开这里。"数名法警站在我面前也没有人动手，但是此时审判长开始在审判席上大叫："法警，执行命令！"这才有几个法警开始来拉我起来。我一看整个旁听席已经乱了，一把抱住一个法警的腰，不想被他们带走，也不想引发所谓袭警的事端。但审判长还在审判席上大喊，让快点把我带出去。最终我寡不敌众，被法警拖出了法庭。

我坐在法庭外走廊的板凳上，听着公诉人义正词严地对我进行"人身攻击"，暗自神伤，为自己，为周文斌，也为我们的"法治中国"。

第二天的庭审中，周文斌首先转身开始为我辩护。他说：昨天我的辩护人被法庭请了出去，公诉方发表了公诉词，我的辩护人没有听到，这样不利于辩护人很好地为我辩护，现在我大致将昨天公诉人的公诉意见归纳一下。说着就开始先就公诉人在我不在场时对我的人身攻击进行了语重心长的反驳和抗议。同时，周文斌还说：到现在为止，我的辩护人还没有发表任何辩护意见，但是公诉人昨天就针对辩护人还未发表的意见进行逐条批驳，这是演戏演穿帮了，可能是公诉人预先写好的稿子。在谈到公诉人指责辩护人对党政机关进行攻击时，周文斌说对国家机关及其工作人员的违法行为进行批评是宪法规定的公民权利。他还说公诉人张口闭口就用"恶毒攻击"这样典型的"文革"语言，是打棍子扣帽子。最后周文斌认为辩护人的辩护不是公诉人所说的炫耀，而是非常专业、恪尽职守的表现，辩护是有力的，作为当事人其非常认可，并在最后再次表示了对我的感谢。

史上最强自辩

最后一天庭审，周文斌又拿出了一份自制的《证据综合评价表》，通过建立的数学模型对一个具体的案件事实给出了计算的方法和公式，引起媒体高度兴趣。而对此运用高等数学构建起来的模型体系和证明方法，公诉方完全无法给予回应，只好说周文斌滥用数学知识。

这一天的庭审结束后，人民网转载了文章《周文斌，史上最牛自辩》。该文章讲道，在"强化控辩对等诉讼理念"的改革方向上，尊重辩方辩护权的行使是关键。当然，对庭上的自辩或律师辩护，法官绝不能只听听就好。从司法实践中的问题出发，最高人民法院在新一轮法院改革中给予此问题的标准答案是：重视律师辩护代理意见。

2015年3月5日，历时近三个月的南昌大审判告一段落，这场原定3天结束的庭审，最终实际进行了24天，历时三个月之久。

正义是个过程，经历也须被铭记，法律须被信仰，我们都在等待着，等待象征着权威和公正的司法裁判。

——节选自朱明勇《无罪辩护》

■ 评 议

周文斌不构成挪用公款罪

根据我国《刑法》第 384 条之规定，挪用公款罪的客观方面具体分三种情况，即行为人作为国家工作人员利用职务上的便利，①挪用公款归个人使用，进行非法活动；②挪用公款数额较大，进行营利活动；③挪用公款（进行营利活动、非法活动以外的活动）数额较大，超过三个月未还。也就是说，我国立法明确规定，挪用公款用于上述三种具体用途的行为才可能成立此罪，同时还要结合"挪用期限""挪用数额"这两个要件，共同认定一个行为是否能被评价为"挪用公款罪"。

本案中，原审法院认定"被告人周文斌身为国家工作人员，利用职务上的便利，挪用公款供他人进行营利活动"。辩护人的观点是周文斌为南昌大学团购房而支付预付款，是履行合同行为，未谋取个人利益，未造成国家损失，不构成挪用公款罪。而我们从周文斌被指控挪用公款的犯罪事实和相关证据来看，此罪名显然无法成立。

首先，周文斌的行为不能成立挪用公款罪的"挪用"。从形式上来讲，任何未经批准、违反规定，擅自将公款脱离单位使用的行为都可以称之为"挪用"，但要构成刑法中的"挪用公款罪"，必须是国家工作人员利用职务便利公款私用，才具备"挪用"的实质意义。但若是公款的给付与收受，有"用"的正当性，即行为人有权将该公款给付特定的个人或单位，收受公款的个人或单位有权接受，就不是"公款私用"，应当排除行为人"挪"的刑事违法性。

本案中，南昌大学与江信国际签订了合法、有效的团购房协议，约定由南昌大学预付 25% 房款，因此周文斌作为南昌大学校长、法定代表人依照协议约定将款项给付合同相对方，是履行双方合意的行为，周文斌有权"用"、江信国际有权收受该笔公款，不成立本罪中的"挪用"行为，自然不应当认定为挪用公款犯罪。

其次，原审认定周文斌"挪用公款供他人进行营利活动"属于法律适用错误。在挪用公款罪的三种具体情形中，"营利活动"这一用途要件强调的是行为人的主观目的，为了谋取个人利益将公款用于经营活动，而不能因为该笔款项最终给付房地产公司、房地产公司用于经营活动，就片面认定符合"经营活动"这一犯罪表现形式。证据显示，周文斌任南昌大学校长，达成与江信国际共同开发住房的项目合作，最终建成500多套住房，为校内教职工解决了住房问题，自己并未分到房产。而综观全案，没有其他证据显示周文斌有为自己谋取利益的主观目的或客观上获得了利益，据此认定周文斌"挪用公款供他人进行营利活动"属法律适用错误，二审法院以定性不当为由撤销原判对此罪名的认定，坚守了法院作为审判机关客观、公允的立场。

最后，从本案的行为结果来看，周文斌被指控的"挪用公款"行为并不具有社会危害性，不构成犯罪。周文斌根据南昌大学校长办公会集体讨论向江信国际团购职工住房的决定，代表南昌大学与江信国际签订商品房定购协议，依照合同约定支付预付款3675万元，后因为政府土地涨价而增付预付款2200万元，最终目的都是为了顺利建成南昌大学教职工宿舍，且该5875万元均用于此项目并全部归还南昌大学，未给国家造成任何损失。

挪用公款之所以是犯罪，是因为挪用行为侵害了公款的占有、使用和收益，且会破坏职务行为的廉洁性。但本案公款的使用是依据协议进行的，具有正当理由和合法根据，即不存在犯罪行为必需的实质危害性。从犯罪行为的三特性来讲，一个行为形式上符合犯罪构成要件，具有刑事违法性，但没有法益侵害的危险或者结果，此时应当不以犯罪论处。不具有社会危害性的行为不得入罪，方才符合刑法精神。

综合评判，南昌大学与江信国际之间成立了房产买卖民事法律关系，南昌大学给付钱款的行为是在该法律关系规制下进行的，南昌大学应当给，江信国际有权收，周文斌就不成立"挪用"。而南昌大学履行合同的行为也并未侵犯到任何个人、单位或国家的利益，必然排除刑法对此行为的评价，周文斌不成立挪用公款罪。

"黄马甲"谢幕　个人行为推动社会法治进程

周文斌案早在 2014 年 12 月 9 日一审开庭时就引发社会各界的诸多关注。一审庭审过半，周文斌及家属向法庭申请"不穿黄马甲"，被审判长以"未接到最高院通知"为由拒绝。周文斌认为法庭并未出示必须穿"黄马甲"的文件，自行脱下"黄马甲"将其放在一旁，从容着便装接受庭审。

这一幕出乎所有人的预料，被媒体报道为"周文斌自行脱去黄马甲扔到地上"，引人深思。一直以来，我国刑事诉讼坚持"未经法院依法判决，不得确定任何人有罪"的基本原则，但犯罪嫌疑人、被告人自被羁押时起，便要身着黄马甲，在公正肃穆的法庭上显得异常刺眼。近些年，一些落马高官和娱乐明星走上法庭可以脱下"囚服"身着便装，周文斌"自脱黄马甲"这一举动，再次引发热议。法律面前人人平等，每个被告人都应当享有庭审去囚服的权利。

2015 年 2 月 27 日，距离周文斌在法庭上自行脱掉黄马甲不过半个月之久，最高人民法院发布《关于全面深化人民法院改革的意见》，明确禁止让刑事在押被告人或上诉人穿着识别服、马甲、囚服等具有监管机构标识的服装出庭受审。

可以说，周文斌个人为自己争取应有权利的行为，推动了社会的法治进步。让"囚服"在法庭谢幕，是法治的基本要求，是彻底剔除"有罪推定"思维的必要改革，是司法公正的宣言。最高人民法院禁止被告人穿囚服受审，既是尊重被告人人格尊严的举措，同时也是给予司法机关的暗示与提醒：被告人没有罪犯的标签，有罪或无罪需要"以庭审为中心"的刑事诉讼程序来决定。

周文斌案广受关注，或因为庭审时常创职务犯罪历史之最，或因为被告人作为工学博士使用概率论与数理统计、排列组合、误差理论自辩，还自行脱去"囚服"，或因为辩护律师四度被带出法庭，然而最重要的还是案件本身。漫长的审理程序中暴露出来的诸多问题，让我们不得不思考，我们的司法是否能经受客观证据与程序正义的检验。就像本案周文斌的辩护人朱明勇律师所说："司法权是一种判断权，这种判断需要知识、智慧和经验，同时还要有良心，一个公正的判决绝不可能靠机械的法条肢解和领导批示来算计。当下执掌司法权的很多人既没有知识（无法官资格），也没有智慧（错抓误判），更无德行（违背本心而无人性关怀）。"周文斌案备受外界瞩目，诸多旁观者都从案件的审理细节中看到了证据不合逻辑、程序存在明显错误的问题，这会让每一个法律职守角色的扮演者都被质疑，而只有证据确实、充分，诉讼程序严格依法进行，才能最大限度地实现司法公正，让公平正义深入人心。辩护律师在刑事诉讼中的忠于职守、坚守法律正义，为被告人提供了最坚实、最有力的支撑与帮助。正如最高人民法院副院长沈德咏所言："从确保所有刑事案件审判的公正性、合理性、裁判可接受性而言，辩护律师都是法庭最可信赖和应当依靠的力量。"

司法公正，任重道远，每个法律人都在路上。